Enable Authentic Education

让教育真实地发生

北京十一学校的教师智慧

沈祖芸　主编

中国人民大学出版社

· 北京 ·

图书在版编目（CIP）数据

让教育真实地发生：北京十一学校的教师智慧 / 沈祖芸主编 .
—北京：中国人民大学出版社，2016.11

　ISBN 978-7-300-23626-1

　I. ①让… 　II. ①沈… 　III. ①高中－教育模式－研究
－北京　IV. ① G632.0

中国版本图书馆 CIP 数据核字（2016）第 279506 号

让教育真实地发生：北京十一学校的教师智慧
主　编　沈祖芸
RANG JIAOYU ZHENSHI DE FASHENG : BEIJING SHI YI XUEXIAO DE JIAOSHI ZHIHUI

出版发行	中国人民大学出版社		
社　　址	北京中关村大街 31 号	**邮政编码**	100080
电　　话	010-62511242（总编室）	010-62511770（质管部）	
	010-82501766（邮购部）	010-62514148（门市部）	
	010-62515195（发行公司）	010-62515275（盗版举报）	
网　　址	http://www.crup.com.cn		
经　　销	新华书店		
印　　刷	北京华宇信诺印刷有限公司		
规　　格	787 mm × 1092 mm　　1/16	**版　　次**	2016 年 12 月第 1 版
印　　张	16.5 插页 1	**印　　次**	2025 年 4 月第 10 次印刷
字　　数	420 000	**定　　价**	68.00 元

序 一

刘佳琪 北京十一学校 2015 届毕业生
现就读于香港中文大学

　　毕业已经一年多了，"不思量，自难忘"，大概可以形容我对十一学校的感情。许多本以为模糊了的记忆，在翻开这本书后，一下子就被里面那些熟悉的人与事唤醒。这本书涵盖的正是我所经历过的、真实的中学生活，也正是十一学校令我难忘之处。

　　无论是对教师还是学生，十一学校都强调发掘每个个体的潜能，让每个人都能找到适合自己施展的机会与平台。我将之视为"十一人"最大的幸运。这本汇集了上百位老师、同学智慧的书就很好地体现了这一重视个体价值的文化。而这种价值观也是十一学校的护身符，正是因为每一位教师和学生都尽己所能为这场改革保驾护航，它才得以闯过重重难关顺利进行。

　　我自己身在其中的时候，常常将身边发生的事视为理所当然。纵然知道这场"敢为天下先"的改革必然面临许多挑战与困难，但却心安理得般地享受着改革带来的好处，而很少去想每个看似普通的一天、一节课、一场活动背后包含着多少人的思虑与用心。现在离开十一学校后，看着这本书里的二百余篇文章，回头想想，才真正捕捉到这个过程的不易，能说的也大概唯有感动与感谢了。这些文字、图表凝结的是实践中收获的心得，是反思后总结出的经验，是老师们共同的智慧——还能有什么是更宝贵的呢?

　　这本书是十一学校改革之路上的一个节点，未来的路还很长，但我们一起坚持走下去，总有一天能到达想去的地方。

序

黄启皓 北京十一学校 2014 届毕业生

现就读于北京大学元培学院

　　赵老师把书稿发过来，让我这个毕业两年多的十一学校学生写写读后感想。我本以为是校长新写的教育著作，结果打开一看，全然不是白纸黑字的理论与学说，而是五颜六色的文字和一张张鲜活的照片。细细读来，原来是十一学校一位位老师和同学对自己校园工作和学习的展示。

　　我这才想起来，在十一学校，我们珍视的是每位老师和同学的声音。

　　十一学校可能有全中国最受欢迎的校长，也是少有的将价值观都形成文字规定的学校，但学校总是为同学们留足了空间。看着书里的同学们，我也回想起自己在十一制作过电视节目、编辑过杂志，在政治课上评论过尖锐的内容，也在岁末和大家举办过狂欢节。而我能这么做，是因为我的政治老师，即使是在赶进度的时候也愿意把课堂时间留给我而不会打断我的发言，是因为我每有想做的事情时就都可以找到实现它的组织，学校也都会提供资金和设备的支持。同样的事情几乎发生在每一个同学身上。

　　也许我们做得不是最好的，但能在最有想象力的时候自由尝试各种有趣的事情，能知道自己的生活可以由自己选择，这也许就是多元的校园生活留给每个十一毕业生的共同资产。正如这本书里丰富多彩的经验总结，虽然不是什么高深的理论，但它背后是一个个有着自己想法的个体，背靠的是十一自由而宽松的氛围。光这一点，就足以让学生收获良多了。

　　谢谢母校。

序 三

郑沛倞 北京十一学校 2013 届毕业生

现就读于清华大学经济管理学院

看到书中一个个熟悉的作者名字，我不禁回忆起第一次踏入校门那一刻的感觉。那时的我无法想象六年的十一时光会把我塑造成为什么样的人。

毕业后再回首，最怀念的是十一学校丰厚的资源。这些资源不是现代化的教室，亦非装修精美的教学楼，也不是满足学生需要的餐厅和运动场，而是相伴数年的同窗和极具智慧的师长。本书所展现的教师智慧，我想，不仅是课程设计和教学过程中反映出的高智商和高学历，还是育人上的包容与付出、管理上的判断力与执行力和创新上的前瞻性与战略意识。

我由衷地为十一学校的师弟、师妹们感到开心，因为我相信，十一学校永远不会停止对青年才俊的珍视和信任，十一学校的教师永远不会停止改变世界的脚步——以教育的方式。

六年后的我，最终成为了决心改变世界的人，以我力所能及的方式。

序 四

李雨晗   北京十一学校 2013 届毕业生

现就读于北京大学元培学院

当毕业生聚在一起聊"十一"时，总会不约而同地发出这样的感慨："将来想把孩子送回十一（如果到时候还能考得上的话）。"毕业刚刚三年多，学校又发生了很大变化。当我翻开《让教育真实地发生——北京十一学校的教师智慧》时，丰富多彩的教学活动让我不禁感慨现在的十一学子好幸福——有分层设置的课程，有有趣深刻的课外活动，有众多的资源供学生学习、成长。我在校的那几年，赶上了改革的开端，就已深觉受益匪浅——各种各样的资源给我平台，提供给我机会，让我去做自己想做的事情。现在的学生，有更多的机会与选择，也就有了更多的机会去发现自我。

对我来说，十一学校是个可以"随心所欲"的地方。学生可以大胆地去规划自己的未来，乃至学校的发展。十一学校让我们明白要勇敢地说出自己的想法，让我们明白有可能凭借一己之力带来改变。离开学校后，我发现这样的自由与自主，十分珍贵。十一学校并不会变魔法，这一切的神奇功效都来自老师们的不断探索与奉献。从学生现在站立的地方到未来，中间有无数的机会选择，也有无数的艰难险阻，这一切都离不开老师的指引和帮忙。十一学校的老师就是这样的梦想引路人，带领学生去发现自我，创造未来。

序　五

陈嘉证　北京十一学校 2012 届毕业生

现就读于清华大学经济管理学院

　　在清华大学念书的几年里，我时常和身边来自全国各地的同学聊起各自中学的恩师们。离开母校的日子越久，大家对恩师们的感激之情也愈深。一方面是因为美好的回忆随着时间的流逝变得日渐醇厚；另一方面，也因为我们愈发意识到，自己身上今日所拥有的优秀品质，几乎都是当年的某几位恩师耳提面"授"的赐予。真是先得贤师，方有高徒。由此想来，对恩师们的敬仰和尊重就更上一层。

　　我的母校，北京十一学校的李希贵校长在多年之前就提出："学校不仅是学生成长的摇篮，更应该成为教育家成长的沃土。"每念及此，都佩服希贵校长的高瞻远瞩。一位贤师的德行与智慧，不知道能启发多少有潜能的后辈！从对社会贡献最大这一目标出发，"让老师们都成为教育家"要比培养一个、一届或几届优秀的学生，更加有意义，也更加深刻。

　　如今，离开母校四年多，收到书稿，读到老师们的深刻思考与勇敢实践，我感到温暖而震撼。这本书凝结了这个时代极有理想和作为的一个教师群体的集体智慧，展现了学校一贯走在改革前沿的种种尝试。我相信，它不仅能带给读者教育教学上有价值的参考和启发，更值得作为这个时代贤师们的思想群像而被珍视。若干年后，当他们的学生载着他们给予的美德与思想去改变世界之时，我们会看到这本书所记录的思想与实践是如何深刻地影响了世界。

序

张昊旸 北京十一学校 2011 届毕业生

现哥伦比亚大学法学院法律博士在读

一般而言，"序"的执笔人应该是比作者（们）更有分量的人物。这样既有利于"抬高身价"，又有利于吸引眼球。

显然，这本书的作者们反其道而行之了。

原因很简单，这是一本关于教育的书。最有资格对它进行评价的不是侃侃而谈的教育家，而是作者们送出校门的每一位学生。

亲爱的读者，你能从作者们选择序言作者的方式上，感受到这是一所用怎样的态度做教育的学校。

在我们国家漫长的教育史中，从孔子收纳弟子三千到荣闳官派留美幼童，我们崇拜教育家，却鲜少关注教育者。他们的形象被美丽地僵化成了三尺讲台与辛勤园丁，而他们对教育的思考却乏人问津。

今天，借着这本书，让我们听听他们的意见。他们中的有些人曾经与我朝夕相处，他们中的每个人也将在未来与更多的人朝夕相处。我们是应该听听他们怎么说的。

前 言

每一位教师都是富矿

沈祖芸

全球的教师都在经历着从未有过的时代巨变与职业挑战。

过去，只需要传递现成的知识；现在，教师需要不断应对学生已经拥有的知识。

过去，只需要在课堂里明确地落实"教什么"；现在，教师需要为学生设定清晰的目标，并用策略、方法、工具构建起适切的教学内容和学习方式。

过去，不同学生用相同的方式教；现在，教师需要用差异化教学去包容学生的多样性。

过去，目标、内容、评价都是格式化和统一的；现在，教师强调为与众不同的个体创造个性化的教育体验。

过去，以课程中心积淀丰厚经验；现在，以学习者为中心走向共同的未知。

这些都告诉我们一个重要趋势：只有基于学校现场的学习和培训设计，才能满足每一位教师随时发生的专业发展需求。

▲ 然而，基于学校现场的学习和培训往往遭遇现实的瓶颈。

▲ 教师们较难精准表达自身的发展需求

▲ 大量的经验难以转化为知识，反而造成路径依赖

▲ 容易为"选择性迷失"所左右

▲ 教师成长的关键事件设计难度加大，难以激发内动力

▲ 专家报告或阅读指引的针对性欠缺

▲ 任务驱动或项目研究易使教师陷入事务流程而缺乏有效反思

怎样的培训是教师们真正需要的？

怎样的方式能激发出教师持久的学习动力和发展欲望？

我们探索着一条全新的路径——每一位教师都是富矿！

从教师自身"开采"开始，对大量的实践经验进行提炼，萃取出让教师自己看得见的关键经验，进而将这样的价值转化为清晰、可操作的方法、策略与工具，让更多的教师借鉴、使用。

当一位教师能够真切地感受到自己的经验价值、教学风格和优势潜能时，他的内在自我意识就会被激发，这样他才会规划出教学生涯的目标，进而提出自身的专业发展需求。

"每一位教师都是富矿"的理念是未来以校为本，面向全体教师共同成长与发展的新思路。

——

2016 年 8 月，1500 多位全国教育同行走进北京十一学校参加了一次富有突破意义的学校教育年会——全校 400 多位教师都是年会的主角，他们用 600 多张海报、60 多场圆桌论坛、200 多件可交易的教学产品呈现了一次集专业性、实用性、平等性于一体的"思想市场"，并在"去中心化"的氛围中创造了专业驱动、供需对洽的教师校本培训新方式。

这是北京十一学校教育年会的第三次改革。

教育年会源起于通常学校里都会例行开展的开学前全体教职工大会，大会一般以布置新学期工作为主。2012 年起，伴随着十一学校育人模式研究的深化和学校转型的初露端倪，学校将每学期的例行全体教职工大会改为主题式经验交流分享："发现那棵树"、"唤醒心中的巨人"、"从学科教学走向学科教育"……大家通过聚焦一个主题，将自己在一学期中的新探索、新发现，用一个最小切入点（如故事、情境、问题等）的方式层层解构，直至提取出规律性成果。于是，学期工作布置会第一次转型为学术专业交流分享会，通常由一位"有故事的教师"轮值主持，每个年级可以推派和自荐的方式产生交流发言者，最终走上全校的讲坛，名曰"教育年会"。在学校看来，当治理结构发生改变之后，对年级的授权和对每一位教师的信任与赋能足以能够让他们把一学期的基本工作安排好，那么全校层面的、一学期一次的"聚会"，就应该是引领，是分享，是用一个思想点燃另一个思想，进而形成聚焦学生展开深入研究的学习氛围。

2014 年底，十一学校教育年会走向第二次转型，将内部交流分享的大门打开，用更开放的方式面向全国教育同行，在更大的平台上展开学术交往。分享的最大意义在于，从别人的评价里获得对自身研究实践成果价值的另一种视角的发现与激励。教师们不仅仅要提炼自己一学期实践的关键经验，更重要的是还必须放在全国共通性问题的视阈中来审视自身经验的价值，这其中就在逐步实现从经验到知识的一级转化——共同性问题的可操作解决方案。事实上，围绕着连续三次的"为每一位学生的学习而设计"、"让学习真实地发生"等主题，教师们不断将自己的"实践璞玉"通过一次次打磨、提炼、萃取，实现了有过程、有实证、可操作、可转化的关键经验，更重要的是，每一个经历打磨过程的老师都获得了弥足珍贵的二次成长，他们第一次发现自己出于本能或经验的原始探索可以闪耀出有理论支撑、有操作工具的价值光芒。而一旦有了这样的自我发现，教师们就犹如装上了发动机，开始提出更进一步发展的需求与方向。短短一年半时间里，共有近100位教师登上了年会的大平台，也让来自全国各地的1500多位教育同行享受了来自基层学校的思想盛宴。

然而，一个全新的问题又摆在了我们面前，即便是一次年会30多人次登台，也无法回避人为因素的筛选与取舍，而且30多人对全校400多位教师而言依然是少数，在选择谁能上台的问题上，或多或少会出现刻板印象或视角盲区，这样的机制无法让原生于一线的更广大教师的智慧实践脱颖而出。于是，2016年夏天，我们尝试用"平台思维"办年会。

参与内容聚焦"育人价值观"，分解到"最小单位"，体现可视化、可操作，进而转化为工具、方法、策略，这是首要原则。

参会方式去中心、去权威、低结构、低门槛，面向全体，这是第二条原则。

实践成果化、思想产品化，实现关键经验的可交易性，这是第三条原则。

这样的第三次转型，一下子从"申报—遴选式"走向了人人可参与。于是，每一位教师都在思考"我可以拿出怎样的实践成果参加年会"——他们就开始启动教育教学行为的系统反思；他们就开始主动寻求援助性支持；他们就必须用大量的证据和可转化产品来证明"最小实践单位"的成效……他们从没有像今天这样自我审视教育教学的得与失，并主动寻求各方支持力量来萃取出一个有价值的知识产品。

于是，600多张海报、60多场圆桌论坛、200多件可交易产品应运而生。年会当日，1500多位全国教育同行也接受着一次全新的培训，他们也必须遵循内心的需求，去选择自己最需要的场次，创造了"一人一课表"的个性化参会机制。而年会上首次运用的交易机制，又使得一次年会诞生了若干个"教师富翁"，知识产品转化出的高交易额证明了教师实践创造的可推广性价值，从而进一步提振了教师的信心，激发了他们持续研究、开发、创造的内动力。

二

十一学校教育年会的转型不仅仅折射了一所学校以校为本的教师专业发展方式的转变，更重要的是顺应了时代发展的趋势。

本书从教育年会中的海报切入，从一个侧面透视教师专业发展的未来路向。从精选出来的200多张海报中，我们可以发现其中最重要的三条趋势性发展轨迹。

其一，所有海报都在传递未来的教育工作者将从基于知识走向基于关系的视角转变。

我们每个教育工作者自身大多是在以教为中心、以知识传授与掌握为目的的课堂里成长起来的。因为要考试、测验，所以课堂教学实施的过程往往只见知识不见人，学习以确认每一个知识点的掌握为依据，并通过检测一再巩固和夯实知识的达成，能视情况适度兼顾一下知识的运用、能力的培养者已经是很优秀的教师了。

未来以学为中心的转变就将生成基于关系的教学空间，这并不是说知识不重要，而是每天呈爆炸式增长的知识再也无法通过单一讲授来实现了，教学空间需要更加关注每个学生如何拥有学习知识的方法，更加关注通过什么途径支持学生建构起个人知识，更加关注知识传递过程中的创造性。这些关注必然带来"目中有人"的教学，而这样的教学就一定是基于关系的，此所谓教育学实质上就是关系学。

在基于关系的课堂上，除了要改变传统意义上的师生关系外，生生关系、学生与媒介技术的关系、学生与文本的关系也从来没有被如此重视过。基于关系的课堂之核心就是要创设一种平等的供需关系。课堂犹如一个隐性市场，在学习的过程中，我需要什么，我能提供什么，什么样的提供和获取方式才能满足我的需求等成为供需方所关心的问题。因此，这样的课堂必定是一个思想活跃、情感流通的场所，而不是简单的知识输入输出的过程。

其二，所有海报都在传递未来的教育工作者将拥有更多的"学生知识"而非仅仅是"教学技能"。

在以掌握知识为目的的课堂上，为了让学生更多地记住知识以在日后的考试、升学中取得高分，教师们使出浑身解数，在教学五环节中精心讲解、强化训练；当作为公开课展示时，又以个人娴熟的教学技能创造着课堂上的风景。教师从师范培养到讲台实践的漫长教学生涯中，专业的发展多半取决于教学技能的提升和在帮助学生获得更好的学业成就过程中所积累的"学生经验"。

在未来，教师的专业竞争力不再仅仅是精湛的教学技艺，更需要拥有包括学生认知规律、学习问题背后归因、个体差异识别等在内的"学生知识"。"未来的教师将是教育知识的发现者和建构者"，其中教育知识中最大量的就是"学生知识"。在日常的教育教学中，如何精准识别不一样的学生的学习优势、学习风格、学习节奏和认知特点，从而用不同的途径和方法，顺着"这一个"学生的学习方式给予最适切的支持，这就是教师的"学生知识"。

以往，优秀教师常常会有更丰富的"学生经验"，这一个孩子一定会在这类问题上粗心、那一个孩子擅长这种题型……这些都是经年累月积淀起来的带有强烈主观色彩的"学生经验"，它表现为一种直觉，无法在较大范围里辐射。而"学生知识"则需要从大量案例或数据中提取、分析、建模，并实现可转化、可迁移、可辐射和可操作。

其三，所有海报都在传递未来的教育工作者将探索从有节点的教学时段走向无边界的流程再造。

我们非常熟悉这样的状态：同一个年级的学生使用同一张课表，学生在校的全部生活以35分钟或40分钟为单位被切割成七八段。每一段代表一门学科。教师的教学是以时段为节点的——"这一节是数学课"、"下一节是语文课"。所有的教学发生在五六十平方米的教室空间内，不断地转换着学科。对这样的现象我们只能漠视：这个学生在数学课上刚刚渐入佳境，下课铃响了，教学戛然而止，必须进入到自己并不感兴趣的地理课；漫长的40分钟终于熬过去了，迎来了最喜欢的体育课……就在这样有局限的教学时段中，学生们在忽高忽低的学习状态中跌宕起伏，时间一长竟习以为常地适应了，就这样，在一方狭小的空间里教学无形中扮演着"个性加工"和"知识罐装"的角色。

随着移动时代的飞速来临，教师准备讲授的学生也许早已知道，他们的学习可以随时随地发生。课堂上，这个学生刚刚完成的3D打印作品一键上传，点击量迅速上千万，于是一夜之间这个学生就拥有了"粉丝"。上课前，那个学生把事先预习所产生的问题借助百度搜索找寻答案，立刻获得了包括最佳答案和一般答案在内的数百条解决方案，于是他验证、筛选后不仅解决了问题还深刻理解了知识背后的门道，进而创建了"知乎词条"成为知识的贡献者。教学中，教师不再一言堂，可以设置任务让学生合作讨论，也可以连接全球发布项目寻求学习伙伴，学生有解决不了的"疑难杂症"，还可以在线预约教师进行个别化辅导。

这一切正在发生，教学不再局限于40分钟的课堂内，模糊了时空边界的教学流程不再以让所有的学生一起学会什么知识为起点和目标，而是更加适应于随时随地的不同学的方式和学到不同程度的新流程。

三

从我成为教育媒体人的第一天起，我就在努力走近优秀教师，也曾经不断用"赋予孩子高期望"、"一辈子学做教师"、"好的教师就是让孩子从喜欢老师开始进而喜欢学科"这样的理念式经验表达来激励更多的教师去创造高境界的教育。然而，当你走进一所所真实的学校，会发现现实并非如此，老师们每天的工作节奏和内容决定了他们更需要你告诉他们"怎么一步步地操作才能赋予孩子高期望"、"一辈子学做教师，怎么学，学什么，学了这些会有怎样的效果"、"如何让学生喜欢上教师，教师与学科的关系是什么，如何让学生通过教师这个介质走向真正发现学科的魅力，进而把学习当作自己有兴趣的事"……所有这些能够落地的可操作方法，对教师而言才是最为实用且急需的。

这些就是我们编辑、出版这本书的初衷。所有海报的内容都来自北京十一学校教师最日常的实践，且全部落实到"最小单位"，是大部分中国教师每天工作中经常会碰到的问题，而解决方案注重了结构化、可操作、有步骤、有工具。

这是北京十一学校教师的智慧创造。

该如何更好地使用好这本书呢？

如果您是校长，您可以从这本书的结构体例中看到一所学校的转型全景，每一辑都透析出学校最关注什么，这些关注点是如何体现育人价值的，这些关注点是否在教师的最近发展区……从这些分析维度入手，校长们可以建构起自己学校的变革蓝图，并能在蓝图中确立起关键驱动点。

如果您是教师，您可以从自己最感兴趣的板块入手，寻找到可以借鉴的他山之石。

当然，您也可以把这本书作为您的"练习手册"，您可以就一个话题，先进行自我梳理，看看自己能否就一个主题梳理出自己的方法，进而萃取出自己的核心经验，更进一步甚至可以尝试提炼出方法、步骤、工具、策略，然后与十一学校老师们提供的相比照。这种学习方式是最佳的专业研修路径。

如果您是一位研究人员，这本书将是您进行科学研究的绝佳案例与素材，您可以从"最小单位"的研究方法角度切入，将自身的专业方向与一线的实践成果相结合，弥补教师研究中科学性、规范性问题，进而有了理论的助力，使得来自一线的实践智慧能够更好地转化。

我们希望，这本书能够成为让学校科研更接地气、更能解决一线教师实际问题的新入口。

让教育真实地发生

——北京十一学校的教师智慧

目　录　结　构　图

目　录
contents

第一辑 ■

课程篇
结构决定了迭代能力

教学篇
有一种伟大叫工具

第一部分：在学科教学中落实核心素养

第二部分：激发内动力，走向个别化

第三部分：高效一致的过程性评价、诊断与命题

第三辑

学生教育篇

教育源于走进真实

第四辑

学校管理篇
视角转向服务，一切就都变了

面向未来的 O2O

创造更多的可能性

育人为先的毕业季

高三是一所学校的文化表征

课程篇
结构决定了迭代能力

中国中小学校对课程的关注达到了前所未有的阶段，从单纯执行国家课程到开发丰富多彩的校本课程，再到创造性地实施三类课程，再到指向"这一所学校"的课程体系。其间，中国教师投入极大的热情和令人动容的再学习力，用不同的表达方式体现着对课程的深度理解。

北京十一学校同样如此，从 2007 年起展开的"育人模式创新与学校转型"，其挑战难度最大的就是建立起适合每一位学生发展的课程体系，如今的十一学校可以用极简洁的方式对课程体系加以概括，那就是"分层、分类、特需、综合"。

本辑中的这些海报既提供了十一学校课程体系的全景概览，同时也传递着一个重要的思想方法——课程体系的内在结构是什么？课程的出发点与落脚点在哪里？每一门课程的关键要素和挑战任务是什么？课程与课程之间的平衡与适配该如何兼顾？课程的内隐价值如何在学科教室的外显表达中传递与显现？这些问题和内在逻辑的梳理就是一所学校课程结构的核心问题，也只有在结构层面上有了整体把握，才能使课程体系本身具有强大的迭代更新能力。

今天，我们的学校一定要意识到，课程是没有"建好了"、"完成了"这样的说法的，一门课程乃至课程体系的建设永远是只有开始、只有生长，而没有结束的，因为学生在动态变化、时代发展的趋势在飞速变化、教师对课程建设与实施的认识在持续进阶，所有这一切都意味着"创造适合每一位学生发展的课程体系"是一个永远在路上、永远需要迭代更新的过程。正是因为一所学校课程体系的迭代更新能力强，才可能使得课程本身永远具有活力和生命力。

当然，所有的变化都"有谱"。这个"谱"就是结构。如果您从结构的视角去审视本辑中所有海报的话，您就会找到规律，进而对您自身的创造实践带来启迪。

课程：
帮助每一位学生
发现与唤醒自我

郭学军

多种课程提供给学生
满足学生的个性化需求

296	个学科课程
34	个综合实践课程
60	个自主管理课程
93	个职业考察课程
152	个社团课程
12	个高端项目研究课程
6	个书院课程

分层课程
让学生把当前的选择与未来的发展联系起来

职业 ……… 专业 ……… 高中课程

学会选择

选课程 / 选学习时段 / 选自习室 / 选导师 / 其他自主选择

可选择的课程：逐渐明晰自己的优势领域与发展方向

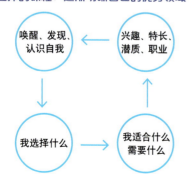

案例：一名学生在课程选择中的思考

自我规划：兴趣、发展需求
- 不喜欢版画，我直接选择素描
- 音乐这学期选择流行，下学期再玩古典
- 高一先选历史和地理，把需要更高思维层次的政治放到高二再选

自我规划：目标——一个节点一个节点地实现既定的学习目标
- 我已经比较满意我自己的英文写作，口语表达能力需要提升，根据短板效应，我再练习英文写作能力就没有练习口头表达能力更有价值。
- 我现在急需提升的是书面表达的条理性和口头表达的连贯性。这学期我就选择了着重提升条理性的高中语文议论文写作、锻炼口头表达能力的高中英语视听说。

实践效果

非常同意　比较同意　比较不同意　非常不同意

2013年的调查显示，90.3%的学生认为"学校的课程对我未来的发展有重要意义"，其中表示"非常同意"的学生比例比2011年高出16.1个百分点。

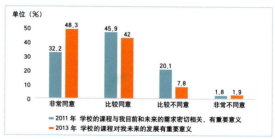

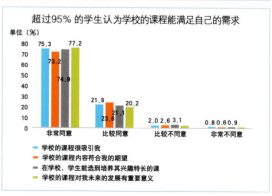

国家课程校本化：
从国家课程到学校课程

郭学军

国家课程实施的问题与困境

1. 在国家课程体系的框架下，基于学校的课程设计，主要是对现行国家课程适当进行整合、重组。这些修修补补的工作无法从根本上解决课程的统一性与学生差异化需求之间的矛盾。

2. 学校层面的课程改革不是在整个课程链条上进行整体规划和思考，往往仅限于课程链条上的某一个环节，大多是对课堂教学技巧、策略的探索。

3. 校本选修课以"做加法"的方式开设，占用了学生大量自主支配的时间，增加了教师和学生的负担。

分层、分类、综合、特需课程体系

◀ **分层课程**
数学、物理、化学、生物

◀ **分类课程**
语文、英语、历史、地理、政治、体育、技术

◀ **综合课程**
艺术、游学、高端项目研究、综合实践

◀ **特需课程**
枣林村书院、援助课程、特种体育

学校课程建设的原则

国家课程校本化

- 选择性课程的思想
- 课程目标（课程标准）
- 学科素养与学科体系
- 必修要求
- 高考要求
- ……

学校的育人目标（《北京十一学校行动纲要》）

学校致力于培养志远意诚、思方行圆，即志存高远、诚信笃志、思想活跃、言行规范的社会栋梁与民族脊梁。

学校课程体系的底线与边界

底线：国家课程的必修要求——144个必修学分。不低于国家课程方案的必修要求，在此基础上，给学生提供更大空间。
边界：高考（难度与宽度）。

学校课程建设要处理好的几个关系

- 国家课程与学校课程之间的关系
  忌：把国家课程抛到一边，独立构建学校课程体系

- 多样化选择与统一的高考出口之间的关系
  忌：抛开高考搞改革

- 放与收的关系（选择与责任是一枚硬币的正反面）
  忌：没有任何边界的自由

- 有限的课程与学生无限的差异化需求之间的关系（学生的差异是无穷尽的，仅靠高选择性的课程无法完全满足）
  忌：个别化的落实完全依靠高选择的课程，实现个别化是学校育人模式的一套系统工程

- 学校课程与管理制度之间的关系（选择性课程必然要求传统的管理做出相应的变革，这样才能为课程的实施提供保障）
  忌：课程变了，管理不动。

十一学子

大小学段制的设计

郭学军

每学期 20 周划分为三个学段——两个大学段和一个小学段。每一个大学段为 9 周，小学段为 2 周。学期结构为大学段 / 小学段 / 大学段。设置小学段主要是为了满足学生个性化的学习需求。大学段的表示方式依次为 1—12 大学段，小学段的表示方式依次为 A—F 小学段。高中三年共设 12 个大学段、6 个小学段。

学年	高一		高二		高三	
学期	高一（上）	高一（下）	高二（上）	高二（下）	高三（上）	高三（下）
学段	1 A 2 3 B 4		5 C 6 7 D 8		9 E1 10 E2 11 F1	12 F2 F3

第 1—9 周为第一个大学段，主要是统一的课堂学习。
第 10—11 周为第一个小学段 A，主要是学生自主学习。
第 12—20 周为第二个大学段，是第二个统一的课堂学习。

小学段里，学生都在干什么

自主学习

个别化援助

研究性课题答辩

学生讲堂

社会实践

初中综合专题的游学：初中思想品德、历史、地理和生物需要通过亲身体验才能够完成的内容。

8 个课程，15 条线路

每个初中学生在初一和初二每个学期都必须选择一个游学课程。

游学

★ 太原、平遥、介休、灵石、祁县线路
《思想品德》（九年级"中国文化与民族精神"）、《历史》（学习魏晋南北朝、唐初历史）、《地理》（七年级上"人类的聚居地"）、《生物》（八年级上第 4 章"细菌和真菌"）

★ 天津、北京线路
《思想品德》（八年级上"经济发展"、八年级"同伴交往"）、《历史》（八年级上"第一次鸦片战争"，八年级下"新中国的外交"）、《地理》（八年级上"中国的工业"）、《生物》（八年级上第 5 章"生物的多样性"）

★ 绍兴、杭州线路
《思想品德》（八年级上"多元文化"）、《历史》（七年级下"金与南宋的对峙"）、《地理》（八年级上"河流与湖泊"）、《生物》（七年级上第 3 章"生态系统"）

★ 南京、镇江、扬州线路
《思想品德》（九年级"中华文化博大精深"）、《历史》（中国近代史、中国现代史）、《地理》（八年级上"中国的气候"）、《生物》（七年级上第 1、2 章"生态系统"）

大小学段设置要注意的问题

(1) 大学段和小学段要进行整体规划，小学段纳入每一个课程的总体进度规划之中
(2) 帮助每一个学生提前做好小学段的规划与调整
(3) 做好小学段的反思与总结
(4) 小学段不允许组织集体性上课或考试
(5) 小学段的援助和补弱一定要实现个别化

分层课程 ≠ 分层教学

郭学军

分层课程

在课程目标——课程标准——课程内容——课程实施——课程评价这一完整的课程链条上设计。

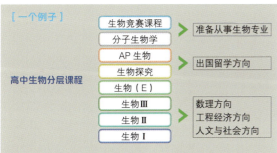

辨析

- **价值观不同**
  分层课程：为了每一个学生更适合地发展，站在每一个学生更好发展的角度。
  分层教学：为了更方便地教，给学生的学习能力贴标签。

- **分层的依据不同**
  分层课程：依据为学习基础 +（发展方向）+ 课程内容难度 + 学习方式。
  分层教学：依据为考试成绩（学习能力的分层）。

- **主体不同**
  分层课程：学生为主体"我选择"。
  学层教学：教师为主体，学生"被选择"。

- **实施的策略、方法不同**
  （1）分层之前的学前诊断，为学生的理性选择提供参考。
  （2）分层课程实施中不同层之间的流动更方便。
  （3）每一个学期选一次课；同一学科不同层次课程的阶段诊断时间排开，方便学生同时选择多个课程的诊断。
  （4）小学段安排一些衔接性课程，为改选课程的学生提供帮助。

分层实施前后对比

分层实施前

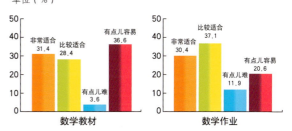

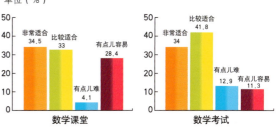

分层实施后

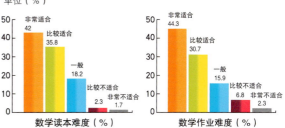

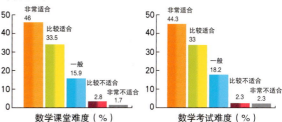

学习资源 ≠ 教材

郭学军

立足于为学生的自主学习提供服务，我们提供了包括教材、课程标准细目、诊断试题以及线上的微视频课程、阅读书目、作业等一整套学习资源系统。这些资源的特点如下。其一，资源主要是为学生的自主学习服务的，而不只是为老师的教学服务。其二，在资源系统的层面上，以多样化、立体化形式呈现。在实施中，面对众多的资源、空间的多样性，实行个别化才能够做到，才能真正为每一个学生的发展提供不同的需求。

自 2010 年—2015 年 11 月
语文、数学、英语、物理、化学、生物、历史、地理、政治各学科
共研发校本教材 **239** 本
已经由人民教育出版社、教育科学出版社等
公开出版 **23** 本
研发课程标准细目 **109** 本
每个学期进行两次学段教学质量诊断，各学科共
研发诊断工具 **1170** 套

校本教材

从为"教"服务的教材到为"学"服务的教材

校本教材的主要特点
定位：服务于学生自主学习，方便学生自主阅读
1. 文本以对话与交流的方式呈现
2. 立足于学生的思维方式展开
3. 呈现课堂的对话过程，看书就好像在听老师讲课
4. 注重探究问题的设计，以问题引领学生思维能力的提升
5. 提供多学科的拓展资源

部分校本教材

课程标准细目：将课程标准细化

1. 表述具体
2. 可操作、可量化
3. 按照学生能够达到的不同程度，分级设计
4. 教研组集体备课的主要内容
5. 为学生的自主学习提供依据（配套自学诊断题和试卷）

以"遗传的细胞学基础"内容为例

《普通高中生物课程标准》
用恰当的生物学术语，描述生命现象，正确识别并解读相关图像与图表，领悟经典实验中所蕴含的科学思想，应用遗传原理解释、解决实际问题

《高中生物课程标准细目》

| 1. 说出细胞减数分裂的概念和结果 |
| 2. 概述精子和卵细胞的形成过程 | 2. 概述精子和卵细胞的形成过程 |

1. 说出细胞减数分裂的概念和结果
2. 概述精子和卵细胞的形成过程
3. 建构减数分裂中染色体变化的模型
4. 用坐标图表示减数分裂过程中染色体数、DNA 数的变化过程
5. 识别减数分裂不同时期的图像
6. 区分减数分裂和有丝分裂的异同点
7. 描述受精过程
8. 解释减数分裂和受精作用的意义

2. 概述精子和卵细胞的形成过程
(1) 说出：产生精子和卵细胞的场所
(2) 说出：最原始性原细胞的名称和性质
(3) 说出：同源染色体、联会、四分体、交叉互换的含义
(4) 区分：初级精母细胞、次级卵母细胞、精细胞、精子
(5) 说出：初级卵母细胞、次级卵母细胞、卵细胞、极体的区别
(6) 绘图表述：减数第一次分裂和减数第二次分裂的过程
(7) 解释：精子染色体数目减半的原因与意义
(8) 总结：精子与卵细胞形成的异同点

诊断工具：强调考试与评价的诊断功能，更好地服务教与学

学生对学习资源满意度调查的情况。

		非常同意	比较同意	一般	比较不同意	非常不同意
教材	可读性强，对我自主学习帮助较大	81.6%	13.8%	3.3%	0.8%	0.5%
	帮助我弄清楚本章要掌握的主要知识和能力点	82.5%	12.7%	3.8%	0.6%	0.4%
课程标准细目	标准细目对学习重点、难点的表达非常清楚	75.9%	14.0%	6.6%	1.5%	2.0%
	标准细目的要求表述具体、明白	79.5%	12.7%	5.3%	0.9%	1.6%
	标准细目帮助我了解自主学习的情况	77.2%	12.4%	6.1%	2.1%	2.2%

例：初中一元一次方程的引入：数学家丢番图的碑文

第三章 一元一次方程

§3.1一元一次方程的引入
你听说过数学家丢番图的故事吗？
上帝给予的童年占六分之一，
又过十二分之一，两颊长起胡须。
再过七分之一，点燃起结婚的蜡烛。
五年之后天赐贵子。
可怜迟到的宁馨儿，享年仅仅及其父之半，
便进入冰冷的墓。
悲伤只有用数论的研究弥补，
又过四年，他也走完了人生的旅途。

这是数学家肥料丢番图的碑文，他是第一个系统而广泛研究方程的数学家，为了纪念他在代数方面（特别是方程）的成就，特意在墓碑上刻了上面这一段话。

问题：从这块墓碑上，你是否能计算出他活了多久？
分析：设丢番图活了 x 岁，则

1. 丢番图的童年有多长？（用 x 表示）
由于丢番图活了 x 岁，则他的童年为 $\frac{1}{6}x$；

2. 他是几岁开始长胡子的？（用 x 表示）
由上一问可知他开始长胡子的年龄应为 $\frac{1}{6}x + \frac{1}{12}x$

3. 他是几岁结婚的？（用 x 表示）
由上一问，可知他结婚的年龄应为 $\frac{1}{6}x + \frac{1}{12}x + \frac{1}{7}x$

4. 他又是几岁生子的？（用 x 表示）
由上一问，可知他生子的年龄应为 $\frac{1}{6}x + \frac{1}{12}x + \frac{1}{7}x + 5$

5. 他可怜的儿子活了几岁？

76.4%
96.9%
■ 非常同意
■ 比较同意
■ 比较不同意
■ 非常不同意

81.6%
95.4%
■ 非常同意
■ 比较同意
■ 一般
■ 比较不同意
■ 非常不同意

96.9% 的学生对学校提供的社会资源（如校外交流、讲座等开阔视野的机会）感到满意。

95.4% 的学生认为教材可读性强，对自主学习帮助较大。

如何让变革成为全校教职员工共同的行动

郭学军

十一学校的变革不是靠行政命令自上而下推动就可以完成的，因为变革中很多全新的挑战，都需要老师们运用智慧来面对，并找到最有效的解决办法。要把变革变成大家共同的行动，而不仅仅是校长或者领导班子的事情。

形成共同的价值观：变革中没有原则性的争议

从 2007 到 2009 年，经历两年讨论，在梳理学校传统文化的基础上，形成了北京十一学校的价值体系——《北京十一学校行动纲要》。十一学校的使命是"创造适合每一位学生发展的教育"。

通过年度主题活动，把价值观与具体的教育教学行为联系起来，使之成为学校的一种执行力

2009 年为"课堂成长年"
（1）课堂是学生学习的地方
（2）师生关系是有效课堂的基础
（3）再造教学流程，删除无效教学环节
（4）将落实进行到底
……

2010 年为"课程建设年"
（1）树立处处是课程、时时有课程的意识
（2）确立系统的课程观
（3）指导学生学会管理自己的学习
（4）多元化、个性化课程实施策略

校长要走在改革的队伍之中——为确保变革，也为变革中的老师提供更加有力的支撑

（1）控制改革的节奏
（2）给大家带来力量和激励
（3）随时帮助
（4）确保改革一直朝着预定的方向行进

在"民间"培育变革的种子，让变革的火种在教师之间传递

在变革的初期，鼓励先进，允许落后

有些老师没有跟上，有时不是他们不愿意去行动，只是他们一时还没有找到方法。这个时候，要学会等待，注意观望，等待他们每一个人走过自己的心路历程，发现每一个需要搀扶、帮助的机会。

课程带动学生，学生倒逼教师

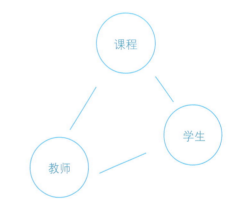

课程

学生

教师

老师和学生在一起

"学分" 那点儿事

郭学军

2003 年，我国普通高中课程改革方案，提出了"学分"这一概念以及毕业学分的要求。学分是最低的毕业要求，有必修学分和选修学分之分。116 个必修学分，确保了普通高中阶段的基础性毕业要求；28 个选修学分，赋予学生一定的课程选择空间。学分制有利于弹性学制的实施。

▶ 我校学分是如何计算的

学分计算标准为：学习时间 9 周（一个大学段）、每周 4 节课、每节课 45 分钟且成绩合格，可获得 2 个学分。依此标准，核算每个课程模块的学分。特殊情况下略有调整。

▶ 学生高中三年的毕业学分要求

学生在校三年时间达到的必选学分包括语文、外语、数学各 10 学分，历史、地理、物理、化学、生物、艺术各 6 学分，思想政治、技术各 8 学分，体育与健康 11 学分，综合实践活动（包括研究性学习 15 学分、社区服务 2 学分、社会实践 6 学分）23 学分，共计 116 学分。除必选学分之外，学生还需从学校提供的各类课程中自选一定的模块，获得 28 学分，总学分达到 144 分方可毕业。

▶ 实施学分制与激励优秀学生如何兼顾

学分是最低的毕业要求。只要修够一定的时长，成绩合格，不管 60 分还是 90 分得到的学分都是一样的。但是，不同的成绩，所得的学分绩点不同。例如，修习同样一个课程，60 分和 90 分的学分绩点是不一样的。学分绩点是参评学校卓越学生、优秀学生的重要标准。

▶ 什么是学分制

毕业学分提供了学生高中三年应该达到的最低毕业要求，理论上讲，在高中期间，学生只要获得 144 个毕业学分，就可以毕业，不一定是满三年后才能毕业。由此，学分制使弹性学制成为可能，给了学生更大的选择空间。目前，在我国的高中，还没有真正实施学分制，学分还主要在每一学年度内实施，而没有扩展到高中三年的时间里。

▶ 学分制和学分管理有什么不同

很多学校实施学分管理，比如考试成绩 62 分 2 个学分、70 分 3 个学分、80 分 4 个学分……或者优秀 5 学分、良好 4 个学分、及格 2 个学分……这只是利用学分进行评价与管理，而不是学分制，与学分制中的"学分"概念不一样。

十一学校语文课程的前世今生

闫存林

一、语文课程期待实现什么样的目标

语文课程坚持立德树人，充分发挥语文课程的育人功能。在此基础上，以全面提高学生的语文素质为目标，使学生通过阅读、写作、探究、交流等语文学习活动，在语言建构与运用、思维发展与提升、审美鉴赏与创造、文化传承与理解几个方面都能获得进一步的发展，并希望每一位学生在自己的基础上都能得到提升。

二、语文课程的转身

■ 传统语文课程的特点与不足

1. 课程设计在理论上将所有学生看成同一水平，不能针对不同的学生设计不同的学习内容。
2. 教材的单元编选，一般是以人教版为主的文体呈现方式，以苏教版为主的主题呈现方式。这两种呈现方式都没有明确的语文能力训练点，更缺乏系列语文能力的增长点。
3. 课程的设计容易导致教师教课文，而不是用课文去教。
4. 教材的设计很难实现大单元教学。
5. 阅读量明显不足。

■ 变革后的十一语文课程

1. 形成了"基础语文 + 自选课程"的语文分类课程模式。
2. 基础语文：定位于学生最基本的语文素养。通过基础语文的学习，学生应该基本达成国家课程标准所要求的各项语文能力。
    教材：重新构建。
    课时：高中每周 3 课时、初中每周 4 课时。
    基础语文是所有学生均需学习的课程。
3. 自选课程：定位于援助与提升。
    教材：教材自编。
    课时：一个学年，每周平均 1 课时
    学生在一个学年中至少选择一门。
    自选课程循环开设，一般为 32 课时。

三、课程变革历程（以基础语文为例）

1. 研究各版本教材结构，理出其中可资借鉴的地方。
2. 研究确定语文六年（初中三年、高中三年）的能力增长点以及必须学习的主题、专题等。以高中语文为例（如下表）。

年级	第一单元	第二单元	第三单元	第四单元 （文言文）	写作	语文知识	名著导读
高一第一学段	书卷多情似故人	赋 比 兴 （《诗经》与楚辞）	人物形象	风云人物	写出人物的个性	修辞：比喻	《论语》
	精神的殿堂	意象与意境	描写与表现	说辩艺术	写出事件的波澜	简明、连贯、得体	《大卫·科波菲尔》
	探索创新	景与情	散文中的情与景	奏疏陈情	写出景中之情、物中之理	常见语病知识	《巴黎圣母院》
	科学与文明	新闻与评论	现代新诗	山水哲思	合理虚构	逻辑与语言学习	《围城》

3. 编制教材架构蓝图

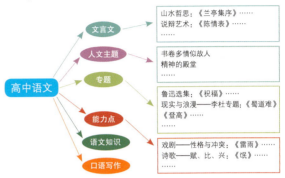

4. 精心讨论、研究学习活动

虽然史书要求编写者保持客观、公正的态度，但是编写者的感情会不自觉地流露于文字之中。你在阅读本课时是否有这样的体会，如果有，请举例说明。

> **课后学习活动**
>
> 《苏武传》见于《汉书·李广苏建传》。其中《李广传》基本照录《史记·李将军列传》，《苏建传》只有短短几行，而《苏武传》则是班固倾全力为之。虽然史书要求编写者客观公正的态度，但是编写者的感情会不自觉地流露于文字之中。你在阅读本课时是否有这样的体会？如果有，请举例说明。

四、当前呈现的整体效果——校本教材

教学方式与学习方式的改变

学生：单纯听讲→自主学习
教师：教→帮助学生学习

课堂教学的基本模式

自我学习→完成任务→发现疑问→小组探究→教师精讲→反馈检测

五、反思与未来改进计划

1. 基础语文虽然更加贴近学生的学习，将过去的教材变成了学生学习的学本，但语文课程的各核心素养的分层标准尚处于模糊状态。
2. 自选课程虽然解决了学生在某个语文模块方面的需求，但因为定位并不是十分准确，造成实际效果受到影响。
3. 未来语文课程将更进一步从学生的实际出发，按照学生的需求来设计，采取分层、分类的方式重新思考课程体系。
4. 初中将增加阅读课程，加快"整本书阅读"的推进和课程化。

语文自选课程的"自白"

闫存林

▶ 一、我是谁

我是基础语文的助手。如果说基础语文负责同学们的语文基本素养，使之达到一个学科要求的最基本水平，那我就是基础语文的帮助者。基础语文不强者，我帮他提升；基础语文不足者，我帮他补弱。

▶ 二、我的定位

援助与提升。

▶ 三、为什么需要我这样的自选课程

学生千差万别，学生学习语文的起点不同，在语文学习过程中，由各自的学习喜好与品质而造成。虽然学生语文的成绩一样，但可能各自语文板块的能力并不一样——有人写作好，有人文言文好。看似语文水平一样，但各板块薄弱强厚不一样，因而学生的需要也会不一样。于是，我便应运而生。一句话，我是为了不同学生的不同需要而诞生的。

▶ 四、我有哪些伙伴

高中援助课程：现代文基础阅读、写作基础（记叙文、议论文）、文言文基础阅读
高中提升课程：唐宋诗词欣赏、时事深度评论、中外短篇小说欣赏、先秦散文欣赏
高中早读课程：中华文化基础读本
初中援助课程：现代文阅读、文言文基础、记叙文写作基础
初中提升课程：演讲与口才、中外名篇欣赏
大学先修课程：中国古代文化、文学写作

▶ 五、我的高中伙伴与初中伙伴是怎样的关系

我们是递进增长的关系，初高中形成一个课程体系。比如：
初中的"演讲与口才"对应高中的"时事深度评论"。初中着重口语表达的连贯性与清晰性，高中侧重思维的深刻性与逻辑的严密性。
初中的"中外名篇欣赏"对应高中的"唐宋诗词欣赏"、"中外短篇小说欣赏"等。初中着重美文的赏读，关注普遍性；高中侧重专业研读，关注专题性。

▶ 六、你如何选我

1. 初一第二学期开始自选课程。
2. 提升课程需要入门测试，达到一定程度方可申报。
3. 学生网上选课。每学年必选一门。
4. 每班不超过 24 人，10 人起开设课程。
5. 学期每周 2 课时，共 32 课时。循环开设。

▶ 七、你如何评价我

你需要在课上参与讨论，完成相应的学习任务，可以得到满意的学习过程性评价——分数占 40%。
学期末需要参加终结性考核，占 60%。

▶ 八、我的苦恼

1. 你们不大重视我，觉得我不如基础语文重要。
2. 时间跨度比较长，容易生出疲惫感。
3. 定位尚不十分明确，不是非常符合每一位学生的需求。
我将融入基础语文中去，潜移默化地渗透在语文能力点中，如果你们学习有了进一步明确的分类分层。

【活动举例】
请以小组为单位，搜集一则热点新闻并找出各媒体对此新闻事件的评论，小组成员对此新闻事件进行前评论，下节课展示。

【学习评价表】

等级 评价内容	自我评价			教师评价		
	A	B	C	A	B	C
学习过程表现						
学习成果质量						

为不同发展方向的学生提供不一样的数学

——十一学校数学分层课程的构建历程

张　伟

一、课程期待实现什么样的目标

创设适合每一个孩子的个性化课程体系

二、课程变革前后比照

传统的数学课程

1. 班级组织形式：固定教学班，大班教学，学生数学水平参差不齐。
2. 教师教学方式：满堂灌，教师面对和思考最多的是教学内容。
3. 学生学习效果：学生学习效率偏低，一部分学生"吃不饱"，另一部分学生感觉跟不上。

变革后的数学课程

1. 班级组织形试：走班选课，小班分层教学。学生数学水平相近，教师更容易关注到每一个学生。
2. 教师教学方式：教师开始多关注、研究学生的学习过程，探索、研发了以"自学—前诊断—针对性教学—后诊断"为基本流程的教学模式，教学内容更加具有针对性，并研讨与探索出了课堂分区教学等个性化教学方式。
3. 学生学习效果：由于实现了分层教学，课堂内容更加有针对性，学生课堂效率大大提高；由于学生会在课前自学相关内容，所以很多学生带着问题和思考进入课堂，学习效果显著提升，并培养了学生的自主学习能力。

三、课程变革历程

阶段一：准备时期

十一学校的课程改革始于数学学科，早在 2010 年下半年，潘国双、李鹏飞两位老师就分别开始准备、筹划初中数学 Ⅱ、数学 Ⅰ 课程的建设和改革。这一时期的准备工作主要包括确定课程目标、课程定位和课程框架，确立课程建设方案，研发课程资源等。

阶段二：试点时期

2011 年 9 月，在杨文学老师的牵头下，更多数学教师加入课程改革的队伍中，初中、高中起始年级同时开始实行数学课程的分层教学，揭开了十一学校数学课程改革的序幕。

阶段三：正试运行时期

2012—2015 年，随着课程改革的深入，数学课程体系逐步变得规范与完善。根据服务对象不同，数学课程在初中设置了四个层级，分别是初中数学 Ⅰ、Ⅱ、Ⅲ 与Ⅳ；在高中设置了五个层级，分别是高中数学 Ⅰ、Ⅱ、Ⅲ、Ⅳ 与Ⅴ。同时，在课程开发和运行的过程中，学科注重师资队伍建设，每层课程都打造出了一个优秀、专业的教学团队。

阶段四：后变革时期

2015 年 9 月起，随着国家新的课程标准的研讨与确立，十一学校数学组在于凤军老师的带领下，开展了多次对新课程理念的学习与研讨，并在此基础上逐渐调整、改进原有的课程体系并且确立了以必修、国家选修、校内选修为基础框架，以分层教学为宗旨，以适应不同学生的个性化需求为目标，以发展学生的数学核心素养为本的新课程框架。十一学校的数学课程建设，进入了一个不断深化、完善的后变革时期。

教研活动

学生学习

四、当前呈现的大体效果

1. 教材资源大致完善，根据学生的不同需求，开发建设了针对不同学生的数学课程，建成了一套适合学生个性化学习需要的、相对完善的课程体系。
2. 帮助学生养成了良好的自学习惯，培养了学生自主学习的能力，学生的学习积极性得到了很大提升，激发了学生学习数学的内动力。
3. 课程资源的建设促进了教师之间的专业交流，提升了教师的专业素养。在教材编写过程中，编者提出的一系列问题，也为其他教师备课、研修提供了很多优秀素材。

五、反思与未来的改进启示

十一学校的数学课程改革是一项工程庞大、任务烦琐的开创性工作。课程改革的顺利进行，离不开学校领导的顶层设计和一线教师的数学专业素养和奉献精神。当然，由于没有现成的经验可以借鉴，我们在整个改革过程中也走过一些弯路。随着课改的推进与新的课程标准的提出，我们的课程定位、课程体系以及课程资源都有需要改进的地方，这也将是十一数学组下一步的工作重点。

三军未动，教材先行

——十一学校数学校本教材的问与答

张　伟

数学课程改革的基本原则——以教材为核心。"三军未动，教材先行"。教材是整个课程改革的核心。教材分层了，自然可以满足更多学生个性化的需求。既然教材要分层，那么编写过程中对不同层级的定位和具体内容的讨论，自然可以促进教师间教研活动的进行；教材编写时，将每道例题、每一个内容讲细讲透，自然会促进学生自学习惯的养成；以前教师需要在课堂上灌输的基本概念、基本例题，如今都已经写进教材，教师自然就会思考"学生都自学了，我应该如何组织课堂"这一类问题，从而推动课堂改革；教材编写时遵循适合学生自学的宗旨，那么我们就需要通过设计合理的诊断工具，来检测学生的自学效果，从而推动了诊断工具的开发……

1. 为什么要有那么多教材

首先，为了满足不同学生对数学学习的个性化需求，我们将初中数学课程分为四层，高中数学课程分为五层。每位学生都可以根据自己的学习能力和需求，选择不同层级的课程进行学习。因为面向的服务对象、课程培养目标等均不相同，所以每层课程都需要单独开发教材。

其次，在教材编写过程中，为了适合学生自学，我们会将每个知识点、每道例题解释得特别详细，以便于学生阅读、自学。同时，数学高层教材在高考内容的基础上，又添加了大量高考要求之外但有助于培养优秀学生数学素养的高中进阶知识乃至大学内容，因此，十一学校数学校本教材的内容远远多于人教版教材。

2. 数学分层策略

（1）分层是按成绩分吗？

答：不是。数学分层的基本目标是适合不同学生的个性化学习需求。成绩仅仅是众多的参考指标之一，最终的分层结果由学生的意愿决定。

（2）学生都选一个层怎么办？

答：每次选课时，我们都会对学生进行选课诊断，供学生与老师参考。对于个别选择比较盲目的学生，任课教师会与之单独交流、沟通。

（3）分了层还会调整吗？

答：学校课程每年分两个学期进行，每个学期又分两个学段。每个学段结束后，学生都可以在不同层次之间进行调整。教师也会根据学生一个学段的学习情况，给出相应的调层建议。

3. 不同层的教材适切度设计原则

例1：在十一学校，不少交响乐团的学生选择了数学 I 。这些孩子都很有音乐天赋，他们并不愿在数学上花费太多时间与精力。而数学 I 的课程内容仅为北京市高考数学的基本要求。每个数学 I 班级一般不超过 12 名学生。学校会选择一些非常有经验、有耐心、有爱心的教师进行这一课程的教学，从而使这些学生能够轻松、愉快地学习。

例2：在十一学校，还有一些学生热爱数学，对数学充满激情，自学能力很强，并且今后有志于从事数学、物理、计算机科学与技术、信息与电子科学、金融数学等方向。为了满足这类学生的需求，我们开设了数学 V 课程。本课程在满足理科高考的基础上进行了大量拓展，大致包括三部分内容，分别是中学数学的传统内容（经过重新整合，更适合成绩优秀的学生学习）、大学一年级微积分的部分内容（做了很多铺垫，将大学内容加工成更加适合中学生接受的内容）、传统的中学和大学教材中都没有出现但我们觉得是一个成绩优秀的中学生在中学阶段需要掌握的内容（非常适合培养学生的数学素养）。其课程体系尽量按数学逻辑顺序与逻辑结构编排。

4. 教材研发中的风险防范

避免"没有学生的课程"。课程建设必须以学生为中心，脱离了学生的课程是没有生命力的。十一学校的数学课程正是基于十一学生的实际情况，确定了每一层级的实际教学内容与实施方式、评价标准，从而真正做到适应学生的个性化需求。

避免"课堂教学模式化"。在课改过程中，可以强调教学的规范化，但不要强调"模式化"。一个绝对统一的标准会束缚教师的创造力，使课堂这一课程改革的重要阵地失去活力。

十一学校英语课程发展史

侯敏华

不分层、不分类 **分类不分层**

目标

循序渐进，不遗余力地满足学生的个性化需求。

课　程	适用学生	周课时	课程类型
高中英语	全体学生	3	必选
高中英语视听说	英语听力较弱，需要加强的学生	2	自选
高中英语基础阅读	英语阅读较弱，需要加强的学生	2	自选
高中英语基础写作	英语写作较弱，需要加强的学生	2	自选
科技英语	对科技英语感兴趣的学生	2	自选
高中英语原版书阅读	对英语学习感兴趣并希望进一步提升的学生	2	自选
高中英语提高写作		2	
英语演讲与辩论		2	
翻　译	对翻译和英文写作感兴趣的学生	2	

分层且分类

分层	适用学生及课程描述	课程设置											
		高一上学期		高一下学期		高二上学期		高二下学期		高三上学期		高三下学期	
		课程	课时	课程	课时	课程	课时	课程	课时	课程	课时	课程	课时
A层	需用两年半的时间学完高考要求的内容，在高三下学期参加高考。采取"3+1"的形式进行学习：3课时高考课程，1课时原著阅读/听说/写作。	模块1、2	3	模块3、4	3	模块5、6	3	模块7+高考复习课程	4	高考复习课程	4	高考应试课程	4
B层	需用一年半的时间学完高考要求的内容，在高三上学期参加高考。采取"3+1"的形式进行学习：3课时高考课程，1课时原著阅读/听说/写作	模块1、2、3	3	模块4、5、6	3	模块7+高考复习课程	3	高考应试课程	4				
		听说/原著阅读/写作	1	听说/原著阅读/写作	1	听说/原著阅读/写作	1						
C层	英语综合能力强，已无须进行高考内容的学习，希望在纯正的英语环境中进一步提升自己的听、说、读、写能力。在高三上学期参加高考，在高考中能够一次性取得145分及以上。采取"2+2"的形式进行学习：2课时原著阅读，2课时听说/写作	原著阅读	2	原著阅读	2	原著阅读	2	高考应试课程	4				
		听说	2	写作	2	高考复习课程	2						

带动的变化

学科主任与教研组长分职、首席教师制度、学科教师培训与分享。

政治学科主题阅读课程

刘 梅

一、为什么要进行主题阅读

1. 基于学生个性化需求的课程改革需求。学生的学习基础、学习兴趣不同，他们对社会科学的理解与感悟是有差异的，统一的教材难以满足他们的需求。

2. 学科教室提供大量书籍，如何有效地利用它们？迫切需要进行主题阅读。

3. 不同的学生有不同的兴趣与选择，有涉猎原著类的，有喜欢通俗畅销书籍的，有关注漫画图解类的，等等。学生的兴奋点不一致，阅读时间有差异，主题阅读也不能用一个模式。

4. 学习的空间打开了，教材不是唯一的资源。

二、主题阅读课程的发展历程

萌芽期　探索期　成长期
自主研发　合作探究　各具特色

三、形成不同风格的主题阅读课程

1. 问题引导式主题阅读——杨小斌
2. 整合提升式主题阅读——周永霞
3. 情景设置引入式主题阅读——孟晗
4. 史料论证式主题阅读——陈桢楠
5. 学历案引导式主题阅读——赵继红
6. 案例分析式主题阅读——杜志华
7. 任务驱动式主题阅读——刘梅

思想政治主题阅读课堂

四、主题阅读课程带来了哪些变化

阅读量丰富，师生共同读书、共同成长（阅读大量书籍——原著类、通俗类、图解类、漫画类等）。

主题阅读书架

分享方式、交流方式（叙事式、漫画、手抄报、对比表等）多种多样，有创意。

各种手抄报

生成了动态的学习共同体，同侪互助，在读书交流中成长，且读且思考。

学生在阅读　　　　　　校本教材

五、主题阅读课程实施的关键点

目前课程实施的关键问题

如何诊断主题阅读的效果及学生核心素养的达成？

实施中最大的困惑

1. 主题阅读选择书籍的个性化、复杂化，如何整体调控问题？
2. 如何通过诊断来推动主题阅读深入进行？

历史核心素养培养途径

贺千红　王秀青

素养 3　历史理解
- 填空
- 构建知识结构框架体系
- 比较历史事件和人物的异同
- 阅读史料完成读书笔记
- 基于历史材料进行合理想象
- 引用书籍内容、观点解释历史
- 总结材料的论述角度、客体化历史问题、提出问题
- 理解主体化、客体化历史、辩证、全面地认识历史问题

素养 6　其他素养
- 文科综合意识
- 自然科学素养

素养 2　史料实证
- 了解多种历史呈现方式，读懂材料的主要内容
- 区分材料不同的来源、性质，认识其历史价值
- 理解历史概念的思维过程
- 依据材料结合所学说明问题或成自己的思想、观点
- 收集相关可靠史料并归类，作为证据，规范地引用，以小论文方式论述历史问题，表达自己独立见解

素养 5　历史价值观
- 感悟传统文化的精髓
- 认识多元一体的中华民族发展趋势、特征，认识世界文明的多元性
- 理解、尊重、弘扬传统文化，理解其现实意义
- 全面评价历史人物、事件，从人的尊严、权利等角度总结经验教训

素养 1　时空观念
- 按时序排列重大事件
- 识别和运用历史地图和图表
- 梳理、编制中外大事年表
- 掌握古今地名、位置及区别
- 划分历史阶段、总结阶段特征
- 中外共时性问题分析
- 用时间术语和分期方式论述自己对历史问题的认识

素养 4　历史解释
- 名词解释，理解历史概念
- 提供史料，正确区分史实、史论
- 运用历史术语、材料论述历史问题
- 提出观点并寻找合理论据论证
- 评价不同历史学观点，发表自己的认识
- 理解历史发展的内在逻辑关系
- 比较对立双方的观点，理解对立面的合理之处，结合主题阐释自己对问题的见解

1. 寻找着力点
梳理学科核心素养的水平层次和能力要求

2. 确定培养途径
结合学生自主学习情况和素养要求，设计教学问题，确立培养途径

3. 实施培养方案
解决学生自主学习问题，培养核心素养，让素养照进现实，转化为学生自己的思维方式

生物课程的"教室革命"

张 斌

概 要 描 述 >>>>

　　传统的教室没有学科特点，无法满足不同学科的教学要求，也无法满足学科的分层教学要求。教室基本上只是学生集中在一起的地方，难以实现学科功能。北京十一学校变革后的生物教室，很好地解决了上述矛盾，为生物课程的分层教学提供了条件。

实 践 背 景 >>>>

　　生物课程分为Ⅰ、Ⅱ、Ⅲ三层，教学实行走班制，对生物学科的教学提出了新要求。比如，每层课程对教室的要求是不一样的，通过教室建立情境无疑可以更好地实施课程分层教学。生物是一门实验学科，实验情境是最重要的教学情境，只有进行教室革命才能达到条件。专门的学科教室，更易于构建出学科文化。

实 践 过 程

教室全貌

实验边台

实验药品 1

实验药品 2

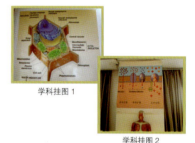
学科挂图 1

学科挂图 2

实验仪器 1

实验仪器 2

学科书籍

学科标本 1

学科标本 2

实 践 效 果 >>>>

　　1. 利于学生构建学科知识体系。
　　2. 构建了学科文化环境。
　　3. 适合生物学科的教学。
　　4. 利于构建师生关系。
　　5. 便于理论与实验教学的统一。

以学生为本的化学课程建设实施

郑 弢

1. 学科课程建设要解决的核心问题

（1）分层设置课程，研发课程资源
（2）以学生为主体的课堂教学的实施
（3）基于核心素养的诊断命题与分析

2. 实践探索

（1）开设化学 I 至化学 IV 等校本课程、高端实验课程，开展分层教学，满足不同学生的需求

（2）研发以学为本的课程资源（读本、细目）

部分校本教材

（3）实施"大单元五环节"教学

◎ "自学自研和学生提问"环节

全体高一教师和学生参与研究项目——"通过提问发现学习过程中

'痛点'的研究"。收录有价值的问题超过 2000 个。提问活跃的学生占全年级学生总人数的一半以上，生平均被收录问题数量超过 10 个。

通过学生提出的问题，教师可以更好地把握学生自学过程中的"痛点"，更准确地确定课堂教学的起点。

◎ "自学检测"环节

学生进一步暴露自学存在的问题，教师综合学生自学自研和自学检测的问题进行精讲环节的教学设计。

◎ "问题讨论与实验"环节

以学生的问题为线索串联课堂，促进学生深度参与。提升学生基于实验探究解决实际问题的能力。

◎ "单元检测与评价"环节

检验学生的学习效果，保障课程的实施质量。
（4）基于核心素养的诊断

3. 课程建设规划

针对 2017 年高考招生制度改革，制定新的"北京十一学校高中化学学科课程方案"。

根据新的课程方案，制定校本教材及配套教学资源研发方案，并着手开始研发工作。

以学生为本，关注学生化学学科核心素养的提升，进一步改进课堂教学。

重新梳理和构建化学学科实验教学体系。

顺应高考改革的新形势和针对学科核心素养进行考查的新要求，研发化学学科各类课程的诊断工具。

4. 条件保障：高学历、高学术水平的教学团队

学科现有北京市骨干教师 2 人，海淀区骨干教师和学科带头人 10 人。博士教师 19 人，硕士教师 15 人。

在博士和硕士教师中，53% 为入职五年以内的青年教师。

地理Ⅰ课程中的实验设计与实施策略

汪春燕

依据学生不同的发展方向和学习需求，高中地理分地理Ⅰ和地理Ⅱ两类。地理Ⅰ主要是工程经济学方向、数理方向以及出国留学方向学生学习的课程，教学目标为达到高中学业水平的要求。摆脱了高考，地理Ⅰ有了更广阔的实践探索空间。

① 地理Ⅰ课程为什么要增加地理实验

1. 创设观察地理事象的场景，引领学生经历获取结论的过程，学会"做中学"。
2. 体验成功或失败的喜与"悲"，反思学习的路径，提高思维品质。
3. 培养学生自我发现、敢于质疑的科学研究态度。

② 以往理科学生学习地理存在的问题

1. 注重记忆"结论性"知识，忽视理解知识的内涵，容易遗忘。
2. 地理学科学习能力与素养缺失，不符合社会发展对人才的需求。

③ 地理实验课实施后学生的变化

1. 问题发现与解决意识增强。例如，第一次实验失败后会尝试做第二次、第三次，直至得到较理想的结果。
2. 同伴意识增强。例如，同小组中的人各司其职、相互协助的现象普遍。

测量太阳高度实验

热力环流实验：孔明灯

④ 地理Ⅰ实验中需要关注的关键问题

1. 内容资源选择精细化。教材、书籍、网络等海量信息的选择需与教学主题对接。
2. 实施形式服务于内容。活动课程的设计需贴近学生的认知起点，从已知到达未知。
3. 引领学生成为他自己。课程进行中通过适当的策略激发学生提出个性化问题并予以解决。

十一学校游学课程流程展示

——以 2016 年秋季游学为例

魏小林

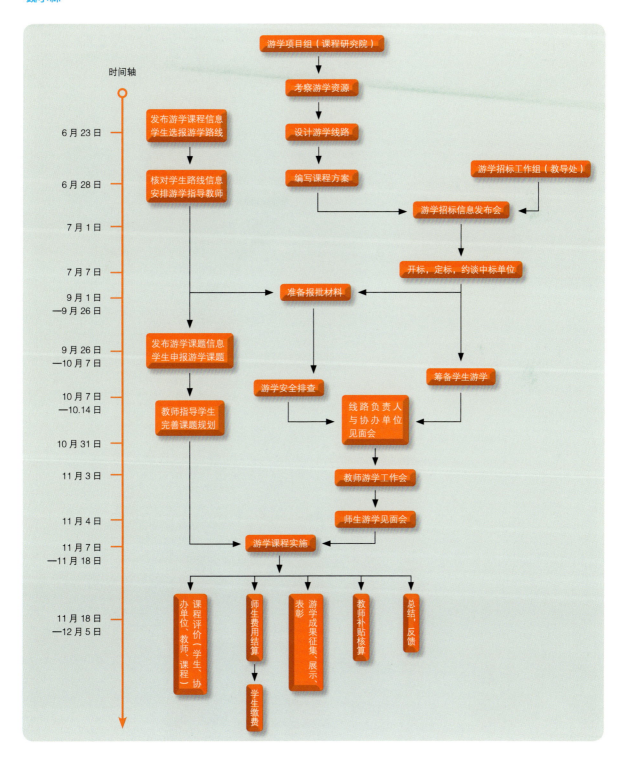

艺术课程变革之路

王晓霞

01 艺术课程期待实现的目标

通过开设丰富多样的可选择的课程，拓展艺术教育的空间，搭建学生合作、交往的平台，提升艺术教育的育人价值，培养学生的审美判断能力，唤醒学生对生活的丰富认知，帮助学生更好地实现个性化的自我成长。

02 艺术课程变革前后比照

传统艺术课程的不足

①个性化不足，标准过于统一
②评价针对性不足
③教材落后于现实生活，时代感不强
④分科的音乐和美术教育更多限于技能、技巧的培养

变革后的综合艺术课程

①分类更加科学，更符合艺术感知规律
②符合艺术学科经典性和时代性相结合的要求
③综合和专业相结合，比例配合适度
④增加艺术课程的丰富性和选择性
⑤提升艺术课程的育人价值

03 课程变革历程

1）课程开设方式

2011 年全面开设综合戏剧课程

［出现的问题］
1. 优秀学生的潜能得不到充分发展
2. 无法更充分地激发潜能

2013 年有效调整综合和专业的配比

问题：课程种类虽丰富，但课程逻辑不够严密，学习链不够清晰。

2015 年初步构建戏剧、音乐、视觉艺术三大板块

2）学生选课方式

2011 年整班选课

2012 年年级混选

2013 年跨年级混选

2013 年实现个性化选课走班

04 当前呈现的总体效果

1）每门课程均有校本教材

专家指导校本教材研发

校本教材

2）学生学习内动力充足，状态积极

摄影课堂

交响乐团排练

3）促进教学研修

①教师集体进修

参加《战马》音乐剧培训　　　　参加《战马》音乐剧培训　　　　参加北京大学"音乐剧大师班"培训

②与国家教研员及一线专家面对面交流

③外出考察、教研

参访江苏省常州中学　　参加"首届全国中小学　　教师代表在"首届全国中小学　　参访上海戏剧学院
　　　　　　　　　课程高峰论坛"　　戏剧课程高峰论坛"上发言

④搭建教学资源库，提炼教学工具

⑤鼓励教师通过进修、学习课程等方式提升自身业务水平，拓展专业复合型能力

05 反思与未来改进

1）和国际优秀艺术课程接轨，提高课程迭代更新的敏感度，经典和时代相结合

2）加强艺术文化的积淀，避免单纯的知识技法学习

3）逐步形成适切的工具、方法、策略，进一步提高育人的品质

物理学科课程变革

张少鹤

一、课程目标

1. 掌握终身发展和应对社会挑战必备的物理基本知识和方法。

2. 经历科学探究的过程，掌握科学探究和科学思维的方法。

3. 形成尊重事实、敢于质疑、善于反思、勇于创新的科学态度。

4. 理解科学的本质，遵守科学伦理和道德规范。

二、课程变革前后比照

变革前	变革后
1. 不同能力水平的学生学习相同的内容。	1. 不同能力的学生实现分层教学。
2. 优秀学生很难从优秀走向卓越。	2. 课程内容难度上不封顶。
3. 学生重理论轻实验。	3. 学生随时可以进入功能教室做实验。
4. 学生习惯老师讲解，自学能力很难得到锻炼。	4. 鼓励学生自主研修。

三、课程变革历程

1. 建立物理学科功能教室，为变革打下了基础。

2. 自编教材正规出版，变革迈出了更坚实的步伐。

3. 实现了教法和学法的变革，标志着课程变革的进一步深化。

四、当前呈现的效果

1. 自编物理Ⅲ教材《高中物理原理与方法》已由人民教育出版社出版。

2. 依据教材和功能教室提供的资源，学生乐于自学。

3. 根据学生自学的情况，教师实现了大单元教学。

4. 师生关系变得更为平等。

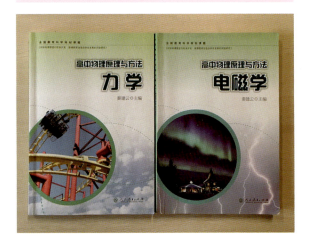

五、反思与未来改进计划

1. 自编教材内容的顺序和难度，需考虑其他学科和学生的实际。

2. 功能教室的建设，还需要进一步加强。

3. 学生自主研修的机制，还不够完善。

4. 分层课程的衔接课程，需同步发展。

纵向教研
——让课程稳健生长

张少鹤

将同一课程（物理 II、物理 III）的老师不分年级地组织起来，进行备课交流，称为纵向教研。这给我们带来了新的视角与新的收获。积累、传承、学习、再创造，在一次次沟通与交流中，我们对课程的理解越来越深刻，我们的课程也发展得越来越稳健，越来越丰富。

每周一次，每次一位主讲人，不仅讲述自己这一章的课时安排、课堂设计，更要展示ＰＰＴ和上课使用的各种资料。纵向备课是很有效的备课过程，这不但为年轻教师提供了可以即学即用的优秀课程素材，也为骨干教师提供了经验交流与分享的平台。

纵向教研不分年级，这使得老师们可以获得对课程三年（四年）的整体安排有贯通性认识。这对没有经历过高三的新教师尤其重要。借此，他们理解了课程的前后联系，对授课内容和课堂教学的把控度大幅提升，并在一过程中形成了自己的想法与大家分享。

纵向教研也是一片物理教学与物理专业的学术阵地，课堂设计是讨论的常态内容，有时也会让有特长的老师做专门的学术分享，帮助大家理清一些物理学上的疑难问题。

纵向教研还成了整个物理学科刚入职教师的成长平台。除每周的纵向教研外，每个暑期，物理学科都会专门拿出几天时间，集中整个学科的力量，由学科骨干教师、课程负责人陪伴新教师备课，并进行说课和点评，一遍不行就第二遍、第三遍，直到满意为止。这个活动已成为物理学科的传统做法。

教研时间	教研内容	备注
2.28	匀变速直线运动、自由落体运动、竖直抛体运动、一般变速直线运动的研究	主讲人：许磊、王跃东
3.6	伏安法测量导体的电阻、影响电阻的因素、测量金属丝的电阻率、电能的转化、测定电池的电动势和内阻	主讲人：李博华、王志轩
3.13	组合透镜成像、光学仪器、费马原理、光的本性	主讲人：梁朔
3.20	固液气物态变化、热力学定律、卡罗循环、热机	主讲人：肖址敏
3.27	平抛运动、刚体转动、圆周运动、简谐运动、关联速度、重力、弹力、摩擦力	主讲人：许磊、王跃东
4.3	多用电表、复杂电路分析方法、简单的逻辑电路、固液气物态变化、热力学定律、卡罗循环、热机	主讲人：李博华、王志轩、梁朔
4.10	段考磨题	相关人员参加
4.17	段考磨题	相关人员参加
4.24		四高一、高一、高二段考
5.1		小学段
5.8	绳杆弹簧中的冲量问题、碰撞过程中的能量与动量、角动量	小学段 主讲人：张少鹤

为保证纵向教研的效率和落实，每个学期结束前，课程教研组组长会与课程组的全体老师一起做好下学期纵向教研的规划，包括将本学期该课程系列各个年级的教学内容共划分为哪几个单元，由老师自由协商、认领要准备的部分，并提前做好准备。

技术课程介绍

高永梅

为了适应技术发展的需求，也为了满足同学们的不同兴趣爱好需要，我校将原有的初中劳技和信息技术两部分进行融合，统一为技术课程。

我校技术课程将采用任务驱动的教学方式，即以生活中实际存在的任务为载体，在完成任务的过程中让同学们体验到发现问题、界定问题、解决问题的困难、乐趣和成就感，同时培养同学们的信息素养、技术素养、合作能力和创新能力。

一、核心素养及阐述

* ※ 信息意识与数字化学习
* ※ 系统思维与资源整合能力
* ※ 创新意识与实践能力
* ※ 设计思维与技术表达能力
* ※ 合作意识与社会责任

信息意识与数字化学习

信息意识是指客观存在的信息和信息活动在人们头脑中的能动反映。

主要表现为：能够识别数字化学习环境的优势，适应数字化学习环境；充分利用多种可能的数字化学习资源和学习工具完成自主学习、协同工作、知识分享与创新创造；具有终身学习的意识，养成数字化学习的习惯。

系统思维与资源整合能力

系统思维是工程思维的核心，是一种全面、整体地看问题的方法。

资源整合能力是现代社会飞速发展，对于人的更高的要求。把资源进行有效的整合可以产生新的资源，新资源再次整合，如此，创新即可源源不断地产生。

创新意识与实践能力

技术创新包括开发新技术或对已有的技术进行改进。实践能力指将技术方案转化为实际工程或实物的过程。在这一过程中，需要考虑工艺、材料、工具等多方面的知识，需要考虑成本、时间、安全、环境、审美等诸多制约因素，需要经历测量、试验、制作、安装等丰富的体验活动。

设计思维与技术表达能力

设计思维以人们生活品质的持续提高为目标，依据文化的方式与方法开展创意设计与实践。

技术表达能力是指运用技术图样、图标、模型、技术符号等技术语言来传递和交流技术信息的过程。

合作意识与社会责任

合作意识很难通过讲座或讨论等形式得到培养。其需要通过某种活动，通过人与人的交往过程，通过共同完成任务等去培养。

社会责任是指个体参与社会活动过程中表现出来的个人修养、道德行为规范、社会责任义务等方面的综合表现。

二、技术课程方案

目前，我校技术课程包含的模块涉及机械技术、程序开发、手工艺创作、电子技术、智能机器人等诸多领域。每个模块的内容都是由该领域专职教师联合开发，以满足同学们的兴趣和发展的需求为出发点。

共包含五个课程组30门课程，具体如下表所示。

课程方向	课程	面向学生	学程
机械自动化	机器人 I	全校	
	机器人 II	高中	
	机械技术 I	初中	
	机械技术 II	高中	
	电子技术 I	初中	
	电子技术 II	高中	
设计与制作	模型设计与制作 I	初中	
	模型设计与制作 II	高中	
	手工布艺缝纫	初中	
	服装设计与制作	高中	
	汽车造型设计	初中	
	工业设计与制作	高中	
	3D 打印	初中	1 个学期
	汽车 3D 设计与建模	高中	
	西式烘焙	全校	
	中式烹饪	全校	
多媒体	平面设计	初中	
	平面设计与手工 DIY	高中	
	电影特效处理技术	初中	
	影视技术	高中	
信息技术	信息技术基础	初中	
	移动互联技术应用	初中	
	数据处理与分析技术	初中	
	C 语言程序设计	初中	
	算法与程序设计	高中	
	数据库	高中	
STEM 课程	F1 赛车设计与制作	高中	
	VR 赛车	高中	
	水下机器人	全校	
	物联网技术应用	全校	

三、选课指导

模块选择

可以根据自己的兴趣和需要任意选择2个模块。两个大学段（一个学期）完成一个模块。一个模块选一次课，即一旦选择一个模块，需连续学习两个大学段，中间不能改选其他模块。

学分获得

初中学生，每完成一个模块，成绩合格可获得2学分；高中学生每完成一个模块可获得4学分。

每周课时

每周2课时，两节连排。每节课45分钟。

学业评价

课程的评价采用过程性评价与终结性评价相结合的方式。过程性评价占60%，结果性评价占40%。详细的评价方案请见每门课程的实施指南。

创造适合每一位学生发展的体育与健康课程

迟 海

体育课程体系：必选课程 + 分类必选课程 + 校外自选课程 + 体育活动课程

一、十一体育与健康课程介绍

课程目标

通过对必选课程、校内分类必选课程和校外自选课程的学习，为终生体育锻炼打下基础。

课程内容

初中体育与健康课程分为校内分类必选的体育课程、校外自选体育课程和校内必选基础体育课程和体育活动课程四部分。

选课指导

校内分类必选体育课程，初中每周 2 课时，选择一个模块学习，同时选择 1 节必选基础体育课程和 1 节自选体育活动课程。

课程评价

1. 校内分类必选课程。采用过程性评价和终结性评价方式，两个学段进行一次评定。

[过程性评价和终结性评价总表]

分类必选体育课程模块总成绩评价登记表							
专选		第	学段		任课教师：		
序号	姓名	性别	年级班级	过程性评价		终结性评价	总分
				出勤常规赋分	课堂学习行为得分（基准 40 分）	模块项目得分（满分 60 分）	
1							
2							
...							

2. 校外自选体育课程。
3. 基础体育课程。
4. 体育活动课程。

课程 2、4 学生按兴趣选择，只对学生进行过程性评价。

二、体育社团

各种体育社团共有数十家。

三、体育技能测试

《北京市十一学校学生学分管理办法》规定，每个学生至少熟练掌握 1 项体育技能。

四、体能测试

1. 体能达标旨在让学生养成终身进行体育活动的良好习惯。
2. 测验项目

男生	50 米	立定跳远	1000 米	实心球或引体向上	跳绳
女生	50 米	立定跳远	800 米	仰卧起坐或实心球	跳绳

3. 评价方法

体能单项成绩的评定采用百分制。总成绩的评定采用等级制。

五、体育季

以"体育季"的方式举办各类赛事。

体育季囊括多项体育比赛，包括多种形式，贯穿整个学期，是我校最受学生喜爱的十大校园活动之一。

例如，2012 年下学期"体育季"内容如下。

时间	活动内容	主责教师	活动地点	备注
9 月 27 日下午 4:30	1. 集体热舞 2. 4×100 接力赛 3. 百米飞人大赛	卜南军 张颖超 张东云 李郁	田径场	参赛学生在体育教学班内选拔产生
10 月	1. 篮球比赛	牛哲	室外篮球场或篮球馆	根据不同项目比赛规则，可在网上或找老师报名参加比赛活动
	2. 羽毛球比赛	张东云	羽毛球馆	
	3. 网球比赛	邓琴	网球场	
11 月	1. 乒乓比球	罗晓业	乒乓球馆	根据不同项目比赛规则，可在网上或找老师报名参加比赛活动
	2. 足球比赛	张林林 张继荣	足球场	
	3. 排球比赛	张琦	篮球馆排球场地	
12 月	1. 武术比赛展示	张颖超	体操馆	根据不同项目比赛规则，可在网上或找老师报名参加比赛活动
	2. 游泳比赛	黄恕	游泳馆	
	3. 冬季长跑比赛	卜南军	田径场	
	4. 软式棒垒球比赛	吴宗岱	棒垒球场地	

学生参加各种体育活动

特而有别，适需不虚

魏 勇

北京十一学校为有特殊需求的学生设立了特殊课程。

枣林村书院课程是十一学校培养领军人物的一种探索，是为在某个领域有特殊才能的学生准备的课程。

目前学生人数：70多人。

学生类别1：已经取得保送北京大学和清华大学资格并准备从事相关专业（如数学、物理、化学、体育……）学习的学生。

学生类别2：在某个领域有超常特长的尖端学生，如数学尖子、写作上有特殊天赋的学生和电脑技术上有特殊才能的学生……

培养模式：导师制。

导师可能是学校某领域的顶尖教师，也可能是大专院校的教授。导师与学生一起研讨，根据个人特色和发展方向定制课程。课程实施方式和诊断方式也是根据每个学生的特点，实行高度个别化。

［案例一］

张睿婧同学擅长写作，在初中就写了二十多万字的长篇小说。枣林村书院特地为她一个人开设写作课。以她的作品为案例，进行讨论、修改。

为她设计的课程有：文字的陌生化效果、比喻的新颖、叙事的逻辑训练、叙事艺术之比喻训练。

课程实施方式：讲课、分析、推荐阅读书目、读书交流等。

学生在上特需课

［案例二］

为初一到高二的数学拔尖学生制定单独的枣林村数学课程，邀请数学家们参与。高一年级上学期学完高中数学全部课程，高一下学期开设初等数学和高等数学之间的桥梁课程，高二年级完成大学数学系一年级本科课程，包括线性代数、微积分等，邀请北京师范大学和北京大学的教授上课，书院的博士们做助教。从2011年到2016年，枣林村书院每年都有学生进入世界中学生数学最高奖——"丘成桐中学数学奖"总决赛，累计获奖人数已有7人。十一学校是近六年全国唯一每年都进入总决赛的学校。

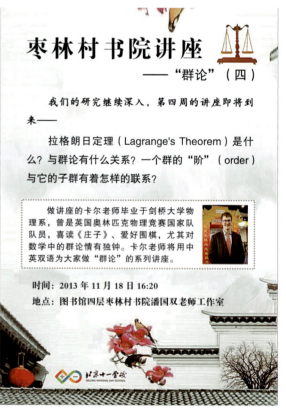

枣林村书院讲座海报

教学篇
有一种伟大叫工具

　　"每一个艺术家，包括教师在内，都是一位工匠，其任务是研究一套工具，并挖掘这些工具的使用秘诀。一把凿子看似平凡，但是随着理解的愈发深入，它会让你看到更多的可能性"。这是《像冠军一样教学——引领学生走向卓越的 62 个教学诀窍》的作者在提炼出"引领学生走向卓越的 62 个教学诀窍"时写下的话。这段话出现在十一学校试图通过教学驱动来带动深层次内涵发展的新阶段时，读来特别感同身受。

　　近一年来，十一学校确立了教学驱动的五大观测维度。

　★　**师生共同明确的教学目标**
　　教学目标清晰、适切、可操作
　　学生清晰知道本节课做什么、做到什么程度

　★　**创造充分自主学习的机会和平台**
　　给学生提供自主学习的时间、空间、资源、策略和方法
　　基于学生的自主学习展开教学

　★　**设计激活学生思维的有效问题**
　　根据学生的经验设计有挑战的问题
　　识别和利用学生有价值的问题

　★　**从过程和方法切入，重视知识落实和能力提升**
　　用多样的、行之有效的方法理解、巩固基础知识
　　在体验、探究、任务驱动等多种学习经历中提升学科能力和素养

　★　**关注学生差异，实施个别化教学**
　　创设支持个别化学习的环境与资源
　　使用推进个别化学习的工具、策略、方法

　　本辑所呈现的就是十一学校老师们围绕这些维度创造出的教学工具、策略与方法。它们能帮助老师连接起课堂内外，在辨识与发现学生中不断改进教学方式。

第一部分

在学科教学中落实核心素养

体验概念的形成过程

杨 茹

概 要

"概念形成"适用于一些抽象概念的教学，如批注、赏析、描写、论证、倾听……通过引导学生从概念个别的、具体的特征出发，先列举特征，再对特征进行分类，给每一个类别确定一个名称，然后进行归纳、概括，最后给概念下定义。在这个过程中，学生对概念逐渐形成完整印象，从整体上把握和理解这个概念。

背 景

当前的课堂教学重点不再是教给学生多少知识，而在于教会学生怎样学习，在于培养和发展学生的思维能力，让学生学会思考、判断与表达，这比学到了什么具体的知识更重要。"概念形成"教学尝试正是在这一背景下展开的。

流程概要

1. 尽可能多地列出与话题有关的词语。
2. 根据相似点，为词语分类。
3. 解释分类的理由，给各类起名字。
4. 通过筛选、总结、整合信息为概念下定义。
5. 通过观察、了解各组活动的过程和结果，对学生的表现进行评价。

价 值

将课堂还给学生，为每位学生提供参与学习的机会，培养他们的探究能力，让他们发展和完善思维，回忆和区分信息之间的关键性思想，提出证据证明自己组织相关资料的理由。

实例：给"赏析"下定义

学生们在进行"概念"学习

角色扮演让比赛更精彩

吴宗岱

内 容

背景：棒垒球是我校最受学生欢迎的体育课程之一。棒垒球运动最精彩的莫过于比赛。越来越多的学生喜爱棒垒球课程，让学生比赛的水平逐渐提高。然而，每个班级都有新学的和学过的同学。这样比赛时学生的水平就会参差不齐，就会出现早就学过的不愿和新学的打比赛这种情况。为了使全体学生的运动能力和比赛水平快速提高，让全体同学都加入进来，我使用角色扮演的方法，让学生扮演不同的角色。

方法：采用角色扮演的方式，让学生自己选择角色。每个角色都配有角色卡，角色卡上有不同的任务，学生需要自我练习或者学习才能较好地完成任务。这激发了学生自己锻炼和学习的意识。

教 练

任务是分析对手，指导比赛，总结经验，学习技战术。开始比赛时，由队长作为队伍教练和临场指挥，安排各自比赛的阵容、进攻时击打的棒次和防守时垒手与野手的站位。在熟悉了比赛，有兴趣的学生想做教练时，原来的教练就可以卸职，一心去做队员了。教练需要对对方每一位队员进行是强棒还是次棒的分析，然后布置己方队员的站位。每一次比赛结束后，教练还需要对本场比赛作出总结，提出改进的意见。比赛结束后，教师单独指出教练在战术安排中的问题和不足，并提出改进建议。教师可以给学生推荐用以提高技术水平的网站，喜爱的同学可以自行去观看，有问题时再进行交流。

穿蓝色衣服的同学是教练

裁 判

裁判有四位：一垒裁判、二垒裁判、三垒裁判和本垒裁判。当裁判的学生必须学习裁判的方法，学习裁判的基本语言与手势，在比赛中做到公正、公平判决。当然，教师作为总裁判，会对一些明显的误判进行指导或改判。如果判罚没有问题，会绝对维护裁判的权威。如果队员不服裁判判罚，裁判可以给予警告。如警告无效，裁判有权力给出红牌，判罚队员出局。

穿黑色衣服的同学是队员

穿白色衣服的同学是裁判

队 员

作为比赛队员，每一个同学都想着怎么才能赢得比赛，会抱怨每一次失误，会为每一次精彩的截杀和传球鼓掌，会为每一次得分喝彩。正因为这样，他们才能够发现自身的问题，发现队友的问题，并在总结的时候提出来，然后通过积极的练习或者更好的团队配合来弥补。后来发展到比赛时，进攻方等待上场的同学都在一边练习击打或者传球，努力提高自己击打的水平，不至于让对方很容易截杀。教师此时会尽量满足学生对技术提高的要求，耐心辅导并帮助改进。

穿蓝色衣服的同学是队员

效 果

通过这种教学方式——三种不同角色的扮演，学生能找到适合自己的角色，更好地融入比赛，学习了不同的知识，丰富了阅历。这让孩子们体会到了不同的乐趣，在身体素质和运动技能提高的同时，提高了孩子们的应变能力与观察能力，培养了孩子们的团队精神。

如何给"对话"做 CT
——整本书"读法"之一种

刘　伟

> 　　中国有两种球，一个是足球，谁也赢不了；一个是乒乓球，谁也赢不了。
> 　　中国有两种球，乒乓球，谁也打不过；足球，谁也打不过。

如何理解这句话？同样的话，表达的意思一样吗？

教学痛点

> 作为课程的"整本书阅读"与作为兴趣的"整本书阅读"有何区别？

> 如何让学生从"自然状态"的阅读走向"自觉状态"的阅读？

> 学生在阅读"整本书"时，"对话"很容易淹没在"阅读流"中，忽略了其中可能隐藏的关键信息。

3W-CT 对话分析法

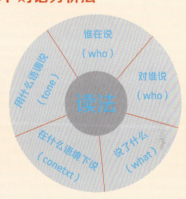

读法
- 谁在说（who）
- 对谁说（who）
- 说了什么（what）
- 在什么语境下说（conetxt）
- 用什么语调说（tone）

分析实践

《边城》文本段落

　　翠翠却微带点儿恼着的神气，把头摇摇，故意说："我记不得，我记不得，我全记不得！"

CT 过程

谁在说（W）：翠翠
↓
对谁说（W）：祖父
↓
说什么（W）：我记不得
↓
在什么语境下说（C）：翠翠正想着两年前端午时与二老的相遇，祖父却问她是否记得一年前端午时遇到大老的事。
↓
语调语气（T）："带点儿恼"，"故意"说，有"对抗"、"掩饰"的意味

基于 STEM 教育理念的物理教学模式探索

胡志丹

STEM 是科学（Science）、技术（Technology）、工程（Engineering）和数学（Maths）的简写，其教育过程将四门学科内容自然组合，这种整合的教学方式帮助学生掌握概念和技能，并运用于**真实世界中的问题解决**。如今，它已成为国际上颇具影响力的教育思想之一。初二下学期的教学内容与工程密不可分，正适合以工程问题为切入点，驱动学生综合运用四大领域的知识、技能，经历"**构建模型—科学探究—知识构建—工程设计—优化测试**"这一完整的问题解决过程，实现核心素养的进一步提高。

STEM理念如何与常规教学有效融合

驱动任务

STEM 课题的设计要以常规教学内容为基本落脚点

课堂路径

以 STEM 课题为引领
❶ 实际问题 ➜ 理论模型
❷ 科学探究 ➜ 知识构建
❸ 理论模型 ➜ 实际问题

课堂模式

科学模式 + 工程模型

课下延伸

将工程设计、制作延伸至课下活动，促使学生在实践中使用并深化理解鲜活的物理知识。

教学尝试

🏗 设计一座塔吊

- 配重设计
- 起重装置设计
- 节能塔吊设计

杠杆、杠杆平衡条件
动滑轮、定滑轮和滑轮组
机械效率及影响因素

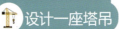

📷 手机投影仪DIY
透镜成像规律

🪑 椅子大改造　压力与压强

教学反思

- **课题设计**。既保留原有课程体系，又融入 STEM 理念，需要教师扩充知识面，不断挖掘与课程内容紧密相联的潜在课题。

- **真实性 VS 复杂性**。合理把握真实问题的简化程度，既保留核心问题的"原汁原味"，又确保符合初学学生的认知水平。

- **合理搭设台阶**。设置难度逐层递进的问题，引领学生围绕每一个阶段性问题主动思考并尝试解决，逐渐回归复杂问题的真实性与合理性，以实现思维能力的螺旋式上升，做到能力水平与问题真实性的有效对接。

创设情境

↓

提出问题

↓

建构模型
实际问题转化为物理模型

↓

明确核心问题
已知或可测量的物理量有哪些？
需要得出的物理量有哪些？
如何得出未知物理量？
提出可探究的科学问题、研究对象、变量和自变量，明确实验目的

↓

实验设计与探究

↓

数据分析

↓

设计方案，解决问题

↓

测试与优化
深度思考、综合应用

我的六个课型

贺思轩

痛点分析

1.学生获取知识的渠道很多，课堂的吸引力减退。

2.学生重视做题，但是不去分析思考。

3.学生的水平参差不齐，教师的关注点有限。

4.教学资源建设始终是痛点，怎样才能把更多时间用在与学生的交流上呢？

关键词

生长点

多样性

针对性

交互性

个性化

难　点

1. 要战胜自己的惰性，不容易。

2. 要满足学生的需求，但有时学生也不知道自己的需求。

3. 设计与实施中间存在很多变数，能力和资源有可能准备不足。

4. 眼界不够开阔，不能设计出更多优质的课型。

5. 优质课的评价标准与自己的理解有冲突，个人服从了组织需求。

第一个类型

带着问题回看教材

每单元第一节课，以问题串的形式，让学生自己回看教材。问题一部分来自老师，一部分来自学生。作业都是基础题。

第二个类型

分组讨论问题

单元第二节课开始多样分组讨论问题。教师巡视，助强扶弱，最后点评。作业难度上升一点儿。这个环节时间不定，有时需要两节或三节课。

第三个类型

放虎归山，带学生打猎

"虎"就是知识点，"放虎归山"就是好题"静做"。留给学生10分钟时间，其间有思路的学生将思路发到教学班微信群里。好方法分享。学生点评，教师点评。作业难度再次加大，减量。

第四个类型

定时练习，能者多劳，难度自选，课堂自判

作业：错因分析，有针对性地自找相关试题。

第五个类型

试卷讲评，回看学习过程，寻找学习优缺点

作业：诊断后练习，有层次可选择。

第六个类型

单元复习，知识点织网

学生整理知识结构，张贴在教室里，学生互相用贴纸点赞。然后，让学生站成内外两圈，互相提问，答错的交出一个"拿铁币"。最后按照"拿铁币"数量看学生掌握的情况。根据掌握的情况，教师给予不同的作业。

解决方法

1. 多听课，听不同学科的课。

2. 多思考，针对痛点，寻找解决问题的办法。

3. 多尝试，找出学生喜欢的方式，也找出最适合自己的课堂教学方式。

4. 固化与变化相结合，保持自己课堂教学的活性，提升学生课堂学习的积极性。

怎样设计并解决挑战性问题激活学生思维

——以"细胞的生活需要物质和能量"片段为例

李艳芳

一、找准学生最近发展区的切入点，摸清学生的认知起点、认知难点和兴趣点

学生知道什么
> 关于这部分知识学生有哪些生活经验？
>
> 认知起点

学生不清楚什么
> 关于这部分知识学生认为最有挑战性的是什么？
>
> 认知难点

学生的兴趣点在哪儿
> 学生对这部分知识可能感兴趣的有哪些？
>
> 兴趣点

可以通过访谈、课初创设情境或问题、有目的的课前小测试等找准学生的最近发展区

细胞有机物中的能量怎样才能释放出来，以供细胞进行生命活动？

二、从以下几个方面设计挑战性问题

挑战性问题

知识方面	能力方面	方法方面	最近发展区
体现细胞的生命特征	能量转化原理的运用与迁移	理性思维的养成与运用	学生在日常经验中对能量转化现象有感知

三、在认知起点和挑战性问题之间搭好思维的阶梯

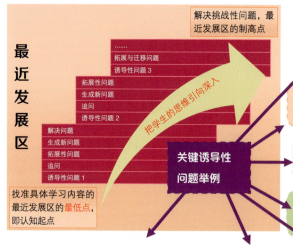

最近发展区

解决挑战性问题，最近发展区的制高点
......
拓展与迁移问题
诱导性问题3
拓展性问题
生成新问题
追问
诱导性问题2
解决问题
生成新问题
拓展性问题
追问
诱导性问题1

把学生的思维引向深入

关键诱导性问题举例

找准具体学习内容的最近发展区的最低点，即认知起点

6. 汽车里的汽油烧完了，可以等几个月甚至更长时间再加油，汽车依然能正常开动，细胞里会发生类似的过程吗？

5. 花生和汽油在真空里能燃烧吗？同样，细胞有机物中的能量释放是否也需要氧气的参与？

4. 细胞中能量释放的过程和燃烧的过程是否有相似性？

3. 小汽车燃烧汽油需要发动机，同样，细胞里能量的释放是否也需要一个场所？

1. 以老师提供给你的花生为材料，就在教室这样的环境里，你能否设计一个实验，把花生中储存的能量释放出来？

2. 仔细观察花生燃烧前、燃烧中、燃烧后发生了什么变化？

"译来译趣"
——营造有趣的高中英语翻译课堂

田 甜

英语翻译课，一直以来都是面向大学英语专业学生开设的一门课程，专业性强，翻译理论高深，翻译技巧复杂，对语言素养要求高。对选修翻译课的高中学生而言，虽然他们对翻译课有好奇心，但课程难度也是显而易见的。如何通过营造课堂的趣味性，保护学生的学习兴趣，激发他们学习的主动性，充分挖掘他们的潜能，是教师面临的一个挑战。

Strategie

01 准备新鲜有趣的材料

·不断更新材料，内容涉及国内外热点、校园生活、名人动态、娱乐时尚、学术新时尚……

·分享翻译领域的趣闻轶事，让孩子们愉快地切入课堂。

·教师自身的专业学术经历也可作为新鲜的材料，这会激发学生对课程的热情与求知欲，同时增强自信心。

02 引入学生感兴趣的情境

·引入现实生活中真实的情境，让学生在真实的生活情境中感知语言的使用，或者创设贴近学生生活经验的情境，让学生了解所学内容与学生个人的联系，学以致用。

·找准学生的最近发展区，在学生原有的认知水平之上找到能力增长点。

·在情境创设中适当引入个人及小组竞争机制，为学生建立心理成就感。

03 尝试有挑战性的任务

任务内容

·在经过一段时间的笔译训练后，尝试少量基础口译、交替传译（讲者讲完一个意群后，学生听清并理解讲话内容，进行翻译）。

·循序渐进接触视译（选择难度小的材料，学生无须过多准备，边看文稿边翻译）。

·体验简单、基础的同声传译，体验译员大脑同时收集信息、处理信息、表达信息的能力。

任务意义

·学生有机会在课堂上获得一定程度的职业体验，满足好奇心。

·适时解决挑战性任务能够进一步挖掘学生的潜能，激发他们更大的学习动力。

未来计划

为了促进孩子们更深层次的学术交流，计划在新学期的课程中，共同完成一部英文原著的翻译，每位同学都将在该项目中承担一个不可替代的角色。

04 理论认知深入浅出

借用类比、比喻、图像等方式，帮助学生理解翻译中必须掌握的抽象概念和理论。

类比直升飞机的起落理解翻译的本质。

将英汉两种语言的差异视觉化。

05 扩大学生的学术视野

推荐翻译领域的中外书籍，让学生观看英语影视作品。

实践效果

·有趣的翻译课堂激发了孩子们对翻译课程的热情和主动参与探究学习的积极性。越来越多的孩子喜欢上了这门课。

·在自主探究与相互学习的过程中，他们掌握了基本的翻译技巧，对翻译实践和翻译现象有了初步体验和思考，也形成了一定的跨文化交际意识。

分子筛等复杂分子模型教具制作

郑　弢　张书源　姚盼竹　许淳风

教学价值　本教具为通过简单的方法和易得的材料制作的模型，将平日所见的二维结构投影图转化为三维立体结构图，更清晰地呈现在学生面前，帮助学生更好地理解分子结构、对称性、连接方式等。通过动手搭建相似模型来学习分子结构，激发了学生的学习兴趣。

材　料　A4大小彩色卡纸若干、双面胶、502胶水、剪刀、铅笔、橡皮、直尺、复印机、牙签。

图1　　　　　图2　　　　　图3　　　　　图4　　　　　图5　　　　　图6

磷钼酸根　磷钼酸根结构（图1），以PO_4^{3-}正四面体为中心，它被12个 MoO_6^{6-}正八面体所围绕，这12个正八面体可分为4组、每组3个正八面体（图2），这3个正八面体共棱连接，并在交点处与正四面体共顶点连接。

4A型分子筛　4A型分子筛结构（图3），可以大致看成一个立方体，有8个顶点和12条棱，每一条棱可以看成一个立方体，每一个顶点可以看成截角八面体（图4）。

尖晶石　尖晶石晶胞（图5）为立方体，可分成8个小立方体：一半填入以镁为中心、氧为顶点的正四面体，另一半填入以铝和氧为顶点的小立方体。搭建方法（图6）可简化为晶胞中心共点连接的正四面体和正八面体。

  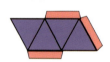 

图7　　　　　图8　　　　　图9　　　　　图10　　　　　图11　　　　　图12

图纸设计

　　所需设计的是正八面体、正四面体、截角正八面体和被切割的立方体。

　　正八面体：每一部分由4个正三角形连接而成（图7），两部分正反相拼接（图8）可以提高纸张的利用率。

　　正四面体：由4个正三角形共棱连接而成（图9）。

　　截角正八面体：将其分为上下两部分，每部分由4个正六边形共棱连接（图10）。粘贴后，每4个相邻六边形会在中间组成一个正方形空隙，再将这两部分与6个正方形拼接即可。

　　被切割的立方体：它的顶点为原立方体的一个顶点和与该顶点相邻的3个顶点（图11），展开后的图纸由4个三角形组成（图12）。

制作步骤

　　粘贴过程中，我们选用了双面胶与502胶水。

　　共面连接：选用双面胶或502胶水增加牢固性。

　　共棱连接：在原先留出的粘贴部分使用双面胶即可，两个单位之间的连接处用502胶水。

　　共点连接：先将牙签从物体顶点处穿过，然后用502胶水固定在顶点处。

　　我们先在纸上画出框架图，复印到卡纸上，接着剪裁与粘贴，最终即可得到所需模型。

中考体育分区教学

张继荣

概要描述

1. 学校全面走班选课，我们要用两课时完成其他学校3课时及课间操和体育活动完成的任务，课时少任务重。

2. 学生的个体差异较大。学生的身体素质、技术技能、行为习惯等都有很大差别。

3. 初三田径选修班男生24人。实际上，田径选修不只是练习身体素质和长跑，还要练习足球、实心球、引体向上这些中考必测项目。

实践背景

走班选课后，取消了课间操和体育活动，学生练习的时间相比原来有所减少。原来学生统一练习的时间变为自主练习时间，部分学生存在规划性欠缺、偷懒现象严重的情况。要想提高中考体育成绩，必须进行课堂创新，花最少的时间收获最大的效益。分区教学是一个很好的方法。时间跨度：2015年9月至2016年5月。

实践过程

☆第一个阶段

开学前两周统一练习，进行身体素质恢复，统一技术指导

☆第二个阶段

从第3周开始进行分区练习，即足球区、实心球区、引体向上区。

老师巡回指导。足球区12人，实心球区10人，引体向上区2人。

练习方法

1. 足球区每6人一组分两个场地进行循环练习，实心球区每2人一组进行双手正面前抛球练习，引体向上区2人循环练习。

2. 10分钟后换区练习，实心球区的和引体向上区的合并进行足球练习，足球区的到实心球区练习。

3. 下课前10分钟，各区集合进行长跑项目练习。

☆第三个阶段

第13周，模拟测验，根据足球测验成绩进行合并再分区，给学生创造相互促进、相互竞争的氛围。足球区12人，6人一组；实心球区10人；引体向上区2人。老师巡回指导，重点指导实心球区。练习方法：同第一个阶段。

☆第四个阶段

第17周，根据学生练习情况进行整合，先分组再分区。分自主练习组和老师指导组。自主练习组5人在组长的带领下自主练习，老师定期抽测（违反纪律不能自主的、成绩下降的回归老师指导组）。老师指导组足球区6人，3人一组；实心球区10人；引体向上区1人。老师巡回指导，重点指导足球区。练习方法：同第一个阶段。

实践效果

1. 分区教学活动内容丰富，富有自主性、启发性，学生的积极性能得到很大提高。

2. 分区教学也使学生在活动中提高了处理各种问题的能力，使观察力和注意力、思维和想象力都得到了发展。

3. 分区教学还培养了学生的情感，发展了学生的个性。在分区教学中，学生学会了与同伴相互交往、互相关心，培养了规则意识、集体观念及交往能力。

未来改进计划

中考体育任课老师尝试进行合作教学。

数值计算与模拟在高中物理教学中的应用

梁 朔

数值计算是物理学研究中的常用方法，对于较为复杂或无法解析求解的问题，可以通过数值计算的方法求解并进行模拟。将这一方法应用到高中物理教学过程中，可以将抽象模型具体化，将过程分析图像化，有效帮助学生理解和掌握问题。下面通过几个示例进行介绍。

一、电偶极子的电场线与等势面分布

抽象模型的形象化表示。

电偶极子的电势分布面

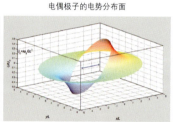

二、磁聚焦模型带电粒子轨迹在空间中的分布

抽象模型的形象化表示。

磁聚集原理

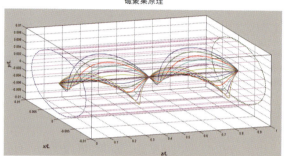

三、水表面波的干涉图样

较难通过实验演示的，可以通过模拟展示。

水波的传播曲面

水波的干涉图样

四、RLC振荡电路的过程分析

无法用实验演示的复杂过程，可以通过计算分析过程。

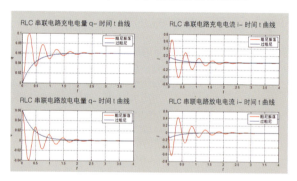

五、弹簧板块模型的过程分析

复杂连接体模型的过程分析，带可以改变不同的参数（A、B质量）分析不同情境。
模型：A、B用轻弹簧连接，初始静止，在恒力F作用下开始运动，分析A、B的运动情况。

两物体速度—时间图像

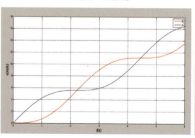

两物体速度—时间图像

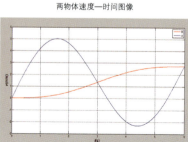

两物体速度—时间图像

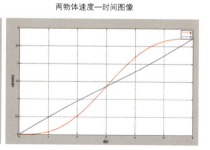

基于游戏化思维的初二数学活动方案的设计与实施研究

张佩华　邬风云　龙文中　王彦珏　张　瑢　鲁思坤　李　娜　刘　晴　丁　玲

研究目的

　　为了提高学生学习数学的兴趣，一方面，要寻找到一定的载体，让学生感受到学习的兴趣或意义。游戏化正是通过创造乐趣实现更多现实目标。我们可以运用游戏的思维设计适合数学Ⅱ和数学Ⅲ的学生数学活动，让学生在参与的过程中，逐渐感受到数学的魅力。另一方面，我们组织"麦斯舍买提克斯"系列活动、"红窗汇"等活动，积累了一定的活动设计经验，我们发现学生在参与活动的过程中既能提高对数学学习的热情，又能提升数学能力。

研究流程

研究准备阶段

01

　　学习、领悟"游戏化思维"的模式；思考如何与数学教学有效衔接；总结前一阶段设计相关活动的经验和教训；初步梳理游戏化思维下的数学活动设计可能存在的问题、难点，进行归因分析；基于上述分析，初步设计1个数学活动。

02

研究探究阶段

　　在前一阶段的基础上开展数学活动；通过问卷和访谈方式收集学生对开展的数学活动的想法或建议；在此基础上，总结、分析能激发学生学习兴趣的活动所具有的特征，经过适当调整，再设计并实施典型的数学活动案例；整理出基于游戏化思维的数学活动设计的基本原则；把能力——计算能力、几何操作能力、阅读能力、综合分析，能力大比拼活动做成系列化活动，凸显数学的学科特点。

03

整理研究资料阶段

　　在此阶段，研究者对前两个阶段的研究成果进行总结与反思，对研究资料进行整理、完善，并形成书面报告。

痛点分析

游戏化思维下的数学活动设计可能存在的问题

1 数学活动设计怎样激发学生对数学的兴趣和学习的积极性

2 如何评价游戏化思维活动的有效性

3 如何根据不同层的学生设计活动方案

4 哪些数学活动适合用游戏化思维设计

5 设计什么奖励机制调动学生参与的积极性

6 让学生参与到数学活动的设计中

游戏化思维下的数学活动

麦舍买提克斯活动

能力大比拼活动

天天来晋级系列活动
计算、几何操作、阅读、综合分析等能力

作业作品化系列活动
手绘知识树、"红窗汇"

设计的问卷

基于游戏化思维的数学活动设计调查问卷　　姓名 _____

　　为了更好地开展数学活动，有效突出数学特点，特对年级已经开展过的数学活动设置以下问题，调查大家对数学活动的想法。请根据你的真实想法如实填写。

1.你的"能力大比拼活动"对你的帮助
　　A.非常大　　B.很大　　C.一般　　D.很小　　E.非常小

2.你愿意参与数学活动的设计吗？
　　A.非常想　　B.很想　　C.一般　　D.很不想　　E.非常不想
　　……

游戏化思维下的数学活动设计原则

目的性

启发性

多样化

具有一定的灵活性

一、课堂上给予学生自主读书的时间

学生自主读书

二、用学科思想和研究方法引导学生读书

- 生命的物质性
- 生物结构的系统性
- 结构和功能的统一性
- 局部与整体相统一
- 生物结构的整体性

- 生命的运动性
- 稳态
- 生命活动的对立统一
- 生物进化
- 生物的多样性与统一性

- 生物与环境的适应
- 生态学观点
- 可持续发展
- 理论联系实际
- 人文思想

三、读进去

如何精读？如何略读？如何进行框架性读？如何拓展、延伸读？如何联系生活读？如何图文转换读？如何归类读？如何分层读？……

四、走出来

观察法、实验法、调查法、建构模型（物理模型、概念模型、数学模型是）、类比推理、假说—演绎、比较、分析、综合……

五、提供多元化的阅读诊断平台

001 知识点总结：细胞的结构和功能

1. 光学显微镜的使用：低倍镜对准_____，旋转_____旋，看清物像后，物像移至_____，转动_____，换上_____镜，直接调节_____旋，看清观察的物像，若视野变暗可调_____；显微镜的放大倍数是_____ X_____，实际放大的是_____，所呈现的是_____放大的像。物镜的长度与放大倍数成_____比，目镜长度与放大倍数成_____比。通过光学显微镜就能观察的细胞结构属于_____，通过电子显微镜能观察到的细胞结构属于_____。在光学显微镜下可以观察到的细胞器有_____，而亚显微结构要通过电子显微镜才能看到，如_____。

2. 临时装片的制作：基本方法（不考虑染色）：_____。染色方法（一般）：在生物标本上滴加染液→用_____吸去染液→滴加有机溶剂洗去_____→用_____吸去有机溶剂。

……

016 辨析并改错：生态系统

1. 蘑菇属于生产者，消费者都是动物，细菌都是分解者。

2. 在生态系统中，生产者不一定都是植物，消费者不一定都是动物，分解者不一定都是微生物。

3. 北京窦店的生态农业，通过将秸秆等农业废物放入沼气池，进行发酵，并利用其发酵产物为人们提供多种产品，提高了各营养级间的能量传递效率。

4. 在生态系统食物链中营养级越高的生物，其体型必然越大，生态系统中食物链的营养级数目是无限的。

5. 在生态系统中，生产者由自养型生物构成，一定位于第一营养级。

6. 在捕食食物链中，食物链的起点总是生产者，占据最高营养级的是不被其他动物捕食的动物。

……

如何引导学生进行高效阅读

王爱丽

营造友好型课堂体验

驱动学习效率的提升 PLAY NOW

友好型课堂体验能给予学生充足、自由的空间和时间，充分发挥学生的主动性。

友好型课堂体验能强化时间意识流，让学生不受时间概念的约束和影响。

友好型课堂体验能激发学生的创造力和想象力，培养学生多维度的思考方式。

畅游 & No Time

打开脑洞
发散思维

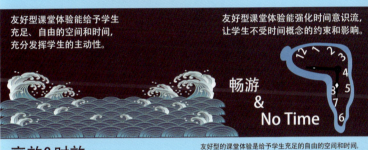

高效&时效

友好型的课堂体验是给予学生充足的自由的空间和时间，充分发挥学生的主动性，让学生自由地无规律性地跳跃，友好型的课堂体验是学生在有限时间里警惕性地发挥自身的优势，彰显自我个性，提高整体的时间价值和学习效率。

艺术友好

激发学生的创意和想象力，不仅仅是有还可以更个性或者更张扬。

体验对比、层次感、节奏感主次内容的课程可以玩儿、疯、闹，在自由的空间和相对自由的时间打开脑洞。

体验调性

Hold 住学生的情绪，Hold 住课堂的氛围
Ex 学生的反馈和特点各异的画风
EX 学生与学生互动，以及学生与老师之间的情感，把握度建立基于内容的信任，进而激发以友好为前提的互动热情，提高学生的课堂参与度把握学生对课程内容的提问以及认同感利用相关认同效应，切莫自吹自擂亦或把不坚定的情绪反馈给学生

准备策略

充足的道具、物料的准备和技能准备
教师自身卓越的专业技能
精湛的表达能力和演讲技巧
关于心理、情感的基本知识能够让学生看到惊喜的PPT多媒体课件

创意&灵感
新的Idea

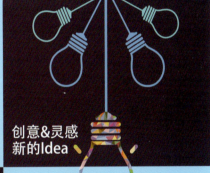

一致性的友好体验

保持一致性的视觉体验
保持一致性的情感体验
保持操作一致性的互动体验
保持时间和空间的一致连贯性
减少学生的学习负担
降低学习成本
及时校验而不是最后提示错误
使用连续性的提示符

疗效预见

自由度和课堂体验调性，淡化学生对时间的概念
避免学生太过于重视下课与上课的时间而影响学习的进度或走神
超级简单的任务流程，消除学生源于外界条件的压力
运用情感体验，欢乐愉快地学习，帮助学生度过倦怠期
兴趣点的集中，不给学生干其他小动作的时间
敏捷式地解答体验，避免学生的困惑延长
功能单一的内容，避免误导学生以为到达终点
充分发挥学生的自主性
打开学生的创意小宇宙，挖掘灵感，深度创新

友好型的课堂体验将自由度、时间维度
转化为卓有成效的学习内在动力！

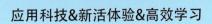

应用科技&新活体验&高效学习

张 爽

从北京大学化学暑期课堂试管实验谈化学核心素养的培养

于天麟

学生面临的问题:

理论知识和实验观察脱节,没有科学的思考方式,思维碎片化

试管实验:

培养观察现象、提出假设、设计实验、验证(否定)假设的科学思维

渗透**条件和量、平衡与转化的思想和微粒观**

问题 1: Fe^{2+}能被碘水氧化吗? 怎么证明呢?

$2Fe^{2+}+I_2=Fe^{3+}+2I^-$ **? ? ?**

学生1: 加入**铁氰化钾**变蓝说明有 Fe^{2+},所以没有氧化。

师:你考虑了 Fe^{2+}过量或者没有完全反应吗?

学生2: 直接加入 NH$_4$SCN,出现血红色,所以氧化了。

师:为什么之前的实验,Fe^{3+}可以氧化 I$^-$? 到底哪个结论错了? 直接加入会不会引入其他平衡? 里面究竟有几个平衡?

1. CCl$_4$ 萃取至有机相无色
2. 加 NH$_4$SCN
3. 做 Fe^{2+} 溶液空白对照

机械地记忆结论 → 亲身动手实验

对氧化还原的真正理解 ← 分析、研判现象

平衡与转化的核心素养

把"是什么"的验证性实验 转化为"为什么"的探究性实验,知其所以然

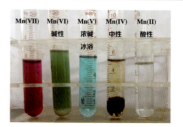

问题 2: 在酸性、中性、碱性的条件下,研究 KMnO$_4$ 与 Na$_2$SO$_3$ 固体的反应

学生1: 加入酸 碱,再加 Na$_2$SO$_3$,最后加 KMnO$_4$。

学生2: 加入 KMnO$_4$,再加 Na$_2$SO$_3$,最后加酸、碱。

师:加入 Na$_2$SO$_3$,会发生什么?

师:酸/碱的浓度不同,生成物会有区别吗?

条件和量的核心素养
如何合理构造反应体系

 枯燥的理论知识 → 自行设计体系 → 有趣的实验现象 → 条件和量的理解

在常规实验中增加"变量",增大学生的思考容量; 照本宣科的实验转化为自主设计、探究,让学生在变化中学习。

物理实验教学探究

李春宇

☆ 真实的问题激发科学探究

1. 学生的问题：能干扰手机信号的等离子球可以给手机进行无线充电吗？

2. 教师提供选题：如何批量检测可乐的密封性？

3. 教师激发的问题：教师用合适的素材激发学生生成不同的问题，开展不同的课题探究。

☆ 便捷、开放的交流平台让探究超越学科与教室，成为随时发生的生活习惯

Lunch talk 小课题答辩，学长当评委

游学悟理——太白山之巅的气压与海拔实验

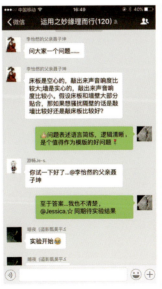

线上平台，实时分享

物理教室里进行的生化实验

☆ 与实验教学相一致的诊断评价让学生自信前行

学生家庭干冰实验成为考试素材

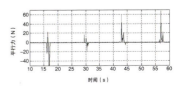

学生对走路时摩擦力的探究课题拓展成为考试试题

问 题

王 泽

90分钟的戏剧课，面对20—30名性格各异、年龄不同的学生，你是否会在以下问题中"顾此失彼"？

怎样才能不"顾此失彼"？

学会"分身术"

1. 尝试按剧目单元分区教学的实践方式

2. 尝试按戏剧元件分区教学的实践方式

3. 尝试按同一时间轴上的并行分区方式

4. 尝试按同一空间轴上的串行分区方式

1. 让每个学生都不只尝试"一件事"。

2. 发现并设立"关键学生"，用"关键学生"为教师补白。

3. 规划好教室分区，用可视化的任务板随时调整分区，为每个分区任务设立达成目标的时间。

互动"立体性"

戏剧课堂需要灵活进行分区教学，让分区富有立体性、交织性，让人员在不同小组、不同职能中"动起来"

剧本留"活口"

1. 剧幕的设计要有层次。

2. 剧情的设计要有余地。

3. 人物的设计要"重意不重形"。

4. 排演的设计要"可参照"。

1. 多种职能组和角色，学生如何选择，教师如何调配？

2. 每个人的剧组任务不同，怎样灵活分组和协调时间？

3. 90分钟的戏剧课堂，怎样让每个人都积极地动起来，并且不觉得乏味？

适合初中历史课堂教学的有效问题设置

王 烨

概述

历史学习犹如破案，抓住一个线索探究到底，最终案件水落石出，柳暗花明。有效问题就像案件的线索，总能引起学生的兴趣，带领学生找到最后的答案。这里的有效问题可以由教师提出，也可以由学生提出。

有效问题界定

1. 教学目标：有效问题能反应教学目标，完成教学任务。
2. 教学对象：有效问题符合学生的认知特点。
3. 特点：问题必须有足够的内驱力，才能引起学生的兴趣；必须具有开放性，才能让学生放开思维积极思考。

教师提出有效问题的方法

1. 从史学角度

①问题设计要有历史的味道，要突出历史的整体过程。
②避免设计简单化和定性的问题。

古典时代——夏、商、周（二）	一、周人是怎样兴起的？周人与商人有着怎样的关系？ 二、周人克商，为天下共主，面对怎样的情势？如何处理？ 三、"制礼作乐"指何而言？ 　1. "礼"是怎样的场景？ 　2. "乐"是怎样的场景？ 　……

八年级上册	有效问题
第一课　鸦片战争的硝烟	有人说，鸦片战争说到底是由林则徐的过激举动引起的，否则中国根本不会招致战争灾难。你同意这种观点吗？ 鸦片数量的激增给中国社会带来了什么影响？ 假如你是清朝统治者，面对鸦片走私所带来的严峻局势，你将会采取什么措施？

2. 从教学的角度

①设计问题时应该从学生已有的知识经验中选材。
②设计问题时要找准教学的核心内容。

第八课辛亥革命	1. 19世纪末20世纪初中国怎么啦？我们的政府干什么去了？ 2. 从党员证上可以得到哪些信息？ 3. 从旗帜、国歌、法律等方面分析辛亥革命的意义。 4. 民国三年，戴季陶在旅途中遇一老农，因戴身着日本服装，老农遂问其国籍。戴称"予中华民国人也"。老农"忽作惊状，似不解中华民国为何物也"。当戴告诉老农"你也是中华民国人也"时，老农"茫然惶然，连声曰'我非革命党，我非中华民国人'"。该材料说明了什么问题？
第十七课　中华民族到了最危险的时候	对西安事变的评价 [国民党方面的评价] "西安事变"是张学良在东北沦陷思乡情切下，受中共唆使和不满"先剿共，再抗日"，于1936年年底在西安挟持蒋中正。"西安事变"使得国民政府停止剿共、联共抗日，导致中共起死回生，获得喘息机会，酿成抗战胜利后的全面叛乱。 国民党对张学良的评价是"祸国殃民的千古罪人"。 [共产党方面的评价] 由于"西安事变"的发生及其和平解决，最终结束了十年内战，实现了国内和平，促成以国共合作为基础的"抗日民族统一战线"的建立，发动了全民抗日战争，并坚持八年直到胜利。 周恩来对张学良的评价是"民族英雄、千古功臣"。 [张学良的自我评价] 对于国家我是无愧的，但作为军人，我是要被枪毙的。 同学们眼中的"西安事变"是怎样的？

换个角度认识基本图形

于晓静

一、意义

"几何直观"是初中数学新课程标准的十个核心关键词之一，它是贯穿学生数学学习始终的重要思想方法。借助几何直观可以表征数学事实，启迪解题思路，解决数学问题，探究数学规律。它在学生的数学学习中起着非常重要的作用。几何上的一些基本图形是理解几何直观的有效载体。

二、存在现象

学生由于对几何基本图形认识不清，当看到一个较为复杂的图形时，常常感到它杂乱无章。对于需要添加辅助线才能解决的问题，更是感到无从下手、难以思考。究其原因，关键是缺乏对基本图形的深刻认识。

三、解决方法

1. 用程序的方法认识基本图形

例如，在 ΔABC 中，$DE // BC$，请找到并分离出平行线的全部基本图形。

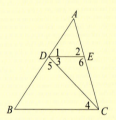

方法：引导学生关注两个问题。

1. 平行线的基本图形是怎样形成的？

2. 根据平行线基本图形的形成过程，我们可以先确定什么，再确定什么？

帮助学生从图形形成的角度认识基本图形，可以让他们顺利掌握一系列基本图形。

2. 用动态化的方法认识基本图形

在学习完"相似三角形"单元后，学生感觉基本图形有很多，很零散。如果用动态化的方法来认识这些图形，就会有一个整体的把握。

例如，有一个 ΔABC，D 为直线 AB 上一动点，过点 D 作直线 l 交直线 AC 于 E，使 ΔABC 与 ΔABC 相似。

方法：因为 D 为直线 AB 上一动点，所以点 D 既可以在 AB 边上，也可以在 AB 的延长线上，或者在 BA 的延长线上。这样把过点 D 的直线看成一条动直线，看成动直线 DE 与 ΔABC 的两边或两边延长线相交会出现哪些情况就可以了。

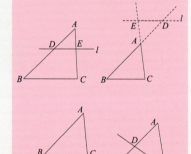

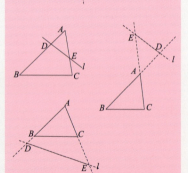

让学生明确基本图形及其变式图形都是研究几何图形的重要方法，在不同的学习内容中要加强对于几何基本图形的积累，建立自己的基本图形库。

拼图式学习方法
在语文教学实践中的应用

杨　茹

概述

　　拼图式学习方法属于"合作学习"的一种。借用拼图游戏（Jigsaw）的名称，指同一教学班里面，学生的情况各不相同，家庭背景不同，性格各异，知识、能力水平不同，但是在团队中每个人都很重要，就像拼图游戏里的每一个拼板都不可缺少一样。大家相互合作，在完整的集体中共同完成学习任务。

实践背景

　　针对不同学习能力水平的学生，调动每个人的学习积极性，发挥每个人的学习特长，通过合作，让学生自主理解学习内容，相互交流表达，以获得书本知识之外的多方面学习技能。

流程概要

　　1. 将学生分为若干"基础组"，每组若干人。
　　2. 每组中持相同数字号牌的同学重新组合，称为"专家组"。
　　3. 教师讲解学习规则并向"专家组"成员发放学习材料。每一位团队成员合作学习，相互探讨，共同完成学习内容。
　　4. 各位"专家"回到原来的基础组，把自己的学习所得向组内成员汇报，回答组员的问题，直到组员完全掌握所学内容。
　　5. 进行评价和测试。

教师的作用

　　1. 细致了解同一教学班里每个学生的基本情况，掌握学情，以便合理分组，使组与组之间水平相当。
　　2. 课前精心设计学习内容，提供必要的学习资源，研究学生的学情，预设与实际情况相符合的学习难度。
　　3. 维护课堂秩序，掌控课堂节奏，解答疑难问题，是合作学习的帮助者和指导者。

专家组 1 任务单

基础组号：　　　　姓名：　　　　教学班：

邹忌修八尺有余，而形貌昳丽。朝服衣冠，窥镜，谓其妻曰："我孰与城北徐公美？"其妻曰："君美甚，徐公何能及君也！"城北徐公，齐国之美丽者也。

1. 根据语境，准确解释下列加点词语的意思或用法，填写在下面的表格里。

修		谓	
而		孰与	
昳		甚	
朝服		何	
窥		及	

学生将能够

　　1. 翻译并理解《邹忌讽齐王纳谏》的内容。
　　2. 理解文中重点词语的意思。

《邹忌讽齐王纳谏》学习效果诊断。

　　按顺序解释下列加点词语并翻译画线句子。

　　邹忌修八尺有余，而形貌昳丽。朝服衣冠，窥镜，谓其妻曰："我孰与城北徐公美？"其妻曰："君美甚，徐公何能及君也？"城北徐公，齐国之美丽者也。

价值

团体目标与个人责任并重；
学会面对面沟通，分享学习所得；
依赖同伴和团队解决问题；
学会清晰表达，接纳不同的意见，
反思自我。

"整本书阅读"的思与行

来凤华

真正的语文教育必须扩大阅读面,增加阅读量,引导学生读"整本的书",把世界当作课本,而不是把课本当作世界。

一、前期准备:确定阅读书目

1. 读什么书?
2. 这些书是怎么来的?
3. 这些书有什么特点?经典性、趣味性、开放性。

二、阅读课程的整体设计

1. 规划课时,确定阅读时间

(1)把书分类,共分成四个模块。四位老师每人教一个模块,同时开设。初一到初二两个学年,四个学期,学生轮流选一遍。

(2)我们采用3+2模式。每周五节课,三节上基础语文,两节上阅读课。这样就有了上课时间的保证。

(3)阅读每本书时我们设定了时限。800页以上的鸿篇巨制,我们规定用六周时间,一周两节,12课时;300—799页,五周10课时;300页以下两周4课时。

2. 整本书怎么阅读

如何推动孩子深入阅读?围绕这五个方面——读、思、议、写、拓展开。

"读"是自读。

"思"是在读的过程中思考、品味、揣摩,把自己在阅读过程中生发的问题疏理出来。

"议"是通过讨论,消除疑难,分享思想成果。

"写"就是把阅读时的思考通过文字固化下来。

"拓"就是深化拓展,在更宏阔的视野下观照这个作品。

通过一些课型把这五步固化下来。

三、课型的具体实践

1. 自读课。先做读书笔记,再梳理问题。
2. 讨论课。通过讨论,消除学生的阅读疑惑,分享思想成果。
3. 引导课。在学生和文本、学生和学生对话后,实现教师和学生的对话。
4. 写作课。把讨论、分享、碰撞、释疑后的想法写下来,形成作品。
5. 拓展课。链接资源,拓展素材;自己选择,探究阅读。
6. 延伸课。搭建平台,继续发酵。

四、"整本书阅读"效应

1. 构成了共同的话语体系,丰富了孩子的语言建构。
2. 从阅读任务到产生兴趣,再到渐渐形成习惯,孩子经历了一个比较丰满的阅读过程。
3. 读书把孩子的学习经历和生活经验连接起来,发展了思维。
4. 在文学性和科学性的跨越中,孩子们形成了自己特有的学习方式。
5. 呈现出精神成长的轨迹

五、阅读大潮下老师何去何从

孩子们都在读书,语文老师干什么?我觉得老师的处境非常"危险"。对一个老师来说,最大的危险就是在智力上空虚,没有精神财富的储备。我们现在深感只有做一个读书人,才能做一个合格的对话中的首席,否则,老师这个职业就进退无据了。

从英语到英文

初中英语自选课

教学探索

王佳馨

初中阶段英语原著阅读课程

课程目标分析

- ◎ 强调学生阅读方法的养成
- ◎ 强调对阅读理解能力的培养
- ◎ 旨在培养对文学作品的欣赏能力
- ◎ 学会推己及人,引发思考

现有问题分析

- ◎ 阅读书目不能满足每一个学生的需要
- ◎ 导学手册以及教案活动略显单一,无法充分调动学生的积极性
- ◎ 教学活动停留于情节理解,缺乏对阅读方法的引导和思维的培养
- ◎ 课程资源更新速度过慢,无法适应学生的需要。

> 上课像拉牵,我还是那匹马。
> 学生不喜欢,我也很无奈。
> 大家看书吧,然后回答一下这个问题……
> 老师,这是什么鬼问题?太傻了……

To be or not to be

课程资源分析

- ◎ 导学手册分析
- ◎ 教师教参分析
- ◎ 阅读任务分析

存在问题包括:
每个单元学习目标不明确,问题设计不平衡,学生反馈方式单一,缺乏阅读方式引导等。

教学探索

- ✓ 从课程标准出发,细化教学目标
- ✓ 开发课程资源
- ▶ 重设导学手册问题
- ▶ 利用阅读工具,引导方法形成
- ▶ 借助移动终端,开展探究式教学
- ▶ 引入多媒体资源,丰富阅读体验
- ▶ 将学生作为课程资源,纳入课程教学

学生想法多就是胡思乱想？
需要斩断吗？

学生必须答出标准答案吗？

学生是否还有更具创造性的想法呢？

学情分析

　　在直升初一开设原著阅读——*Charlie and the Chocolate Factory*（《查理和巧克力工厂》），书中有大量对神奇事物的描写，学生对其描述很难有准确的把握。

解决方案

　　通过有效的课堂设计，还原书中描述的情景并延伸，使学生展开想象，能够进一步创作。

❖ **小组合作动态表演小说中描写的内容**

[案例一] How does a real television work? Work in groups of 6 and act it out.(C.26)

Tip: Roles that you may need

＊ Mr. Wonka:1 (read how TV works)
＊ Picture: 3 (be taken, split up, turn smaller, be shot into the sky, go whizzing, hit the antenna)
＊ Electricity:1 (shoot the picture into sky)
＊ Antenna and wire: 1 (lead the picture into the TV)

❖ **按照作家的写作思路重新创作**

[案例二]

Work in group and Create a new horrid child, using the following questions to help.

＊ What is his/her favorite thing to do?
＊ What is his/her most treasured possession?
＊ Describe his/her clothes and face.
＊ What would be his/her favorite room or machine in the Chocolate Factory?
＊ What will happen to him/her in the factory?
＊ What is his/her name? (N.B. The name should reflect the character's attributes in
＊ some way, so the name should be created.)

激发学生的想象力 —— 原著阅读之课堂设计

李潇雪

冲突 ——打开文本的有效方式

刘　伟

⚙ 痛点

《风筝》是否应该选入初中课本，一直聚讼纷纭。原因是这篇课文的"难度"让人"望而生畏"。不少专家因此提出将《风筝》从中学语文课本中删除。这里存在一个语文教学如何面对"难度"的问题。是有难度的文本就要删除，还是寻找有效的工具去化解这种"难度"？本文倾向于选择后者。

⚙ 工具

面对一个文本，就像面对一只刺猬，如何抓起它，打开它，需要恰当的"工具"。我们以往的教学，缺少对工具的重视和开发，造成的结果是学生很难由"篇"及"类"。在教学中我一直有意进行方法论的渗透。而"冲突分析"是非常有效的一种。

⚙ 冲突的类型

人与人的冲突　　　　人与社会的冲突

人与自我的冲突　　　　人与自然的冲突

⚙ 分析实践

冲突的类型	冲突的内容	冲突的原因	揭示出的意义
人与人的冲突	我折断了弟弟的风筝	我认为这是没出息的孩子所做的玩艺	鲁迅关爱弟弟，担心弟弟没出息
人与自我的冲突	过去认为折断弟弟的风筝是"惩罚"，后来认为是"精神的虐杀"	鲁迅认识到游戏是儿童最正当的权利	鲁迅"觉醒"了，在读外国书时接受了新思想的启蒙
人与环境的冲突	不愿面对让他想起故乡春天的"风筝"，想要"躲"到严冬中去	风筝让他想起令自己感到愧疚和悲哀的往事	这件事对鲁迅意义重大，让他认识到当时的社会及自己思想的落后

⚙ 效果

学生手中握有分析工具，在文本分析时就不再感到无所适从了，而是有了抓手和切入的方法。学生通过对《风筝》中"冲突"的分析，不仅理解了鲁迅对弟弟的关心和爱护，也理解了鲁迅自己心灵成长和变化的过程，更对记忆与遗忘这样形而上的话题有了初步的感知和理解，对于当时社会主流的意识形态也有了认知。

从阅读技能到阅读素养

黄晓鸣

概要描述

我参加了北京市"京教杯"教学设计大赛，授课内容是 Go for it。该阅读文本特别简单，但简单的文本也能体现对学生思维品质的培养。

选题背景

传统观点认为，阅读教学的核心目的就是发展学生的阅读技能，更功利地说便是让学生能够做对试卷中的阅读题。对此观点，我表示不服……

什么是阅读素养

阅读素养是读者、文本与应用三要素之间的互动，即阅读过程、阅读内容和阅读情境之间的交互。它包括解码能力、语言知识、阅读理解以及文化意识。好的阅读素养要求不能粗略接受、被动接受和记忆文本内容，而要对文本有高层次理解，是对观点、倾向、假设进行分析、整合和评析。

阅读素养的构成

我的教学设计如何关注阅读素养

1. 创设阅读情境，与学生共同解决问题

"生活出现问题时，如何聪明地做出选择"是人人都会遇到的，学生也不例外。因此，我以 Unit 8 Section B 的听力文稿为背景，改写了一封信，设置为学生的阅读情境。学生需要解决的问题就是"写一封回信"。如何回一封"有说服力"的信，便是阅读的主要目的。

2. 老师如何引导学生去获取信息和创新迁移

老师通过设问引导学生去回答信息类问题、观点类问题推论、价值观类问题分析。这些问题是有系统地深入展开的。我上课时设计的问题如下。

1) How did Laura deal with her loss at first? Was that a good way?
2) What do you think makes Laura afraid of her parents?
3) Why did her parents forgive her?
4) Do you think Laura often loses her things?
5) What lesson can we learn from Laura's story?

学生通过回答上述问题形成"自我"意识——自己遇到问题的时候该选择向谁求助，谁能真正帮助他。学生思考成熟之后，给写信人回信，提出合理的建议，帮助写信人解决实际问题，从而学会在自己的生活中如何寻求建议或者如何提建议帮助别人。

未来，老师需要如何做出改变

认真研读和分析文本，梳理语篇的主题意义。确保教学设计情境化、问题化、活动化，体现综合性、实践性和关联性的学习过程。整合语言知识学习和语言技能发展，体现文化感知和品格塑造，发展思维品质和语言学习能力。

课程标准细目的编制与使用

于晓静

1. 标准细目产生的背景

（1）立足于学生的学习基础、水平、习惯、学习方法和课程难度，初中数学分数学Ⅰ、Ⅱ、Ⅲ。

（2）实施走班选课制后，老师之间无法互相听课，课下常常找不到学生。

（3）使用自编课程教材，没有了和往年那样检测的对比，感到心中无底。

（4）为了避免风险，需要有一个标准。

（5）我校实行了小班化教学，使得个别化教学成为可能。

2. 课程标准细目是什么

课程标准细目不是教材，不是课程标准，不是练习册。

细目是一个供教师教和学生学的标准，是教学的底线，是诊断的纲。

细目是青年教师得以成长的保证，是教学个别化得以实施和落实的保障。

读本是学生自学的材料，细目用来诊断学生自学达没达到标准，用来解放学生。

细目具有指导性、实用性、基础性、诊断性、细化性。

3. 标准细目的构成

（1）每个单元有章前综述和标准细目表。

（2）和每个知识点相对应的题型示例。

（3）和每个知识点相对应的自我诊断。

（4）单元诊断。

4. 课程标准细目的编制过程

第一版：简单、笼统，不具体。

第二版：与中考说明相符，比较具体化。

第三版：目标分级，每级目标更加具体、详细，知识点的层级标准更准确。

5. 课程标准细目的使用流程

6. 使用成效

（1）总结、固化了在代数单元或练习课上课程标准细目的使用流程。

（2）老师对学生的学习起点了解得更加清晰、准确，教学个别化取得了较大进展。

（3）课程标准细目实施策略的探索与研究，以及不断的修订、完善，在一定程度上促进了老师的专业成长。

7. 今后设想

以细目为载体，对教室分区、学生分类的实施方式进行深入探索，探索细目在不同内容和不同课型下的使用策略。

（1）使用流程

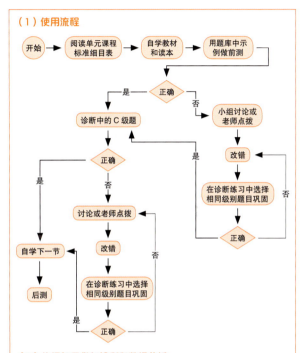

（2）依据细目做好诊断和数据分析

①将知识和能力点与习题对应。

②针对学生的出错情况，多次诊断。

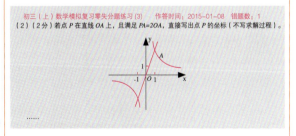

初三（上）数学模拟复习零失分题练习(3)　作答时间：2015-01-08　错题数：1

（2）（2分）若点 P 在直线 OA 上，且满足 $PA=2OA$，直接写出点 P 的坐标（不写求解过程）。

……

（3）学生反馈

通过对诊断数据进行分析，我们发现诊断使对学生的学情分析更加客观、细致，有助于使个别化辅导和个别化教育成为可能，有助于细目的改进和完善，有助于提高学习效率。

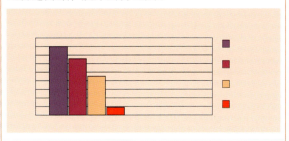

让核心素养在课堂落地生根

陈 平

怎样解读数学核心素养

用数学的眼光 观察 世界
用数学的思维 分析 世界
用数学的语言 表达 世界
观察 从外界输入信息
分析 自身处理信息
表达 向外界输出信息

六大核心素养分类

观察 数学抽象、直观想象
分析 逻辑推理、数学运算
表达 数学建模、数据分析
观察 + 分析 + 表达
数学约等于语文?

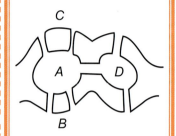

以一元二次方程授课为例,谈让核心素养在课堂上落地生根

> 问题引入 创设学生们十分热衷的一起举办生日会的场景,自然而然引出已有知识直接解决不了的问题。设置循序渐进的问题引导学生逐步分析,探究用已有的知识解决未知情况的方法,并将具体问题进一步抽象成一般问题,最终抛开现象本身,直击问题核心。

1. 列出方程并化简整理,锻炼学生从事物的具体背景中抽象出研究对象,并且用数学符号或数学术语予以表征的 数学抽象素养。

2. 用配方和因式分解两种方法求解,锻炼学生选择特定的运算方法,依据已掌握运算法则探究运算方向,求得运算结果的 数学运算素养。

3. 通过对已知方程性质及命名方式的理解,运用类比归纳的方法,推理出新方程的命名方式并进一步演绎,锻炼学生的 逻辑推理素养。

4. 通过将方程中未知数的系数和常数项用字母表示,探究一元二次方程的一般形式,建构模型并用数学语言表达,锻炼学生的 数学建模素养。

5. 用配方法求出一元二次方程一般形式的解,锻炼学生应用特定方法对掌握的有用信息进行分析和推断并形成新知识的 数据分析素养。

6. 提炼求解这类方程的关键词,引导学生思考研究数学问题的一般过程,综合训练学生的 数学抽象、逻辑推理和直观想象素养。

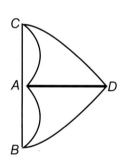

哥尼斯堡七桥问题的解决过程对我们有什么样的启示?

1. 有趣的实际问题。

2. 抽象为一笔画问题。

3. 得到欧拉回路关系。

4. 开创数学新分支——图论。

5. 为拓扑学奠定基础。

落实难点

1. 具体问题的引入必须建立在学生已有的认识发展水平和知识经验上,且具有一定的趣味性和探究价值,才能发挥具体实例对提升学生抽象概括能力的作用。

2. 具体问题的设计又要引导学生超越实例的具体性,实现必要的抽象概括。

设计亮点

1. 课堂探究的过程充分以学生为主,把学生从被动接受知识转为自己探究,为学生提供了自主探究、合作交流的空间。

2. 从数学核心素养层面来看,全面综合了数学抽象、数学建模、数据分析、数学运算、逻辑推理和直观想象的能力训练。

听说课知识目标

——Can you come to my party?
——Sure,I'd love to./I'm afraid I can't. I have to/must……

初一、初二的小朋友跟我们一样精力充沛！"一节课要是反反复复就学这么几句话，我可不爱听哟！"

学语言就是学习音、词、句、义等，多读多背肯下**苦功夫？**

传统教学把太多精力投入语言本体（音、词、句、义）的学习中。教学目标过于单一，忽视了语言的互动性本质。要很好地运用语言，不仅需要具备语言本体知识，更需要熟悉语用、情境、心理等多层次的语言综合知识。正像语言学家皮特·科德认为的那样："学习第二语言对于学生来说就是在做准备，以便为了一定的目的、以一定的身份、在一定的场合使用所学习的语言。"情境、目的、参与者、语气等要素构成了会话情景语境。情境作用于人的感官、影响人的大脑和心理活动，使人产生交际的动机和欲望。学习语言，可能不必那么苦！

霍文娟

在英语课堂上
如何创设接近实际生活的情景语境
——以一节听说课为例

| 为创设情境做铺垫 | 创设几近真实的情境 | 运用情境 | 拓展情境 |

课堂：你参加过哪些派对？你还知道哪些派对？人们在派对上做什么？

设计意图：调动起学生已有的背景知识，为本节课创设较大的文化语境。

课堂：呼老师和刘老师马上要到龙樾分校去，我们年级的老师计划在本周五为他们准备一个欢送派对。大部分学生还不知道这件事。请你帮老师邀请尽量多的同学参加。

设计意图：调动起学生的参与热情。

课堂：学生现场使用英语进行邀请。

设计意图：通过这一环节，老师可以很好地了解学生的知识起点，为"教什么"提供依据。让学生运用语言体验邀请成功／邀请失败／接受邀请／拒绝邀请带来的不同情感；让他们切身体会到知识短板，为"学"指明方向；让他们感悟到交际得体的重要性。

课堂：欢送派对将于本周五晚7点至9点在初中楼六层举行。主要内容为边吃边聊以及做游戏。也许这是你第一次参加欢送派对，为了帮助你在派对上表现得体，你需要回答以下几个问题：你计划几点到、几点离开？你会带礼物吗？你穿什么参加派对？

设计意图：延展同一个语境，让学生在接近真实生活的情境下自然暴露出知识的短板。老师根据学生的表现拓展文本，引导他们提高交际意识，重视派对礼节。

不愤不启
不悱不发

利用 5E 教学模式设计
符合每一个学生的课堂

付 鑫

研究背景

学生主动学习是需要激发其内动力才能实现的。良好的探究活动和合理的教学流程是激发学生内动力，实现有效学习的有效保障。"5E 学习环"经实践证明能够有效组织探究活动。

5E 教学模式

参 与 利用探究活动探查前科学概念。

参与
Engagement

探 究 5E 教学模式的核心，是用探究活动建构核心概念。

探究
Exploration

解 释 并非老师的简单讲解，而是学生尝试用证据自圆其说。

解释
Explanation

延 伸 利用活动对核心概念进行拓展。

延伸
Elaboration

评 价 利用多种活动方式检验核心概念。

评价
Evaluation

教学实例

参与：利用压电陶瓷引发学生的学习兴趣，引入"生物电"。

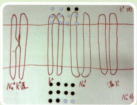

探究：利用五子棋模拟离子在细胞膜内外的流动引发并传导电信号。

解释：学生分组讨论、分享探究结果。

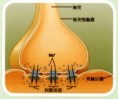

延伸：利用探究结果解释新情境下的新问题。

评价：留思考作业，关注学生的课堂表现，对学生进行过程性评价。

姓名	课堂表现 （满分10分）	完成作业 （满分10分）	自主学习 （满分10分）	考试检测 （满分10分）	本次总分
提某某	10	10			20
刘某某	10		9		19
熊某某	10		10		20
张某某	10		10		20
赵某某	10		10		20
郑某某	9		9		18
......					

教学反思

本文利用黑白棋子对神经冲动产生的离子基础进行模拟，构建物理模型，能够有效地将抽象的理论内容直观地展现在学生面前。5E 教学模式科学有效。

重视实验操作，回归物理本质
——提高学生物理实验能力的初步实践

邓靖武　魏运华　张　嬿　许　磊　封　蕾　王跃东

物理学是一门以观察和实验为基础的自然科学。但进入高中后，学生往往会把学习重点放在纸面的理论练习上，对实验操作则有所忽视。为了扭转这一趋势，我们计划在高中三年逐步开展一系列活动，让学生开始重视做实验，最终乐于做实验。在高一小学段期间举行的"物理实验技能比赛"，是我们实践活动的初步探索。

1　小学段前两个星期，我们根据前半学期的学习内容，精选四个重要实验作为比赛题目，并拟定好操作标准，一并予以公布。学生在学习之余，可以自由地在物理功能教室里准备比赛实验。

2　比赛时，学生抽签决定实验比赛题目，在规定时间内完成实验并获得要求的实验结果。学生自主挑选器材、排除故障，老师尽量不去指导学生，给予学生一个完全自主实验的环境。

3　实验现场由学生评委来维持秩序，根据操作标准对参赛者的现场表现打分，收集参赛者的实验结果。比赛结束后，老师根据实验结果再打一次分，并结合学生评委的分数给出最后的成绩。

4　完成实验操作后，学生需要现场得出实验结果，既锻炼了实验操作能力，也提高了理论分析水平。有些学生觉得实验结果不漂亮，主动向老师提出要加试，直到获得令自己满意的结果。

在"物理实验技能比赛"期间，学生实验热情高涨。在后续活动中，我们计划添加新的项目，比如设计更加开放的题目让学生自主设计实验、进行趣味实验表演赛、举办讲座介绍影响科学进程的物理实验，等等，在收获知识、提升能力的同时，让学生回归物理本质，从心底爱上这门学科。

IB 生物课程教学方式的探索

张 淳

概要

IB 生物课程的教学方式，从过去教师课前制作详细的课件、课堂上以讲授为主，改变为课前向学生提供多种不同类型的学习资源，鼓励学生通过自学的方式完成预习；课堂上展示提纲式课件，鼓励学生用自己的语言将提纲式课件补充为自己详尽的笔记；同时，充分强调实验思维在生物课程学习中的作用，从而改变学生的学习习惯，提高学生理论表达和应用生物学科思维解决问题的能力。

（关键字：学习资源、提纲式课件、生物学科思维）

教学背景

1. IB 生物课程涵盖了生命科学领域下多个子学科，范围广，内容多。

2. IB 生物课程倡导学生通过自己的探究，学习知识并解决与生物学科相关的问题，不提倡对书本的机械记忆。

3. IB 生物课程的考核看重学生的书面表达、数据分析、实验设计等方面的能力。

探索过程

第一步 完成课堂设计

1. 整理生物课纲中所细化的每一项要求所要达到的程度。

2. 构思 1—3 个可能的引导学生学习的方法。

3. 从学生的视角检测构思的合理性。

第二步 寻找学习资源并选择优质资源发放给学生

1. 筛选合适的学习资源，宜精不宜多，使用正版。学习资源不仅包括线下的文字、图像、视频，还包括线上的网课、题库和互动平台。所有的资源不一定是

一家之言，有细微的出入更可以让学生体会出生物研究中出现的合理范围及不确定性。

2. 资源发放的方式多样化：可以通过纸质复印件、电子邮件或者微信等方式。

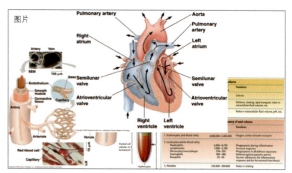

图片

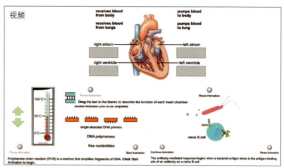

视频

网站

第三步 制作提纲式课件，引导学生自己完善

1. 在一个本子上写出详细、完整的教案。

2. 根据教案的逻辑顺序做出提纲式课件。

3. 在课堂上鼓励学生根据自学和小组讨论的成果把

提纲丰富成学习的过程，教师所作的补充和总结作为参考。

第四步　以生物研究史上的经典实验为例，启迪学生设计实验的思路

1.把实验教学的目的，从单纯的重复理论教学的结论提升为，让学生了解生物科学研究体系中的基本原则和规律。

2.介绍生物研究史上的经典实验，既让学生体会人类的认知规律，又可以让学生将这些实验的设计思路应用到自己独立设计的实验中。

3.配合生物传感器等科技手段让学生独立设计实验并实施研究。

针对问题

1.学生不善于用自己的语言正确地表达或描述题目所问的问题。

2.学生没有独立设计实验的经历。

3.教师灌输式教学的课堂太沉闷。

实践效果

1.学生在回答理论题时，表达能力有了显著提高。

2.学生在与实验探究相关的评测中，平均成绩有了提高。

3.学生主动寻找和制作学习资源的能力和热情提高了。

4.课前预习，带着问题听课成为绝大多数同学的常态。

	改变前的教学方式及效果	改变后的教学方式及效果
教师	1. 最大限度地浏览学习资源 2. 根据课纲总结知识要点，制作内容翔实的课件 3. 课堂讲授	1. 寻找不同类型的学习资源，有选择地发放给学生 2. 制作提纲式课件，保留逻辑关系、关键词和空白 3. 课堂组织学生讨论，有意识地加以引导 4. 把生物研究史上科学家的思维过程和经典实验设计作为重点教学内容，让学生自己总结结论性的内容
学生	1. 很少预习 2. 课上忙着记笔记 3. 考前刷题背书 4. 不能独立设计实验	1. 课前需要自学教师提供的学习资源 2. 课上积极讨论，用自己的话完善提纲式课件作为个人讲义 3. 平时随时利用学习资源练习 4. 对实验设计和数据分析的基本原则有了较深的体会，并能根据自身特点进行应用

基于自主学习的记叙文写作完全解决方案

雷其坤

【痛处】

◎写作训练盲目、无序、乏术、低效。

◎学生没有真正成为写作学习活动的主体。

【探索】

2010年起主持"运用仿写提高学生写作水平的实践研究",于丽萍、袁丽杰、张潇文等老师参与。课题成果证明了系列化仿写的价值,但没有从文体的角度构建范式。

【发展】

负责高中作文课程,编写《高中记叙文写作》教材,在多年的使用中不断修改完善,形成了范式引导与升格借鉴相结合的编写体例,但范式没有构成体系。

【创新】

构建适合中学生自主学习的写作范式体系,每种范式配上典型范文,加上简要评析,供学生写作时借鉴,以读促写,分格训练,有序推进,有效提升写作素养。国内尚未见到同类研究成果。

【特点】

◎从内容着眼划分训练模块,从方法着眼构建写作范式,形成训练体系。

◎确定升格策略,提供具体案例,以助破茧成蝶。

◎保证作文训练有序、有效;促进学生自主学习,达到"自能作文"。

【深化】

2015年年初,学校学术委员会首批项目"雷其坤写作教学研究室"立项,此后在构建记叙文写作范式体系上进行了全面深入的探究,编写出《记叙文写作范式》书稿。

【记叙文写作范式】

分为十个模块

一、人物个性化
二、事件曲折化
三、景物独特化
四、情感真诚化
五、趣味高雅化
六、意蕴深刻化
七、角度新奇化
八、谋篇精巧化
九、表现艺术化
十、构想创意化

一级写作范式

以"构想创意化"为例

(一)故事新编·新编故事
(二)自我幻化·虚幻梦境
(三)假想推演·科学幻想
(四)时空穿越·人神异化

二级写作范式

以"故事新编"为例

1. 顺向推演　2. 逆向生发
3. 同向强化　4. 多向延伸
5. 同类组合　6. 嫁接出新

【记叙文升格策略】

对策阐释＋案例示范

一、仔细审题,精心选材
二、深入思考,锤炼立意
三、选材典型,前后对照
四、情节曲折,细节传神
五、渲染衬托,凸显主体
六、明晰线索,突出主旨
七、由物及人,生发哲理
八、突出特点,丰厚意蕴
九、故事新编,推陈出新
十、漂亮开头,精彩结尾

用表格引领项目教学落地

公茂杰

飞机模型

平面设计与手工 DIY 作品评价量规（占整个模块考核的 40%）

评价项目	比重	指标描述	评价等级		
			A	B	C
设计制图	10%	完成个人手工作品的制作流程图纸和最终效果图。	9~10	7~8	5~6
		标准要求：图纸能全面表达尺寸、效果、实用性及制作步骤。			
		……全部制作。	9~10	7~8	5~6
		……述全面吻合。			
		…用或拓展应用新技术，自主多…困难不屈不挠、用于探索实	35~40	30~34	25~29
			25~30	20~24	15~19
			9~10	7~8	5~6

根据课程目标、学科素养及学生未来发展需要，设置评价项目及相应指标和比重。开始，用评价量规启动项目设计，引领学生从抽象的文字描述和具体的数字信息中找到个人作品设计和制作的突破口和侧重点；中间，学生自主选择运用，自我把控方向；最终师生参照该量规完成等级认定，实现客观、公正、严明、准确的评价。

根据根植于设计与制作的思想意识和交流表达、反思提升要求，设置具体项目及填写要求。开始，结合评价量规，辅助方案设计；中间，学生可随时记录填写，推动进程；最终在老师的全面指导下，完善完成各项目详细的填写，帮助学生在完成项目的基础上推介和反思个人作品，进一步巩固和运用新技术解决实际问题的思想和流程。

用"平面设计与手工 DIY 作品评价量规"引领设计并评价反思，用"课堂常规评价"保驾护航并养成习惯，用"平面设计与手工 DIY 作品设计制作方案书"适时把控并及时调整，用"北京十一学校技术类课程终结性作品评价分析表"完成回顾整理并提炼展示，最终实现学生项目相对最大限度地落地。其间，有的表格有严格的使用时机，更多的是适时运用和调整。

根据项目教学的一般步骤、课程任务设计制作的必经流程及学生的能力和课时的局限，设置预设项目及相应的细目要求。指导学生初步确定项目后，要求学生认真详细完成此表的填写；之后，对照此表师生共同研讨方案的可行性及细节的把握和时间的调控；中间，学生自主对照把控进度并调整，老师及时反馈和指导。从设计到制作、从时间到技术全面考虑和预设，是保证项目教学能否落地的关键。

北京市十一学校技术类课程……

姓名		学号		
课程	《平面设计与手工 DIY》	指导教师		公茂杰
作品简介				
设计思想				
用材规格				
制作工艺				
实用价值				
成品特色				

根据课堂要求及安全操作规范、学生极易出现的干扰正常学习的问题设置评价项目及相应指标和比重。每次课师生对照共同完成评价，及时反馈并调整。

课堂常规评价（一次课一评价，总计占整个学期总评的 30%）

评价项目	要求	赋分（每节课）	减分	
考勤	1. 按时上课，不迟到早退，不旷课 2. 不带食品、饮料等零食进机房	全部做到 5 分	迟到或早退	-2 分
			旷课	-10 分
			带零食等入机房	-2 分
课堂纪律	1、专心学习，不做与课堂无关的事，不玩游戏 2、团结协作，不大声喧哗、不打闹	全部做到 10 分	玩游戏或屡次违反课堂纪律	-20 分
			其他	-5 分
安全规范	注意安全，按规范操作设备或工具，不伤人或自伤	全部做到 5 分	伤害自己或他人（据情况，抓责任）	-10 分

项目教学是很多课程落实教育教学任务的一种重要策略，开放的技术课堂更是项目教学的沃土。如何更好地通过完成项目使教学目标落地？从项目选择、设计、计划实施，到交流完善、归纳评估，我试着用表格引领各阶段的实施策略，积累了一定的素材和想法，也出现了新的困惑与痛点。

概要描述

为了提高学生学习篮球的兴趣，在上学期尝试开展了名为"佼佼者"的擂台挑战赛。设计挑战赛的模式，不仅仅是为了提高课程的趣味性，同时也希望让学生更直观地认识自身技战术的优缺点，从而更加自主、自觉地进行学习，并实现有效的课堂管理。

实践背景

在篮球运动中，个人能力在比赛中起着十分重要的作用。在教学中教授学生的各项进攻、防守技能，只有在实战中才能得到充分体现。篮球"斗牛"是现在比较流行的一种一对一的对抗性比赛，是依靠个人进攻技术与防守能力争取胜利的良性游戏。为了让学生直接运用所学知识，我将"斗牛"引进课堂，并制定了"'佼佼者'擂台赛榜单"。这份榜单不仅记录了"斗牛"的佼佼者们，同时也记录了包括计时投篮、运球上篮、防守悍将等项目的前几名，可以使学生更直观地看到自己的欠缺与进步的方向，便于今后更有针对性地学习与提高。

实践过程

1. 在期中小学段回来上课之后，安排学生进行单场淘汰制的一对一"斗牛"比赛。

(1) 比赛场地：标准半个篮球场 (14m×15m)。

(2) 比赛时间：无限制、无暂停、先进球3次的一方获胜。

(3) 比赛开始罚球选发球权。

(4) 发球比赛双方在3分线外，抢断或进球都要在3分线外开球。

(5) 每次投篮命中后由对方发球。

(6) 每名队员4次犯规将被罚出场。

(7) 进攻方只有一次投篮机会，失误、犯规、投篮不进都应将球权交给对方。

(8) 比赛中应绝对服从裁判。

(9) 除以上规则外，比赛均按国际篮球规则执行。

2. 将学生按照序号单双数平均分为两大组，按照身高进行第一轮淘汰赛；再通过多轮交叉赛，赢球方身高接近的一对一"斗牛"，输球方身高接近的一对一"斗牛"。比赛后尽快为学生排名，并在下一节课上制作完成并出示前12名"佼佼者"榜单。

3. 之后的每堂课，除去课程内容的教学外，为学生安排了15分钟的"挑战者"游戏。在这15分钟里，你可以找任何一位"佼佼者"挑战。若挑战者成功，排名就会前进。教师每堂课做记录，榜单一周修改一次。

4. 其他技能项目，也可以在这15分钟里随时找教师进行挑战测试。

5. 每两周重新进行一次排名。

6. 其他项目只取前6名。

给课堂来点儿"刺激"

任冰洁

实践效果

1. "榜单"为课堂增添了趣味性。

2. 每一位学生都有各自擅长的部分，多项目、多角度、多名次的设置，降低了努力"上榜"的难度。

3. "'佼佼者'擂台赛榜单"的设置，是希望使学生"百花齐放"，有目的、高效率地做游戏。榜上有名的同学，有的想要多次出现在榜单上，有的想要进步几个名次。这能使学生明确自己的薄弱处，积极主动地提高自己的各项能力。

未来改进计划

1. 在上学期的实践中，因为准备匆忙，没有留下充足的记录。

2. 在下一阶段的准备中，应该根据不同年级完善游戏项目规划。

3. 下学期，将会将挑战赛继续进行下去，并做足准备，完善表格制作。

多维题串

贺思轩

什么样的试题分析才能驱动学生去探寻这道题的做法？

"贺思轩"能否成为优秀试题的标签？

解决一类问题的试题能否连接成串？

能否给予好题"生命"，让它们不断生长？

多维题串，希望你感兴趣！

我的痛

1. 题很多，参差不齐，找一道好题比淘金还困难。如何增加维度，使得我们更加方便地找到我们的最爱？

2. 分析是一道题的关键，是启迪智慧的钥匙。该如何分析呢？

3. 试题是知识点的容器，还是知识点的灵魂。因此，做完题后的点评也很重要，是对知识点的深度分析，可是我们又该如何做点评呢？

4. 一个好题不算好，成串出现才叫好。怎样增加必要的链接，让我们只要找到其中一个，就能得到大大的收获？

5. 好题没有"生命"，看不出生长的过程。

关键词

多维、生长性、标准化
题串、校本化、开放性

我的药方

建设多维题串库

1. 设置更加科学的维度，方便搜索。

2. 设置更加严格的标签，以便更好地识别好题。

3. 制定好题的分析标准。

4. 制定好题的点评标准。

5. 做好好题之间的链接，一搜出来一串。

6. 做好使用策略分析以及使用效果点评，让好题有生命，越积淀越丰富，展现好题的生长性。

7. 校本化的题串库，在一定范围内开放性设计。

成果预期

1. 制定出好题分析的书写标准。

2. 制定出好题维度、标签设计标准。

3. 制定出好题点评的书写标准。

4. 制定出促进好题生长的措施。

5. 优质平台引进及校本化。

6. 好题资源整理、收集、上传。

流程

项目组成立

好题要素相关论证

好题资源范例

平台引进及优化

好题资源整理分析

资源开放性建设

玩转数学之动手操作

刘海东

1 号题：工具：带刻度的直尺、矩形纸片（A4 白纸）、剪刀。

要求：过矩形一边任意一点（老师随意指定），在矩形上剪出一个平行四边形，使这个平行四边形的面积刚好是矩形面积的一半。

2 号题：用一张 A4 白纸，折出一个 60° 角。

3 号题：如图，把矩形 ABCD（A4 白纸）裁去一个小矩形 DEFG，其中 $DE < \frac{1}{2}AD$，$DG < \frac{1}{2}CD$，将剩余的六边形 ABCGFE 利用剪刀沿一直线剪成两部分，使这两部分面积相等，并说明做法的理论依据。

注：可以先用无刻度直尺和铅笔画出剪裁线，也可通过折叠获得剪裁线。

4 号题：如图，把边长为 10cm 的正方形剪成四个全等的直角三角形，请用这四个直角三角形拼成符合下列要求的图形（四个直角三角形全部用上，互不重合且不留空隙）各一个。

（1）不是正方形的菱形；（2）梯形；（3）不是矩形和菱形的平行四边形；（4）不是梯形和平行四边形的凸四边形。

5 号题：一张由两个正方形拼成的纸片（如图），边长分别为 3cm、5cm，只许用剪刀剪两次，把它分开，然后拼成一个大正方形，由此来验证勾股定理。

3 号题图　　　　4 号题图　　　　5 号题图

题目展示

情景再现

齐心协力，共克难题

考核现场，秩序井然

情景再现

考核评委，严谨认真

学生评委，态度端正

成果展示

2 号题：用一张 A4 白纸，折出一个 60° 角。

物理教学创新实践看点

宋新国

一、用学习任务引爆深度学习

1. 半开放或开放的任务主题。
2. 能调动已有知识或经验。
3. 未必有标准答案或路径。
4. 蕴含一定的挑战性元素。

　　1. 在凸透镜成像规律的探究实验中，为什么要做共轴调节？不调节会出现什么结果？
　　2. 弹力是不是均分到了每个弹簧圈上，所以间距变化情况完全一样？
　　……

任务：如何使该杠杆能在水平位置平衡？

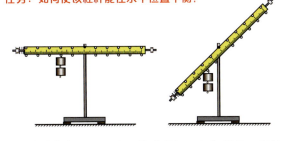

　　不学会提问，不是真正的求学问。如何激发、保护学生发现问题的热情？学习任务这样设计会更好。

二、问题就是资源

　　1. 是理念但不停留于理念——要让学生成为课堂的主人，首先要确保自主学习时间。
　　2. 收集、分享学生生成性的差异化问题，接力个体化学习。
　　3. 关注问题的答案，更关注问题解决的过程和方式，引发学生学习方式的转变。

　　课堂一旦成为学生自主的舞台，学生超乎预设、原生态的生成性问题就会层出不穷。这样的课堂不仅折射出异样的精彩，更重要的是学生的学习呈现联结的特征。于是，问题就成为最好的课程资源。

三、半成品微课

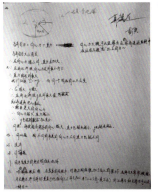

　　我们的半成品微课呈现学生的思考与解答，联结学生的思考，丰富学生的学习方式，提升学习的层次！
　　1. 内容针对应有的观察及思考，学生的疑难及解答、发现及应对、研究及结论。
　　2. 以学生的学习现场为素材，或模拟或聚合，解决影响深度学习的关键问题。
　　3. 联结学生间的问题，实现不同层级的学生之间的互相帮助、借鉴，以学生的学为中心。

四、课程资源超市化

　　学生学习可能用到的学习资源摆在桌子上，实验柜上标明器材的分布，允许学生根据自己或团队的学习进度进行自主、选择使用……
　　……

五、"我"与"工具"

　　使用教学工具使学生的学习兴趣大大增加
　　1. 360 摄像机：记录学生稍瞬即逝的问题。
　　2. EXPLAINEVERYTHING：制作半成品微课。
　　3. 用好 EXCEL，让数据说话，切实指导个别化学习。

六、帮助个体成长

　　"选择性"的资源提供和"多样化"的服务手段成为我们个性化教育的抓手。
　　1. 学生对课堂和教师的期许变得越来越弱……
　　2. 顺应探究天性，尊重学生问题，帮助学生成功。
　　3. 个性化指导突破口（"选择性"资源、"多样化"手段），让数据说话。
　　4. 高位引领，贴身指导。

从游戏《蜡笔物理学》开始学习物理

张 翼

关键词：趣味科学 / 游戏化活动 / 学科融合

简朴的画风，逼真的背景，五彩的蜡笔。运用想象和物理知识，解谜，完成任务，获得星星。没有标准答案，只要你能想到。

初始状态，要设法使红色小球碰到黄色星星。

煅炼思辨能力与想象能力，鼓励打破思维定式，积极思考。可以将路线设计为复杂的机械运动，也可以设计成简单的桥梁和连接。策略不同，通关的方式会大相径庭。

采用鼠标操作，绘制出的图形和已有的物体均具有真实物体的特性，比如受到重力，力可以改变运动状态等。绘制图形，利用真实的物理原理将小球推到目标点（星星）。

直接划定一个运动空间！简单直接！不过要注意平衡哦，不然蓝色框可就要掉下去了。

游戏中包含了物理、数学、美术学科的基本知识，可以充分运用所学的知识解决问题。该游戏也整合了一些数学知识和一些绘画知识。

包含的物理知识点有：力的三要素（方向、大小、作用点）、力的种类（重力、摩擦力、弹力）、杠杆原理、滑轮原理、平抛运动等。还有两点确定一条直线等数学知识。

也可以使用一些高端解法，更加有意思。使用两个轴将青色框固定下来，先让小球落到青色框里。然后点击右键擦掉右边的轴，框就绕着左边的轴转动，带着小球碰到了星星。

优质的提问，创造有效的历史教学

张美华

张美华

一、问题的缘起

在对学习结果进行反馈时，我们往往把关注点放在学生身上，对学生的考卷和各种表现进行打分，并要求他们对这一结果负责。然而，作为教育者，我们却很少评价自己，也很少对我们所采用的教科书、教学方式和内容以及测验手段是否对学习有益进行评价。

在课堂教学中，提问是一种常用的教学方法，也是课堂互动中最常使用的形式之一。加强对课堂提问的诊断，将帮助教师检视并纠正教学中存在的偏差，提高教学的有效性。

二、课堂提问诊断工具

表1：问题收集诊断量表

问题序号	问题记录	问题的认知层次						问题的思维品质					问题来源				问题类型	
		识记	理解	分析	比较	评价	运用	批判性思维	解难性思维	形象思维	创意思维	多维性思维	课文中现成的信息或练习	实际生活中的热点话题	自我阅读获得的感悟	…	结构良好问题	结构不良问题
1																		
2																		
3																		
…																		

表2：问题处理操作量表

问题序号	叫答方式			叫答范围			理答方式										
	可预设性叫答		随意叫答	面向个别		面向全体	等待回答时间	回答人数	简单否定	简单肯定	赞扬鼓励	自己代答	重复答案	诱导思考	发展答案	追问生成问题
	按座次	按学号顺序	按姓氏笔画		优秀生	中等生	学困生											
1																		
2																		
3																		
…																		

三、改进措施

◆ 在吃透课程标准的基础上，尽可能多地提出"高水平"问题。

◆ 要尽量使所有学生都能够平等地参与课堂教学。

◆ 确定合理的候答时间并善于追问。

◆ 尽量多用"生—师"和"生—生"提问模式。

◆ 实现由提问点名回答到提问举手回答的转变和提问后个别思考回答到提问后讨论回答的转变。

新课改背景下语文教与学方式的改变

孟 邻

四环节教学

自学自研

现代文阅读自学六步法。
1. 积累字词　2. 摘抄（问题）　3. 复述（描摹原样）（画结构图）　4. 感受（或提问）　5. 评价（鉴赏）　6. 拓展（提高）。

第一单元学案

学习重点：体会重要语句的丰富含义，品味精彩的语言表达艺术

篇目	词汇	主旨	重要词句理解			问题、质疑、感想
			精彩词句及赏析	我的理解难词句	什么影响你的阅读	
山间小路 远眺 澈潆 蹒跚独行 胺涉 切磋 座无虚席 桑音 郁悒 书声琅琅 谥号		借助一条通向岳麓书院的山间小路，象征了一条通向思想文化之路。文章通过岳麓书院被破坏和兴盛，以及山中小径上切切思想文化史的人的境遇，结合作者游历时的所感所想，揭示了人类文明和政治霸权一直存在不停的斗争，并且人类文明总在与政治霸权相互斗争与抵牾的过程中不断发展的主题。				
淡之美						
……						

交流明辨

小组讨论——合作学习——读写结合——拓展阅读

所有成员	组长	本次讨论要解决的主要问题
头脑风暴 各抒己见 互通有无	记录观点 分析概括 总结陈述	1. 答疑解惑 2. 总结理解句子的方法（举例说明）

审问慎思

问题——质疑——感想——探究

《山间小路》标注出以下难句：
"如果这是一个认识文明的社会，它又怎么会如此恣意横暴地玩弄文明于股掌之间？"
"辩与不辩之河，文明时进时退。"
"书院历史的构成，就是这两种势力不断地彼此抗衡与妥协的消长过程。"
"听风从最深邃的起点悠悠吹来。"
提出了以下疑问："朱熹的很多思想不是对人性有极大束缚吗？为什么作者似乎很推崇他？岳麓书院和政治霸权有什么关系？"

评价反馈

设计检测 – 落实提高

一、"披沙拣金"（基础知识积累）：字词类每项最少10个。
二、"一课一得"（阅读体悟）：本单元选文都"美"在何处。
　　《君子于役》
　　《黄鹤楼》
　　《蝶恋花》
　　……
三、"一家之言"（选文评价）
本单元选文中，我最喜欢的是_____，原因是_____。我最不喜欢的是_____，原因是_____。如果你选一篇，建议选入_____，原因是_____。
……

教与学方式的改变

学生语文学习习惯的养成，演讲、辩论、阅读、写作能力的提高 学生今后工作和学习时，终身受用

教师阅读能力的提高，导学、助学能力的提高 教师发展和幸福

和学生一起写数学作文

李启超　贺思轩　张浩

关键词

数学难题／解题／心路历程／灵感／分享／头脑风暴

概要

所谓数学作文，是指将自己解难题的心路历程完完整整地用文字忠实呈现出来。

写作，不仅可以提高学生的文字表述能力，规范解题格式，梳理学生的解题思路；还可以借机让老师和同学们分享解决问题后的喜悦和成就感；更能让学生明白，所谓"完美的标准答案"都是有其生产过程的，并不是从天上掉下来的。

另外，作为老师，我们也会从课堂引导者的角度，跟学生一起写数学作文，记录课堂上的一些精彩瞬间。这无论对老师还是对学生来说，都是很宝贵的学习经历。

选题背景、痛点

①部分学生解题重结果轻过程，不善于总结。

②学生数学表述能力差。

③部分学生缺乏自信，过于迷信参考答案。

④中学生常有的蜻蜓点水式解题风格，不利于深入思考。

⑤学生不善于分享自己的思路。

闲聊容易落笔难　贯彻到底见功力
——2016 年北京高考数学压轴题解题作文

全体参与课堂讨论的学生

摘要：我们在数学小组内尝试讲解、探究了 2016 年的北京高考理科数学压轴题，本文以师生问答的形式记录了课堂的探究过程。

关键词：北京高考数学／压轴题／贯彻始终／数学直观能力

δ 1 引言

2016 年高考已经落下帷幕，北京高考数学理科卷第 20 题（创新题）作为北京卷的标志性题目之一，再次引起广大师生的关注，问题呈现如下。

（2016－北京 20）设数列 A：$a_1, a_2, \ldots a_n (N \geqslant 2)$。如果对于小于 n $(2 \leqslant n \leqslant N)$

……

数学作文记录的内容

①学生大胆尝试、打开解题局面的探究过程。

②自己遭遇思路挫折另起炉灶时的解题情感波动、灵感迸发的瞬间。

③同学们课堂讨论中形成头脑风暴的精彩片段。

教学流程

①学生独立思考问题，记下自己的进展和困惑。

②学生分小组讨论，让灵感互相撞击，进一步补充自己的证明。

③由老师组织各个小组报告自己的进展，互相学习，完善答案。

④学生和老师课后分头写数学作文，忠实记录思考、讨论的过程。

⑤师生分享自己的文章，互相学习。

成果分享

师：今天大家表现得非常好。我们将解决第②问的几种思路发扬光大，贯彻到底，对最终结论第③问给出了三种不同的证明。这个过程体现了大家非常好的数学直观能力和较强的表述能力。但是，大家的书面表达能力还有待提高，只有经过一定量的练习，大家才能对各种类型的数学证明语句做到得心应手。

δ 4 问题的推广与背景分析

师：现在我们对第③问稍作推广。

③若数列 A 满足 $a_n - a_{n-1} \leqslant d$ $(2 \leqslant n \leqslant d)$，这里 d 为已知的正数。请大家给出 G(A) 中元素个数的下界。

学生 1：元素个数的下界为：$(a_n - a_1) / d$。因为如果我们把原来的数列 A 每一项都除以 d，新数列中"G 时刻"数量不变。

……

思品课堂激活学生思维的小招式

侯庆伟

问题设计：不按常规来出牌

"熊孩子"们对课堂提问越来越挑剔，逼着老师要打破常规，设计一些出乎他们意料的问题。

比如问：生命的价值是什么？

他们往往会：切！

而这样问：你能逃脱一死吗？人为什么会恐惧死亡？

他们可能就：嗯？……

"反向诱导"：把学生往沟里带

看到一张大街上一名中年女子抱住一名外国男子大腿不让他走的照片，不少学生的第一个反应是：碰瓷！女骗子！而真相是，外国青年无证驾驶，撞人还爆粗口。知道真相后，学生为自己的刻板和武断感到不好意思，若有所思，似有所悟。

课堂辩论："挑拨"学生吵起来

不服来辩！课堂上，不放过学生之间有价值的意见分歧，"煽风点火"，让他们吵起来，然后……

然后，就微笑着看他们唇枪舌剑地过招。

价值判断：两难情境才好玩

对非此即彼的问题情境学生会觉得没意思。此亦一是非，彼亦一是非，这样才好玩。

例如：一个男人，他深爱的妻子得了绝症。

好消息：一种对症的特效药刚刚被发明出来。

坏消息：那种药贵得要死，男人根本买不起。

一个月黑风高的夜晚，男人破窗而入，盗药救妻。

你怎样评价他的行为？

思品课堂缺乏深刻的思想，流于空泛的说教，是思品教师心中长久的痛。为了改变课堂供给，激活学生思维，我尝试了一些小招式：问题设计出奇、出新，打破学生的思维定式；反向诱导促进学生自我反思；即时生成的辩论把课堂讨论导向深入；两难情境启发学生在困惑中思辨。这些做法都缘于一个追求——让思品课堂充满思想的味道！

英语课堂多样化落实方式初探

王佳馨

你们都不说话,咱们就继续往下讲了啊! 啊?

Any questions?(听明白了没?你们倒是说话呀!)

OK?

问题 Question

- 老师，别问了，I don't know 呀…
- 老师，能不能别老考试了?!
- 他做得出来，我就做不出来，我也没办法呀!
- 老师，你骗人，我昨天背了单词，你却考阅读?!

分析 Analysis

落实内容
- 1.知识型:单词、语法知识等
- 2.综合型:阅读,任务等

落实方式
- 1.读写 2.听说
- 3.综合 4.移动终端

落实信效度
- 1.学习目标必须与落实内容保持一致
- 2.落实形式要合理

落实个别化
- 1.落实难度要适应个别差异，可自选
- 2.落实内容可自选
- 3.落实形式可自选

解决方案 Solution

- ☐ 生活化落实内容
- ☐ 落实内容指向学习目标

+

- ■ 可选式落实方式
- ■ 合作式落实方式
- ■ 新型落实方式

生活化落实内容

将学生生活中常见的信息和其他学科的内容融入到落实任务之中，提高学生在落实任务中的兴趣，将英语学习落实到实处。

例：
初一年级下第二单元
教学目标：学会根据阅读信息绘制饼图

▲落实1 融入单词、词组和句型完成对于基础知识的落实
▲落实2 阅读过程中对信息的分析和处理能力
▲落实3 英语在统计中的应用

任务设置

初一英语下第11单元
目标：能用常用动词谈论家务以及就青少年是否应该做家务来阐述自己的观点和理由
教学情境：由于在之前的课时中用了较多的比重落实课文，而单元作文要求与课文十分相似，于是这让我有了很大的空间去设计可选的多样落实方式。

第一种
完成单元作文

第二种
辩论赛

在常规的习题答疑结束后，在课上预留出20分钟的时间对学生这两方面能力进行落实，选择第一种落实方式，即作文的同学可以选择在课上完成，也可以充当评委，而选择辩论赛的同学进行分组和准备，在课堂上进行辩论。

☑ 任务型落实方式的尝试(通过完成整合任务实现课堂落实)

初一年级基于《基础语文》开发序列化写作训练研究（2013—2015）

袁丽杰　朱则光　陈纹珊　耿　畅　张　欣　李建英　唐　雯　王星懿

痛

初一《基础语文》教材写作训练内容有限，没有形成体系，不能满足写作教学的需要。

写作是学生语文素养及综合能力的体现，但一直以来学生在写作上都有畏难情绪。

教师的写作教学，总是单兵作战，各自为营，处在一种"高耗低效"的状态。

则

2013级初一年级语文教研组根据《基础语文》教材中的阅读篇目，结合相应的写作能力点的开发，构建有序列的作文训练体系，将学生的阅读与写作、生活与写作贯通起来，将学生的《基础语文》学习内容中与写作有关的部分挖掘出来，化整为零地分散到有序的写作训练中。

施

研究过程

1. 研究的第一个阶段。根据《语文课程标准》梳理初一《基础语文》阅读篇目中相关的写作训练点。

2. 研究的第二个阶段。根据初一《基础语文》涉及的写作训练点，确定写作训练内容、写作训练序列。

3. 研究的第三个阶段。通过问卷调查与学段作文成绩分析完善写作训练内容。

变

基于《语文课程标准》及初一《基础语文》内容开发出的写作训练点

《基础语文》	开发出的写作训练点
第一册	写作训练点
第一单元：美妙的语文世界	应用表达（标语、短信、颁奖词）写作
第二单元：事件的概述	提取文章信息，进行缩写
第三单元：读诗悟情	语言优美、诗意（文采训练）
第四单元：联想和想象	联想和想象思维训练
第二册	写作训练点
第一单元：古今对照学文言	语言典雅、凝练（语言的锤炼）
第二单元：人物描写	人物描写方法
第三单元：小说家是如何讲故事的	记叙文结尾的方式

应用表达	为"学科教室"、"饮水机"、"餐厅"等设计温馨标语。写对联、发祝福短信、写广告语、写颁奖词
提取文章信息，进行缩写	缩写《汤姆·索亚历险记》中的一章，能抓住原文的中心，保持故事情节的相对完整，保持人物原有的特点。要善于截取镜头、截取场面，把具体描写和综合叙述、概括叙述结合起来，缩写后的文字应该连贯、完整
语言优美、诗意（文章训练）	引诗入文：在作文的开头、结尾或文中引用诗句，使作文语言优美，充满诗意
联想和想象思维训练	运用联想和想象完成一篇记叙文（待开发内容）
语言典雅、凝练	仿《幼时记趣》中的一段，写一个文言小片段
人物描写方法	语言、动作、心理片段描写（具体要求见《写作训练集》）

写作训练点	训练内容
1. 应用表达	为"学科教室"、"饮水机"、"餐厅"等设计温馨标语。写对联、发祝福短信、写广告语、写颁奖词。
2. 提取文章信息，进行缩写	缩写《汤姆·索亚历险记》中的一章，能抓住原文的中心，保持故事情节的相对完整，保持人物原有的特点。要善于截取镜头，截取场面，把具体描写和综合叙述、概括叙述结合起来，缩写后的文字应该连贯、完整。
3. 语言优美、诗意（文采训练）	引诗入文：在作文的开头、结尾或文中引用诗句，使作文语言优美，充满诗意。
4. 联想与想象思维训练	运用联想和想象完成一篇记叙文（待开发内容）
5. 语文典雅、凝练	仿《幼时记趣》中的某一段，写一个文言小片段。
6. 人物描写的方法	语言、动作、心理片断描写（具体要求见《写作训练集》）
7. 记叙文结尾方式	片断改写《我的叔叔于勒》与《窗》的结尾

研究成果

初一年级学段写作计划（2013—2014）

写作训练集

袁丽杰　张　欣　朱则光　陈纹珊
李建英　耿　畅　唐　雯　王星懿

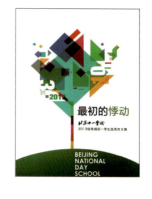

最初的悸动

让物理实验在云中飞一会儿——慢拍客

刘君芳

实验是物理教学的基础，而对现象的观察和获取是实验的重要核心。然而，实验的变化过程常常稍纵即逝，难以让学生留下深刻印象，且不易重复。因此，我们找到了用"慢动作"拍摄实验的方法。这便于学生提取实验信息和关键要点，更好地理解实验原理，增强学生对物理探究过程的兴趣。之后，通过网络平台生成视频二维码，方便学生随时随地扫码分享观看。此外，对于一些共性问题和创新实验，也可以录制解答并扫描分享，或师生随时在线互动，轻松解决疑难问题。

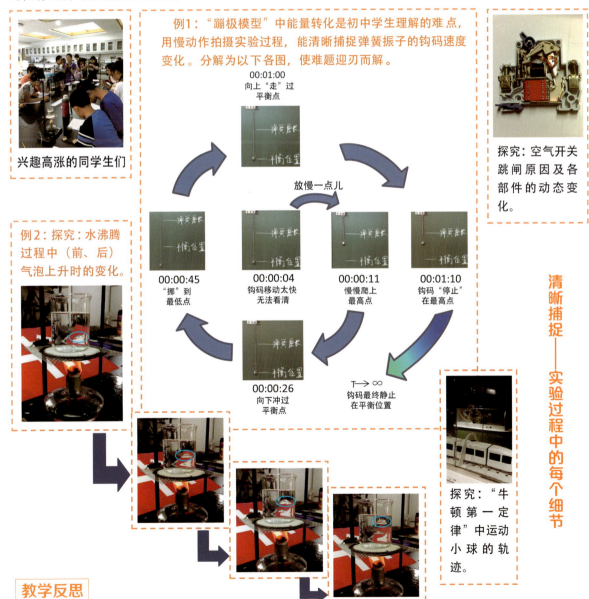

兴趣高涨的同学生们

例1："蹦极模型"中能量转化是初中学生理解的难点，用慢动作拍摄实验过程，能清晰捕捉弹簧振子的钩码速度变化。分解为以下各图，使难题迎刃而解。

00:01:00
向上"走"过
平衡点

放慢一点儿

00:00:45
"挪"到
最低点

00:00:04
钩码移动太快
无法看清

00:00:11
慢慢爬上
最高点

00:01:10
钩码"停止"
在最高点

00:00:26
向下冲过
平衡点

T→∞
钩码最终静止
在平衡位置

探究：空气开关跳闸原因及各部件的动态变化。

例2：探究：水沸腾过程中（前、后）气泡上升时的变化。

探究："牛顿第一定律"中运动小球的轨迹。

清晰捕捉——实验过程中的每个细节

教学反思

在新时代的物理教学中，教师需要更加注重挖掘学科知识与生活、科技之间的内在联系，结合多样化的教学手段，在实验探究过程中促进学生有效学习，提升学生的综合能力，使学生成为新时代背景下的探究型、能力型人才。

一样的化学，不一样的教学

兰玉茹

▶ 化学课上实施分层教学

| 化学 I | 文科生的理科课堂，注重趣味性和实用性，结合视频和实例 |

化学III学生的优势
1. 学习习惯好，不需要老师过多操心基础落实。
2. 对学习有兴趣，喜欢探究更多有挑战性的问题。

| 化学 II | 理科生的化学园地，自学自研和知识落实，注重个别化指导 |

化学III学生的要求
1. 对老师要求高，希望老师能解答更多问题。
2. 自学能够学会的内容不需要老师讲解。

| 化学III | 对化学有能力、有兴趣的同学的共同选择——每个年级80~90人 |

▶ 我们的分层教学对策

1. 针对化学III的教材——提供更好的自学资源

教材更注重原理的讲解，帮助学生通过阅读加以理解。

2. 问题讨论式教学模式

①从收发小条直面问答到利用电子平台随时提问和回复。

积累了丰富的学生问题资料——个性化的问题单独回答，共性的问题集中讲解。

②针对学生的问题，采取最合适的方式集中讲解，提高课堂效率。

基本知识点类

a. 概念性问题：学生讨论、教师归纳。

1. 反应吸放热问题讨论
· 内能包含哪些能量？能否算出准确数值？
· 焓的定义是什么？什么情况下能用$\triangle H$表示化学反应的热效应？
· 四大类基本反应类型与吸放热有什么关系？请举例说明。如何判断反应是吸热还是放热？

b. 落实性问题：小测落实，抓牢基础。

热化学方程式的书写

已知20°C时，2.27g液态硝化甘油（$C_3H_5N_3O_9$）分解放出15.4kJ热量，分解产物为N_2、CO_2、O_2和H_2O，则硝化甘油分解的反应热化学方程式为_____。
请你总结化学方程式和热化学方程式的区别。
（1）注明状态
（2）注明$\triangle H$的"+"、"-"
（3）热量值（KJ/mol）与方程式的化学计量数相对应
（4）点燃等反应条件一般不写
（5）未注明反应条件是标准压强、298K

c. 实验性问题：给学生充分动手实验的机会。

学生兴趣类

紧靠学科思维，引导学生思考；补充大学内容，拓展学生视野。

3. 基于学生的最近发展区给予个性化指导——个别化答疑和个性化的知识总结

4. 充分发挥化学特色——实验

下图为化学III探究性实验的一个学生实验记录

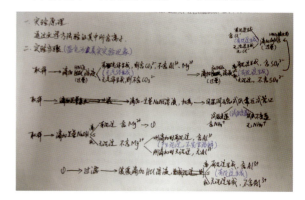

与常规实验的区别

①自己设计实验方案。　②小组讨论改进实验方案。
③注重结果分析。　④培养科学思维和批判精神。

如何为学生呈现科学探究
这一核心素养的本质

吴泠

科学探究的一般过程是提出问题、作出假设、制订计划、实施计划、分析结果、得出结论。事实上，科学探究不是遵循既定的步骤按部就班展开工作的固定套路，相反它是一个非线性过程。在课堂上为学生开展的科学探究应该体现学生科学探究思维的宽度和广度，更应该是科学方法的培养。

培养学生科学探究的思维

实践过程

提出问题：认识种子的外形、颜色、大小等。

提出假设、质疑：种子多种多样，内部结构是否相同？

制订科学的实验计划

尽可能观察各种种子

选择有代表性的种子

怎样才能全面地了解种子的结构

不适合观察的种子怎么观察

如何探究种子的结构才是科学的

通过对可能的研究方法的分析，理清研究设想的问题和不足。

观察种子萌发后的幼苗　➡　推测种子的结构　➡　尝试对种子进行归类　➡　科学选择适合观察的种子

实施计划

观察　→　比较　→　发现　→　归纳　→　提升

种皮 胚乳 子叶 胚芽 胚轴 胚根

种皮 子叶 胚芽 胚轴 胚根

双子叶植物　双子叶植物的叶子 向日葵 黄瓜 菜豆 花生

单子叶植物　单子叶植物的叶子 玉米 葱 谷子 高粱

实践效果

要分环节、有步骤地推进，重点在于促使学生通过观察、思考、比较、发现、讨论、拓展等对问题有科学合理的解释。把教学过程设计成一个引导学生探究的过程，使学生动手、动脑，积极参与到教学活动中来，并在活动中体验成功的喜悦，最终培养学生进行科学探究的素养。

第二部分

激发内动力，走向个别化

教学的"个别化"应从"组织方式"向"学科内涵"延伸

来凤华

[内容摘要]

"为每个人的学习而设计"走过了一段历程后，我们在"个别化"教学的道路上，还有哪些需要坚持，哪些需要调整？我们调整什么才能使我们的教学改革走向深入？

一、炉火纯青的教育教学方式

1. 分层、分类、分区、分组（教学方式）。教学组织形式的变化是我们对学生个性认识的必然结果，使我们更加关注教学对象的生命个性特征，为实施有针对性的教育教学提供了根本前提。

2. 尊重、激励、关爱、等待（教育方式）。这些增加了我们对教育的爱心、耐心、细心、恒心，使我们的教育行为更加符合人性化的成长，更加符合教育的本质规律。

但是，我们在教育教学的过程中也产生了"路径依赖"，出现了一些"遮蔽"。

二、教育教学方式下的"遮蔽"

1. 着力于教学方式的改进，忽视教学内容研究。

①重视活动组织，忽视教学设计。

②重视学生活动而自己不参与教学活动。

③重视学生表述而自己没有立场。

2. 注重柔和教育方式的运用，忽视切中肯綮、明确是非的评价。

三、"遮蔽"因何而生

1. 在教育对象和教学内容上偏执一端。

2. 在课堂教学上教师功能缺失。

四、教学的个别化之路在何方

1. 大力研究教学内容，在教学中融入老师的智慧，给学生一个高位引领

①深入研读文本，发现文本解读的独特角度，促进学生的个性化解读。

②深入研读文本，善于引导学生从文本中发现有价值的问题，促进学生的个性化生长。

③深入研读文本，善于投放有价值的问题，激活学生思维，催生学生的个性化表达。

④善于调动学生的生活体验，唤起学生的个性化思考。

⑤善于组织紧扣文本学习的活动，加深学生的个性化体验。

⑥善于适时介入促进教学的资源，丰富学生生命个体的视野，激发学生的深度个性化思维。

2. 做好对话中的首席，恰当评价，适时引导，明辨是非，将教学引向深入

在研究教学组织形式的时候，我们不能忘了对教学内容的挖掘和研究。在研究学情的时候，我们也不能淡漠对语文教学内容的研究。在教育教学理念和手段更新，更加注重以学生为中心的时候，我们不能忘了"教学"这个重心。让学生在组织形式的变革中获得自主和个性化发展的同时，我们千万不能忘了让学生的个性在文本内得以生长。

概要描述

在传统教学模式下，学生难免会感觉缺乏新颖、刺激，其积极性会受到影响。在这种情况下，教师根据准备活动的目的和性质，可以选择和创编一些有针对性的体育游戏，用体育游戏使学生轻松愉快地活动全身部位，达到准备活动的目的，为接下来的基本体育技术教学做好准备。恰当合理地运用体育游戏，充分调动起学生学习体育知识和技能的热情和积极性，能使学生更快、更好地融入课堂，使体育课堂教学变得越来越高效。

痛点

1. 在中学体育教学的准备活动中，一般都是教师组织学生进行慢跑、徒手操等活动量比较小的准备活动。

2. 每次体育课前都反复使用这些准备活动，难免会使学生感觉缺乏新颖、刺激，于是课堂气氛会显得沉闷，学生的积极性也会受到极大影响。

3. 如何让学生更好、更快地融入课堂教学中，是我们面临的尖锐问题。

实践过程

设计游戏 → 课上实施 → 分享交流

实践效果

1. 恰当地运用体育游戏，不仅促进了体育运动技能的掌握和提高，增强了体质，增进了健康，还培养了学生勇敢、坚毅等优良品质，促进了学生的个性化发展。

2. 体育游戏丰富多彩、生动活泼、形式多样，充分调动起学生学习体育知识和技能的热情和积极性，使学生更快、更好地融入课堂，使体育课堂教学变得越来越高效。

让学生更好、更快地
融入课堂的有效工具

邓 琴

【疯狂的帽子】队员分散到场地的各个位置，每人手持一个球、一把拍子，剩下的一个或者几个人头戴帽子。听到口令后，全体队员都要进行原地或者行进间的拍球或颠球，而戴帽子的队员要去追这些没带帽子的队员。一旦被他们的手碰到，那么这个被追上的队员将接过这顶帽子。必须边追赶边拍球或颠球，否则追上无效。

培养学生的球感

【投掷球】运动员背向墙壁站立，教练员距运动员四五米向墙壁方向的运动员投掷海绵球。运动员要设法躲开投来的球。教练员每次连续投出 20 个球，以此来锻炼运动员的身体平衡能力。

培养学生的身体平衡性

【红灯！绿灯！】队员在底线站成一排，每个队员都将球放在自己的拍面上，端着拍子，听到绿灯的口令后向前走、跑或跳，尽量快但不能让球落地。当听到教练员喊出"红灯"的口令时，全体队员必须停下，直到又出现"绿灯"口令再继续前进。第 1 个到达而球没有掉的队员为胜利者。

培养学生的球感

【球拍不倒】两人面对面相距 2 米站立，右手按拍柄底部让拍子垂直地面立好。当听到"开始"的口令时，两人同时松手从自己右侧跑到对面，在对方拍子没有倒地前将拍子扶住。熟悉后逐渐拉开两人之间的距离。借此培养学生的身体平衡性。

培养学生的身体平衡性

【球拍接力】队员分成 2 组，面对面地站在各自一侧的边线上。在中线处依次放下一排球拍。当听到口令时，两组的第 1 名队员迅速跑向中线拾起球拍，然后绕到对方边线再通过底线跑向开始位置，下一名队员即可接上。如此进行下去，看谁最快取回要求数量的拍子。

培养学生脚下的灵活性

语文作业作品化探索

魏 敏

一、作业之"痛"

1. 老师：作业≈成绩，要认真。
2. 学生：作业＝做题，不高兴。
3. 结果："好心"换来"差评"，很无奈。

二、"痛"定思"通"

1. "今天的作业是抄写……"，学生说："抄抄抄，太老套了吧。"
2. "周一把作文纸交上来"，学生说"换个题目行吗"、"交电子版的行吗"。

三、"痛"后思"变"

1. 字词抄写、古诗文默写、书法作品化。把初中语文的抄默写与课程标准的"感受汉字的形体美"，与语文中考的"了解一些具有代表性的书家和作品"相结合，写的是字，写出的是书法，感受的是文化。

春如旧，人空瘦，
泪痕红悒鲛绡透。
桃花落，闲池阁，
山盟虽在，
锦书难托。
莫莫莫。

《钗头凤》

学生书法作品

2. 每逢佳节办小报（春节、元宵节、端午节、重阳节、中秋节等），了解古人的情怀；每逢节气留随笔（24节气），感知古文的智慧；每逢小学段举办文化论坛，讨论传承与摒弃、文化与文明，探讨传统文化与社会主义核心价值观的关系。

学生手绘冬至小报

3. 名著阅读的读写作品化。改变读名著不如刷题的观念。从办"百度同款"的手抄报向结合"思维导图"的原创转变，从简单抄画、写主要人物情节向深度思考作品内涵转变，从了解人物、故事情节的浅层阅读向批判性思维的深层思考转变。读的是故事，汲取的是优秀文化的营养。

学生阅读《格列佛游记》之后做的小报

4. 写作从作文到"作品"。大小作文布置结合学生实际。如小作文"我对早恋的看法"、"我对使用手机的建议"，大作文"我的社团生活"、"我的游学经历"。展现形式：大部分在班级墙报上或语文微信群里展开交流，部分推荐到浅草微信公众号推广，有效避免了"一个选材写一年"的写法。

四、实践效果

1. 教育教学评估的数据显示学生很喜欢这种用作品代替作业的形式，非常珍惜自己的作品被展出、被发表、被争论的机会。
2. 学生涉及的面越来越广，思考的深度越来越深了。如学生能从学习《威尼斯商人》而写出夏洛克"可恨之人也有可怜之处"的小论文了。

劝同学们不要早恋。21-1谢思宇 豆蔻年华，对一个人产生好感是十分正常的事情。可是这份好感更多的应该是钦佩欣赏而不是爱慕。身为学生，我们的首要任务是学习，而如果我们早恋，则会分散大量精力，也就无心学习了。对于表白等追求行为，更应该智地处理。现在，我们的爱情观和人生观都没有发育完全，心智也不成熟。如果我们尝试接触，就难免受到伤害或给别人带去伤害。这样也许会在心里留下阴影，以后也就害怕拥有真正的爱情。我们现在应该好好学习，将更多的爱给予自己和家人。最合适的人，一定会在最恰当的时候到来。所以，好努力，在正确的时间里做正确的事情！

学生写的"我对早恋的看法"小作文

学生发表在《浅草》上的作文

五、实践思考

1. 作品化不完全等于全体办报展示。作品是指通过语言文字、符号等形式来反映作者的思想情感或对客观世界认识的智力劳动成果。
2. 既能让学生掌握考试要求的内容，又能体现个性化发展是一个难点。
3. 要不断提升作品的内涵度，将语文的工具性与人文性相结合，将培养学生的语文素养与人生信仰相结合。

当理科生遇上文学家

齐韵涵

"月光如流水一般，静静地泻在这一片叶子和花上。薄薄的青雾浮起在荷塘里。叶子和花仿佛在牛乳中洗过一样；又像笼着轻纱的梦……"

没常识！牛乳洗过是淡黄色的！！

联想地理纬度和水的比热容……难道鸭子被煮熟了？！

"竹外桃花三两枝，春江水暖鸭先知。"

"黄果树大瀑布
砸
下
来

说好的重力加速度和空气阻力呢？？？
黄果树大瀑布
砸
下
来
这样写更妙！

理科生为何如此解读文学文本？

思维特点

功利思想　　**逻辑使然**

抽象思维能力较强的学生通常会在理科学习上表现出明显的优势与兴趣，在语文阅读与思考的过程中不可避免地呈现出理科思维。

语文能力的提升需要一个循序渐进的过程，短期内成绩提升往往不显著。这会使学生的积极性与自信心受挫，在功利思想的驱使下他们会偏重理科学习，理性思维又迁移到语文学习中。

理科生在解读文学文本时强调逻辑思维，这看似与文学审美体验相矛盾，实际上这种思维逻辑与学习语文的内在逻辑相通。

【现象】理科生无意识地将理科思维运用到文学作品的解读当中。往往先想到"理"，而非"情"，造成文学审美体验被削弱，客观推理评判占上风。这未免失却文字的美感与文学的情怀。

树立学生观
构建话语场
形成课堂生态

**知人论世
有理有据**

文学作品的解读不能脱离作品背景和语境，适时适当地知人论世，能够为学生提供阅读理解文本的脚手架，更能够为理科生提供一把可参照的"尺子"，告别"无知者无畏"的表达状态，丰厚学科积淀，提升语文素养。

**同伴助力
碰撞思想**

在以学生为主体的课堂中，当一种解读观点已然引起同伴争论时，教师不妨顺势推动课堂讨论，让学生根据自己的观点与思考结组，展开对话或辩论，在头脑风暴中碰撞智慧。尊重学生的思考，激发学生的潜能，可以强化学习效能。

**多元解读
最优体验**

上例中学生对"黄果树大瀑布"的理解恰恰吻合了诗意可视化的预期。依学生言，将"砸"、"下"、"来"三个字的间距逐一拉大且向后错位更能够凸显大瀑布倾泻而下的即视感，这何尝不是一种审美体验？我们不妨赞美学生的智慧，聊聊诗歌的建筑美，由此，让学生看到文学表达与解读的多种可能性，从中选择最优体验。

不一样的孩子，不一样的英语学习世界

覃思

覃思

研究三步走

研究个体聚焦同类

优化学习路径

建立档案持续跟踪

要解决的问题：在教师没有深入了解学生学习路径和方式的情况下，往往无法提供有针对性的有效指导。问题产生的原因：不同类别的学生有着不同的学习路径和学习方式，如果对所有人都用同一种模式，却不触及学习问题的本质，就无法从根本上解决问题。

事实上，每个学生都是不一样的，我们现阶段只能根据学生学习方式的特点进行大致的、不完全的分类，比如"意识流派"、"结构分析主义"、"语言批判主义"等。

杂乱无章的意识流派

· 主动型学习者 ➡	乐于动手实践，主动发掘资源，参与活动
· 全局型学习者 ➡	跳跃思维，能随机吸收材料中的有用信息
· 言辞型学习者 ➡	乐于表达，解释说明
· 直觉型学习者 ➡	喜欢创新，不喜欢重复

意识流派的学生有自己擅长的思维模式，他们极具创造性。在帮助他们优化学习方式的过程中，可以有针对性地帮助他们拓宽学习路径，从而优化学习方式。

拓宽学习路径	学习策略
反思型学习 ➡	提高时间利用率，做一定的规划
顺序型学习 ➡	加强逻辑思维能力
视觉型学习 ➡	解释看到的东西
感知型学习 ➡	明确细节，注意检查

学习路径

（年龄、性别、性格类型、家庭环境、职业理想）

观念 + 方法

学习策略

学习品质　　学习风格　　视觉、听觉、动觉、触觉

综合作用

能力结构　　学习习惯

学习动机　　场独立—语言细节　场依赖—文章意思

表层、深层

每个孩子的学习路径和方式受综合因素影响

多角度、多层次深入研究不同类别学生的学习方式和学习路径，有助于教师从根源上找准学生学习过程中的优势和需要优化的环节。基于这样的研究，教师对学生的指导将不再是把自己认为对的抛给学生，而是和学生一起发掘最适合他们的学习方式。

通过提供优质资源，引领并推动学生发展思维、挑战自我

黄娟

痛点

很多理科生认为语文不如数理化具有挑战性，没啥可琢磨的，"文本细读"根本没必要，至多查个字典就行了。与体悟、思考陷入停滞状态相伴随的，则是思维肤浅化、碎片式和理解的机械僵化。两者恶性循环，陈陈相因，"一望而知"的背后往往是"一无所知"。然而，高考语文的大趋势却是体悟显素养、思维决高下。如何帮助理科生发现问题，从而主动思考？

办法

提供优质资源，进行高中化处理来示范并引领理科生体悟、思考。

来自专家的资源

对课文进行研究性阅读。寻觅、确定提供论文并删减选取和挖空，以专家示范引领学生体悟研读之法和路径。以姚鼐《登泰山记》为例，在中国知网查该文相关论文，经广泛筛选，锁定中国社会科学院文学研究所王达敏的论文《〈登泰山记〉研究与诊释界限》（《河南教育学院学报》2006 年第 1 期），截取该论文的第五部分，留下分析性文字，对小部分结论和大部分原文进行挖空处理，以此引导学生深入文本内部细细进行揣摩。

> **作为辞章之作，《登泰山记》的确颇具特色**
>
> 一是格调_____、_____。马茂元说：山水游记当然是以客观景物的描写、环境形象的刻画为对象。但是，在古代游记名篇中，如本文这样，作者将寄托压入文字遥深之处，整篇文章叙述、描写都在客观中进行，无直露抒情，也无任何议论，却是少有。乍赏全篇，作者面目难以立见。例如开头一段，写泰山周围环境，句式_____，_____，语气_____，_____，颇有些官写地理志的韵致。
>
> 二是境界_____、_____……

为课文难点搭梯子

（一）帮助理解《兰亭集序》的情感兴发

1. 提供相关历史作为观照时代的横剖面：朝代更替历史沿革、从汉初到"永和九年"人口数量的变化、"兰亭集会"之后人物的命运。

2. 周国平《无用之学——〈兰亭集序〉的生死观》对寻求人生意义的阐述。

3. 鲁迅《魏晋风度及文章及药及酒之关系》节选。

（二）帮助理解《兰亭集序》的生死观

1. "一死生，齐彭殇"源头：庄子（道家）的生死观《齐物论》。

2. 儒家的生死观。

3. 胡适、南怀瑾、龙应台对儒家和道家生命观以及如何应对挫折的评价。

从文化理解与传承的层面拓展、深化理解课文及作者

李冬君《"清谈"兴邦——世说新语时代的名士范儿》（《经济观察报》观察家文化版·"美丽生存"专栏）

叶嘉莹《从"豪华落尽见真淳"论陶渊明之"任真"与"固穷"》。

名著阅读

精心筛选论文，确定篇目后进行删减、选取和挖空，将内容理解和文化分析融为一体，引领学生从文化角度理解所读名著。

中国社科院董炳月《论〈四世同堂〉的文化忧思》（《海南师范学院学报》1993 年第 7 期）

> 根据所属的文化形态的不同，《四世同堂》中的人物作为文化角色可以划分为如下四种类型。
>
> 一是传统文化角色。以_____最为典型。他们以中国_____的生活方式生存着，保持着中国文人具有历史性、稳定性的心理状态、性格特征和伦理观念。瑞宣_____，学识渊博，但_____，在国难当头的时候，他有心与国效力，却_____，迟迟没有走出家庭。……被捕前的钱默吟，则穿着长衫，像隐士一样闲居着……其乐也。
>
> 二是市民文化角色（或称"都市文化角色"）。以_____等人为最典型……

印发精心挑选的时评，布置相关资料，引发理科生的读书热潮。

学科教室的布置，使学生产生浓厚兴趣，自发进行研究性学习。来自同伴的优秀资源，可以激励和提升学生。

通过张贴、微信公众号发布等多种方式，将作业作品化，并有意识地引导学生进行点评，这既能提升学法、能力，也可以激励自我。

收纳小工具：创意公寓

王力扬

创意能力该如何培养？对于创意，你是否觉得待到用时方恨少？好的创意是不是只能苦等灵感乍现？当灵感出现的时候我们能否留住它？这里，给大家介绍一个小工具——"创意公寓"！

创意公寓介绍

按创意等级创建"创意公寓"，楼层越高，创意就越出色。如果自上而下地研究 5 楼的给人"被打败感"的创意，就可以推导出意犹未尽的创意到底是什么样的；如果自下而上对 1 楼和 2 楼的创意进行研究，就可以让你知道什么样的创意不够好，需要尽量避免。创意既可以来源于他人的作品，也可以是自己曾想到的一些点子。例如，右侧这座创意公寓，就住满了来自电影的创意。

电影中的创意

按创意等级排列 →

5 楼："被打败感"的创意	《美丽人生》的最后一场戏
4 楼：意犹未尽的创意	《水男孩》的情节构成
3 楼：意料之外的创意	《千与千寻》的设定
2 楼：预料之中的创意	《世界末日》的情节展开
1 楼：老套的创意	《恋空》的情节构成要素

实践步骤

在我的动漫课堂上，这个方法的实践过程是和每学期的课程结合在一起的。

第一步
每学期的后半阶段，我会带领学生一起创作一个完整的动漫作品。在任务正式开始之前，我会提前 3～4 周给学生介绍这个创意公寓，让学生去积累创意。

第二步
在讲完剧本的创作后，带领学生选取好的创意进行加工，教会学生转化或实践创意的具体方法。

第三步
之后的 3～4 周，带领学生完成作品。

运用案例

在课堂上可将创意练习和创意公寓结合起来，以培养学生积累创意的意识。

以"如果"开头，编故事

5 楼	如果大家都可队自由选择家庭，以一年为单位按契约与他人组成家庭。
4 楼	如果有一天你发现你的生活就是一个游戏，而自己只是游戏里的一段代码。
3 楼	如果所有的男人都是长发，女人都是短发。
2 楼	如果能遇到和自己完全相同的人……（平行宇宙）。
1 楼	如果外星人发动进攻，地球就要灭亡。

电影中的创意

5 楼	将化学元素拟人，每一个化学反应就是一场战斗或一段故事。
4 楼	将电脑病毒拟人。
3 楼	将中国的每个省拟人，整个中国是一个大家庭，创作发生在这个大家庭里的故事。
2 楼	将一些无生命的事物拟人，比如建筑物、汽车、河流、湖泊等。
1 楼	将动物拟人。

多元智能视野下的教学策略差异化

田靓雯

实施背景

校本课程《英语时事传媒》给了笔者探索学生个性差异的机会，可以实践多元理论，进而在语言技能、文化意识以及学习策略方面，运用多元智能分组和评价，并采取开放式的方式接受反馈。最终，我希望自己的课堂能用"发现美的眼睛"，看见每一个孩子心中不同的风景。

关键词　多元智能　尊重差异　数据化教学

针对痛点或问题

传统学习策略对语言智能和数理逻辑智能的单一偏向，忽略了包括内省智能、人际智能、身体智能、审美智能在内的多种智能导向。对偏科偏才的孩子，尤其是一种痛苦。将来立志成为演员、设计师、航天员、物理学家甚至游泳运动员的孩子，他上英语课时究竟会被什么吸引？他在哪里能获得成就感？

概要描述

1. 美国哈佛大学心理学家加德纳的多元智能理论，使我们认识到外语学习过程涉及感知、记忆、思维、想象等一系列智力因素。

2. 学生的智能类别和强弱差异是影响学习速度、方法和效果的重要因素。

3. 多元智能理论在英语学科核心素养如何实现。

4. 教学策略对照和个案分析：多元智能新模式产生的反馈与影响。

实践过程

一、多元智能理论构成与特点分析。

二、多元智能理论在英语学科核心素养的实现化。

1. 语言技能 2. 情感态度 3. 参习策略 4. 文化意识

三、个案分析：多元智能新模式产生的反馈与影响。

1. 合作式字习

2. 多元化活动

3. 两种教学策略对比

4. 个案详细跟踪，数据化研究

个案的详细描述表

个案	性别	英语能力水平	组别
1	男	A	逻辑数理组
2	男	A	人际交往组
3	女	A	言语语言组
4	女	B	自我内省组
5	男	B	逻辑数理组
6	男	B	音乐节奏组
7	女	C	视觉空间组
8	女	C	音乐节奏组
9	男	C	人际交往组

初中数学课堂教室分区、学生分类指导的实践探索

于晓静

一、探索背景

1. 分层课程不能满足每一位学生个别化的差异需求。
2. 在同一间教室里，学习数学 II 的学生的能力差异仍然比较大，不适合统一的课堂节奏和教学方式。
3. 来自学生的调查表明，学生对学习方式的要求是多样的。

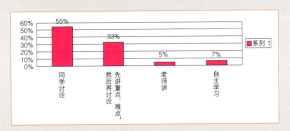

二、探索方法

1. 教室分区、学生分类实施标准

门	中间	窗
辅导区	小组讨论区	自主学习区
自学（20% 左右）+ 讨论（20% 左右）+ 辅导（60% 左右）	自学（40% 左右）+ 讨论（40% 左右）+ 答疑（20% 左右）	自学（80% 左右）+ 讨论（15% 左右）+ 答疑（5% 左右）

辅导区的学生以教师按照教材或者学习材料，进行重点、难点的讲解为主，辅以自主练习。小组讨论区的学生在一起首先讨论，相互启发，若有共同不懂的问题，再由教师做点拨、讲解。自主学习区的学生，以学生自主学习为主，老师提供学习材料。这类学生基本上已经解决了本节课的主要问题，遇到较难的问题时，可以在一起讨论。

2. 教室分区、学生分类实施流程

老师首先给学生明确每个学习区域的学习特征及要求

↓

学生根据自己的学习特点自主选择适合自己的学习区域

↓

每个单元或学段结束时区域之间可进行流动

3. 教室分区、学生分类实施策略

学生依据自主学习情况和学前诊断，自主选择学习区域。教师根据不同区域学生的学习特征采取不同的教学方式，提供不同的学习资源。

(1) 自主学习区的指导策略。
(2) 小组讨论区的指导策略。
(3) 辅导区的指导策略。

4. 教室分区、学生分类实施保障

(1) 分区位置的设计。
(2) 分区学习资源的设计。
(3) 分区作业的设计。
(4) 分区评价的设计。

学习方式分类	评价指标		
自主学习区	学前诊断	自主学习任务完成	理解、质疑
小组讨论区	参与小组讨论	回答问题	理解、质疑
辅导区	倾 听	作业落实	回答问题

5. 教室分区、学生分类实施的关键

分区实施的关键是学生有不同层次的需求。每个区域可以实施不同的学习方式，这使得在同一节课上多头并进、立体式学习的局面成为可能。

三、教室分区、学生分类指导的挑战

1. 教室分区、学生分类指导的教学策略是在学生自主发展的思想指导下实施的。这种学生观、教育观落实到分类指导的具体行为中，将对教师提出很大挑战。
2. 分类指导的前提是教师准确识别学生的需求，只有这样才能够提供更有针对性的指导，而学生的差异是不断变化的，所以，这是分类指导今后将要面临的更大挑战。

四、教室分区、学生分类指导的反思

1. 教室分区、学生分类教学目前在复习课、习题课和试卷讲评课上应用比较广泛，在新授课上如何实施还需要做进一步的探讨。
2. 学习数学 II 的学生能力程度参差不齐，所以分区教学更多的是在数学 II 的教学班里实施。

学习路径研究对古诗词背诵、默写的指导作用

郭思妍

概要描述

通过调查、研究学生在古诗词背诵、默写中的学习路径，找到提高古诗词学习效率的普遍性方法。比起过去教师单纯地说教、强调背诵的重要性及讲述背诵的正确方法，学生真实可见的学习路径及学习结果更能让学生信服。

实践过程

三、分析、归纳

成绩优秀的学生在古诗词背诵、默写学习中都存在两个很重要的环节。

1. 注重对诗词意境的理解。

2. 注重知识的反复强化。

成绩不理想的学生大多数是死记硬背。

一、数据收集并分类

将学生的几次古诗词背诵、默写检测成绩收集起来，把成绩优秀的学生归为一组，成绩不理想的学生归为一组。

二、通过问卷、访谈等方式调查学生的古诗词背诵、默写学习路径

A 同学：

背诵、默写方法：边读边联想诗词的意境——根据遗忘曲线规律，反复巩固——默写时联想诗词的意境。

B 同学：

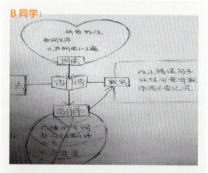

C 同学：

D 同学：

E 同学：

直接看，反复背。

（以上是几名学生的学习路径）

实践效果

由此得出几点启示，可运用于今后的课堂教学中。

1. 古诗词背诵、默写作业落实的关键：诗词意境的理解 + 反复动笔书写。

2. 优秀学生的学习捷径，教师可以推广，让更多的学生借鉴。

3. 对落后学生的学习曲径，要适时纠正，同时要善于发现他们的学习路径中的亮点，并鼓励其坚持。

走班制背景下初三语文
个别化学习目标、学习方法及落实策略研究

董卓力　孟灵峰　魏　敏　魏　颖　郭思妍　陈瑞菊
康　健　李月芹

"痛"在哪里？

1. 在"以学生为主体，关注学生个体"的课改理念指导下，旧有的以教师为中心的教学模式正在逐渐被摒弃。如此，教师失去了绝对的控制权，教学时间减少，学生的自主学习时间大大增加。在这种情境下，如何确保学生的语文学习效果，使学生既能达到中考的要求，又能获得语文素养的提升，是最需要关注的问题。

2. 2015届初三学生是实施走班制背景下面临中考的第一届学生，以往的很多经验可能并不适用，探索新的教学方法是燃眉之急。

项目研究

本项目把语文学习分为基础、阅读和写作三个模块来研究。每个模块都包括学习目标、学习方法和落实策略三部分。重点内容为：针对不同层次的学生设计语文学习目标，量身定制学习方法和落实策略。

学习路径问卷

你做了哪些事情来提升自己的写作水平？

①写作三者多练，订错词，常找；②多写，多和老师交流沟通。③记录下自己的想法；④多读，去想人家是怎么想怎么写的。⑤分析别人的文章。

在提高写作水平的过程中，你觉得自己受益最大的是哪方面？

多写，多和老师沟通。

个别化落实策略

1. 蚕食法

将词语、古诗词背诵默写，文言文背诵等内容，教研组要按课时，定量分批次，采取少量、细致、普遍的原则，进行课前小条诊断，人人参与。学生合作学习，教师当堂批改，落实效果要好。第二轮学习，按照学段特点和学生已有的落实效果，采用由细向疏、由小范围向大范围、由普遍落实向有重点落实过渡，进行课前小条诊断。少数过关的不参与，大多数参与，落实效果要好。

2. 自我修复法

对落实不理想的学生，我们从个别化的角度，设计了自主修复课程，鼓励学生继续自我修复，按累计的积分获得"年级特色课程加分"，将落实进行到底。

3. 筛子图法

筛子图的采用给我们的个别化教学提供了一个有效的办法。所谓筛子图，即教师在学生诊断数据的基础上，将得满分的题目设为空白，只留下扣分的题目和分数。通过空白格的分布情况，掌握班级共性的优势及问题，从而给教学提供有针对性的指导。

筛子图

		音形	笔顺	词意	作家	标点	病句	对联	诗文	名著5分	解词	翻译	句意	概括	段落	主题	特征	概括	材料	论点	论据	过程	消息作文	选择	总分
12025102	白某								4.0				3.0	2.0		5.0		3.0			3.5				107.5
12025111	苗某								4.0				3.0	2.5		5.0		3.0			4.0		34.5		106.0
12024317	陈某								3.0		3.5		3.0					4.0	1.0		4.0		32.5		102.5
12024318	钟某								7.0	4.0		3.5	3.0	3.0	1.0	4.0		3.0			4.0				102.5
12025103	张某	0.0								4.5			3.0	3.0	2.5	4.0		3.0			1.0		32.5	12.0	101.5
12023702	曹某								7.0	4.5		3.0		2.0	2.0			3.0			1.5		33.0		101.0
12024312	王某								4.0		3.5	3.0	2.5	3.0	1.0	3.0		1.0			3.0				100.0
12025105	张某								4.0				3.0	2.0	1.0			3.5	8.0	32.5					99.5
12025106	许某			0.0					4.0		3.5	3.0					3.0		2.0	9.0	27.5	11.0				97.0
12025108	崔某								3.0		1.5	2.0	3.0		0.5	2.0		3.0			34.0				96.0
12025116	张某	0.0						6.0			3.0	3.0	2.0	4.0		1.5		2.5		30.5	12.0				95.5
12023713	刘某				0.0	7.0				3.0		3.0	3.0			1.0		2.5			11.0				93.5
12025117	刘某								4.0		2.5	1.0	2.0	3.0				3.0		9.0	31.5				93.0
12021012	王某	0.0							4.0		1.5	2.0		5.0		1.0	1.0		3.5		32.0	8.0			92.5
12025107	郎某	0.0							4.0		1.5	3.0	2.0	1.0	4.0					30.0	12.0				92.5
12025110	李某								5.0	2.0			3.0	1.5		2.0		1.5			29.5				92.5
12025109	司某								4.5			1.0	2.0	3.0		3.0	1.0				32.0	12.0			91.5
12025115	黄某					0.0	7.0		2.0		5.0	4.0				2.0	1.0	1.0		32.5	8.0				85.5

4. 学习路径分析法

基于学习路径的分析研究。

以下是老师对优秀学生孙鸣谦的作文指导案例。

孙鸣谦是同学眼中的"学霸"，她的语文总成绩总是A，写作能力也不差，有很多优秀的随笔。但是，进入初三以来她写的几次作文，得分都在27分上下。这让她很困惑："我觉得我写作能力不差呀？为什么作文却总是得这么低的分呢？"

于是，老师通过访谈和问卷，对她的写作路径做了调查。发现问题后，进行专项指导与训练。

如何引导各个小组深入参与课堂讨论

李艳

个别化教育 ｜ 提高课堂效率 ｜ 启发学生思考

苏霍姆林斯基说"看见每一个学生"，孔子说"因材施教"。每个学生都是不同的个体，他们有不同的性格，不同的成长经历，不同的知识结构。在课堂上，就算听到我们讲的同样的话，不同的学生也会有不同的理解。如何让每个学生都能在课堂45分钟内的收获最大化？实施个别化教学显得尤为重要。针对每个学生的个别化不可能做到，因此需要分组。如何让每个学生深度参与课堂，防止有些学生"搭便车"便成为急需解决的问题。

适合小组讨论的内容

概念课，很多学生的预习处于一知半解的状态。

习题课，互相交流想法，加深印象。

探究课，对课内知识进行拓展研究。

具体做法

1. 课前布置预习作业或课上给学生自学的时间，保证每个学生讨论的时候都对问题有不同程度的了解。

2. 给出具体的问题，让小组讨论出结果。有些内容不能当堂出结果的，要明确问题。学生要分工，小组长给每个同学分配任务，保证每个人参与其中，并且任务明确。

3. 讨论时，教师一定要深入其中，根据各个小组的讨论情况给予相应的指导。

深入思考型：学生状态很好，教师稍微点拨。

快速而浅显型：教师追问问题，引导他们思考。

慢慢推进型：教师提示他们有些工作可以放到课下做。

争先恐后型：教师提出拓展问题让他们思考。

4. 总结发言，各小组推荐代表，并且保证每个学生都能轮到。

痛 点

1. 分组很重要，这与学生的知识结构和个性关系很大。关系太好并且自制力差的学生分在一组容易跑偏；程度相差太大，有些学得差的学生容易自卑，具体还是看学生个性；都对部分知识掌握不好的学生不适合分在一组，否则讨论不出什么结果。

2. 作业的个性化需求。每个小组的进度不同，有的小组下课需要讨论的问题，有的小组已经经过了充分讨论。

3. 课堂节奏须把控，教师的总结如何有效且到位。课堂上不适合就他们讨论不出来结果或者先验知识太少的问题进行讨论。经过讨论，大部分问题学生都做出了答案，难点问题需老师再从头一点点讲清楚，但是一定要强调重点，否则很多学生会把所有的知识当重点。

小组合作学习的分组策略

龙文中

为什么要小组合作?

1. 课堂上学生有讨论的欲望与合作的需求。
2. 能提高学生学习的能动性和对学习的自我控制能力。
3. 能促进学生建立良好的人际合作关系。
4. 改革课堂教学,提高教学效率。

基本做法(2—6人)

1. 异质型学习小组(组内异质,组间同质)。
2. 同质型学习小组。
3. 异同混合型小组。
4. 自由组合型小组。
5. 随机组合型小组。

不同层次学生的分组策略

数学Ⅰ:不建议分组。

数学Ⅱ:老师干预,多种形式分组。

数学Ⅲ:同质组合,逐步演变成自由组合、随机组合小组。

问题是讨论的"源"。学生个体在确实无法解决学习内容之时,他才会愿意主动寻求组织,合作学习,讨论交流。

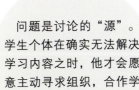

不同课型的分组策略

1. 新授课

数学Ⅰ:不分组。
数学Ⅱ:异质分组。
数学Ⅲ:自由组合、随机组合小组。

2. 习题课与复习课

无论哪个层次的学生,均适合分组。

3. 试卷讲评课

均适合分组,流程:自查自纠—小组讨论—教师点拨——同类拓展。

小组合作下老师的角色

角色定位:小组合作的参与者、合作者。

功夫用在:课下的教学设计上,解题方法的策略探究上,问题拓展的提升上,一对一的个性化的辅导上。每节课结束前的几分钟老师通常要加以控制:总结(师生均可)本节课的核心知识点,总结解决问题的思想方法和策略……

请仰视你的课堂

李 亮

新 的 视 角 | 新 的 突 破 | 新 的 浪 潮

当一位教师把自己的教学目标强加给课堂上的学生的时候，当一位教师按照自己的理解方式强制学生获得同样结论的时候，当学生在课堂上产生的合理结论没有得到相应的肯定的时候，课堂，这个神圣的舞台，就会演变成教师的作秀广场。

研究背景

1. 走班制下，学生离开课堂后会参加其他活动，一方面他在课堂中学习的新知识很难有时间消化巩固，另一方面教师很难找到学生，为其辅导答疑。

2. 教师由于在课堂上不能将学习内容充分落实到位，各科都留巩固性作业，必然加重学生的课业负担。加上学生还有很多课外活动，相当比例的学生反对加重作业量，或者消极对待作业。

3. 课程丰富了，选择的机会多了，但是仍然有学生不愿意走进某些他自己选定的课堂。

4. 知识对学生成长有一定的意义，有些课堂并未发挥其正当功能。

5. 通过对教学诊断数据的分析可知，绝大多数学生热切渴望轻松愉快、高效实用的课堂。

小贴士：课堂所占学生在校时间

如果学生 7:30 进入学校，17:30 离开学校，总计 10 个小时。其中学生处于课堂状态（含劳技、体育活动课型）的时间：9 节课乘以 45 分钟等于 6 小时 45 分钟。

小贴士：学生喜欢怎样的课堂

在 2016 年 4 月的教学诊断中，有一组 50 名学生参与调查的样本，其中文字评价（自愿填写）中对于课堂幽默、有趣进行赞扬的有 19 人，占填写总人数的 38%；另有建议教师少留作业的有 2 人。

基本原理

1. 课堂是学生成长的主渠道，课堂教学活动的本质目的是促进学生有效地成长。

2. 学生的成长利益，是课堂的最高利益。

3. 教师忽视学生需求和成长利益的根源在于教师的本位主义和上位主义。

4. 仰视课堂，要求教师置自己于学生的下位，从根本上确立教师的服务思维。

5. 仰视课堂的本质是敬畏，敬畏知识、敬畏规律、敬畏学生、敬畏生命、敬畏未来。

6. 仰视课堂，要求课堂实现课堂应有的功能。若把课堂任务延伸到课外，是教者的失败。

仰视课堂的教学流程建议

1. 检查学生前课掌握情况、自主复习情况，帮助学生复习所学。

2. 备课时了解本课知识能够给学生成长带来哪些利益，了解学生对本课最迫切的需求，了解当代社会或时事政治中与本课最密切的联系。

3. 选取上述三者结合最密切的事件组织信息，切入本课，以解决学生的现实问题为宏观目标，激起学生的求知欲望。

4. 展开教学后，全程关注学生需求，以满足学生需求为课堂导向，在解决需求中赞美学生，在解决需求中提供原理、视角和工具。

5. 对于未知知识，鼓励学生自己探索；对于已知知识，针对某些学生要引导他们自己"探索"一遍。

6. 征得部分学生同意后，对某些感到有必要、可创设新情境的再次"探索"一遍。

7. 全程肯定学生微小的进步，若学生没有进步则从未来远景予以期待性赞扬。

8. 教学效果估测：帮助学生学会全课核心知识并得到一定程度的巩固。

9. 慎重布置有针对性的作业，争取不留作业。

小贴士：错误的作业

1. 每堂课必留作业，理由是巩固和复习。错在：不能帮助学生养成复习的习惯，统一任务造成部分学生精神紧张、压力大。

2. 还剩一点儿没讲完，自己回去看书自学。错在：把课堂任务转嫁到课外。

小贴士：正确的作业

1. 有能力的同学，挑战一下第8题第2问。对在：有选择性，有针对性。

2. 明天上课会用到今天学的原理，回去请自主复习。对在：形式灵活多样，培养主动性，学生压力小。

3. 本周末自主总结一下第三单元的知识，构建思维导图。对在：每周末留一次作业，可以，且在形式上属于创新型作业。

案例研究

我不太懂，请你告诉我

"老师，大危机时期，美国为什么没有走上法西斯集权的道路？"一个学生问我。

虽然已经多次回答过这个问题，但是这次我面对的是一位历史高手，我想帮助他飞得更高。

于是我说："我不太懂，请你告诉我。"

他愣了一下："真的？那我研究研究，明天我教教你！"

"明天你给全班讲一讲，我也学习学习。"

第二天他讲得非常系统，其中有的观点很新颖，我确实没思考过。

我如实地告诉全班同学。听他讲课，我在这个问题上的认识有很大提高。

人类未知的世界永远大于已知的世界，教师有很多问题是弄不懂的，这非常正常。"我不太懂，请你告诉我"，如果您经常这样向学生请教，学生一定会努力超越自我。

"噢，老师也不会，看来我也没有什么可自卑的"，或"看来这个问题确实有难度，我要帮助老师解决它"，或"看来我已经达到顶级水平，老师还没有研究这个问题，灭掉它？"……

仰视你的课堂，就是仰视你的学生，他们会在你的仰视中变得高大起来；俯视你的学生，他们在心理上就很难超越你！

仰视课堂的要诀

1. 敬畏学生的利益。教师当然有喜怒哀乐，也要评优定级，但一旦进入课堂，教师必须以学生的成长为最高利益，坚决避免以经验的权威、年龄的长者、评价的主宰等身份惯性，形成心理的上位优势，进而压制学生的成长积极性。

2. 做素养的二传手。教师的任务首先是把自己所具备的学科素养传递给学生，然后为学生素养的继续发展创造条件。

3. 帮助学生解决问题。素养的核心是能力而不是知识，能力必须在解决问题中才能提高。教师要精选并设计问题，绝不替代学生解决问题。尊重学生的每一个疑问，服务学生的每一个需求，循循善诱而不一锤定音。

4. 实现课堂的高效。仰视你的课堂，目的是促进学生成长。高效的课堂是，不同层次的学生会有比较满意的收获，预设的教学任务基本能得到落实和巩固。

小贴士：学生错误的课堂观

1. 老师应当直接告诉答案，让我自己探究多费劲啊！错在：没有认识到方法和素养是应对挑战的法宝，对于成长的认识还处于低级层面。

2. 认真听讲、记好笔记就行，不愿意参与讨论、辩论。错在：停留在被动学习状态，没有预见到未来学习和解决问题都是要主动的、合作的、互动的。

小贴士：家长错误的课堂观

1. 考试考什么，课堂上就应该讲什么，否则就是老师的课堂教学有问题。错在：不了解课堂教学和考试检测在学科素养上目标的一致性。

2. 孩子的智力水平高，考试就应该成绩好，否则就是老师没教好。错在：忽视了学科素养是一个综合体。

未来展望

仰视你的课堂，直击教育服务于人的成长这一本质命题，应当成为教师的共识。但是在目前的形势下，各种指标、利益纷纷侵入课堂，而真理性的教育态度，常常会被教师忽略。教师生活在现实中，教师不是圣人，有着人性自然的弱点，但这绝不是我们牺牲学生利益的理由。

伯乐识良驹，策之以其道

邓靖武

优秀的学生需要什么样的课堂？教师更应该关注什么？

课堂形式的改变

- 减少以教师讲授、学生听课并回答问题为主的课堂
- 增加小组合作、学生讲授、学生做实验的课堂
- 提倡教师统筹、学生自主安排并深入学习的自修课堂

学生需要自主、深入的课堂，富有成效的课堂和有成就感的课堂。

教师关注点的转移

- 教师成为课堂的设计者、学生学习规划的设计（帮助）者、学生成长路径的设计（帮助）者
- 成为课堂学习效果的追踪者和监督者
- 同课、同班、在不同的教室以区别对待不同层次的学生
- 改变教室格局满足学生的不同需求
- 优化教学设计，设计开放、富有层次的问题，调动不同层次的学生，给每个学生以成就感
- 发现、唤醒和激发学生

关注课堂内容

↓

关注学生个体

↓

关注学习规划、学习过程

实验桌

实验桌

实验桌

实验桌　实验桌　实验桌

给予学生更多的选择，搭建能激发潜能的平台，引导学生设计合理的学习成长规划，这样许多学生的表现将会超出我们的预期。

配音秀

陈书博

关键词：台词 / 表演 / 配音

背景及概要描述

艺术课是综合课程，其中光戏剧表演的学习内容就包含声乐、台词、形体、表演四大部分。当然，这里的"表演台词"并不是专业院校中的表演台词课。为使学生快速掌握舞台表演中台词表演方面的能力，以便登台表演，我想出了请学生给电影配音的方法。

戏剧课上的一幕

实践过程

精选 20 世纪欧洲经典译制片。我选择的是上海电影译制厂译制的经典电影《简·爱》（李梓配音简·爱）。该作品背景风格与歌剧《茶花女》较为接近，其中的经典片段——罗切斯特与简·爱在花园中的对手戏更是广为流传。

1. 让学生观看经典片段，分组讨论、分享观看感受。列出片段中配音及表演的特点，进行分组配音练习。

2. 让学生分析情节，感受人物心理状态，设法通过仅用声音来表现人物，各组对比并与电影配音版本做对照以改善提升。

3. 录制属于学生自己的配音片段视频。

实践过程中遇到的难点

学生会有畏难情绪，特别是的说陌生的语言时；对不敢或不愿意在众人面前表演的学生，教师要鼓励并多次示范；努力选择学生喜欢的作品。

实践效果

学生可以快速进入状态，掌握台词基础，慢慢体会从声音上来再现原片（剧）中人物形象的方法，为以声音作为表演手段向全面表演做好准备，为之后的登台表演奠定基础。

JANE EYRE

《简·爱》海报

背景1：从2012年开始，十一学校在初中实施"走班制"的课程改革，构建了多样化、有层次、综合性的课程，充分满足不同学生的学习需要。面对个体差异显著的学生，同步教学或分区域学习已不能满足他们的学习需求。如何在新育人模式下，探索教师对学生学习策略和方法的指导，从而有效地推动学生个别化学习，是本实践希望解决的关键问题。

背景2：分区学习的各种问题浮出水面：压力大、缺乏自律、被分类、同伴隔阂、评价不及时……

运用分层任务单
引领学生实现个别化学习

杨 柳

M8U12 听说课课清单 姓名＿＿＿＿ 级别＿＿＿＿

请每完成一项任务，在横线上划钩。
Speaking
A 级 朗读或背诵对子读 P146 听力原文。
B 级 复述：从 Nick、Dave、Joe 中选择至少两人，介绍他们的 April Fool's Day。请先写出下面动词的过去式和过去分词。
参考词汇：get, find, be, go off……

C 级 复述：Mary's bad morning. Make an ending for the story. 请先写出下面动词的过去式和过去分词。
参考词汇：oversleep, get in the shower……

D 级 汇报：Please share your own story with us. Write down the supporting details on the line below.
Life is full of unexpected.

M8U12 阅读课课清单 姓名＿＿＿＿ 级别＿＿＿＿

Task1 Reading＿＿＿ABC 级 P91, 3a 读文章，完成下表，再核对答案。

	Incident	Date	Place	How did the writer end up missing both events?
Para.1				He decided to＿＿＿ from a coffee place two blocks away.
Para.2				He＿＿＿ his plane to New Zealand.

Task2＿＿＿ABC 级 P94, 2b 读文章，完成书上 2b 和下表，再核对答案。

	Place	Beginning / Trick	Development & Result
Story 1		A reporter announced that＿＿＿	People＿＿＿ to buy＿＿＿. All of the spaghetti across the country＿＿＿.
…			

分层任务单设计原则

各个级别学生的基本学习内容相同，差异体现在教师在学习目标、任务和诊断难易度以及自主学习内容的设置上。学生通过微信、爱云校、盒子鱼等 APP 应用，自行掌握学习速度，下保底，上不封顶。

听说课任务单流程

1. 教师将听力音频发在班级微信群里，学生根据自己的能力选择听一遍、两遍或数遍，完成任务单的分层听力任务。

2. 核对：教师将听力答案课件发在班级微信群里，学生听完听力音频后自行核对答案，教师个别答疑。

3. 说：学生根据自己的兴趣和能力选择不同级别的"说"的任务；教师观察、记录学生的表现，答疑，评价。

4. 完成任务单后，学生自主学习："英语流利说"打卡、配音、盒子鱼等。

读写课任务单流程

1. 读：学生根据自己的能力选择读一遍、两遍或数遍，完成任务单的阅读任务。教师个别或分批辅导答疑。

2. 核对：教师将阅读课件发在班级微信群里，学生做完题后自行核对答案。教师个别答疑，重点处全班讲解。

3. 写：学生根据自己的能力和兴趣，选择不同级别或类型的任务，在课堂上列出提纲。课后作业是完成作文的初稿和与教师面批打磨作文。

4. 完成任务单后，学生依据规划表（基于自己的选择和教师的建议制定）进行自主学习：技能阅读、典范小说阅读等。

效 果

学习目标和学习内容较明确，能实现分层和个别化，便于教师评价。学生开口和动手的机会多了，学生有收获，有危机感，有尊严。

未来改进计划

在学习任务单的设计上，如何更加科学地培养学生的英语学科素养？

结合细目制定并落实英语个性化学习方案

覃　思

要解决的问题

如何准确定位学生在英语学习各部分知识技能上的需求，如何提升学生的自主学习能力，如何实现课堂分层分区教学效率的最大化。

问题产生的原因

初中生英语学习基础、能力差异大，自主学习能力不高。教师缺乏有效的手段定位每位学生的需求并提升学生的自主学习能力。

 英语细目简介

分模块编写

◆ 第一部分，模块标准细化目标
◆ 第二部分，知识讲解
◆ 第三部分，知识与技能自我诊断

 让知识和我互动

我怎样与知识对话？
主动寻找自己需要的知识。

 标准细目

标准需求和个性化学习
需求之间的互动

↓

个性化英语学习方案

结合细目制定学习方案的教学流程

教的流程

编制英语细目
↓
指导学生制定自己的学习方案
↓
课堂分层分区教学，设计不同层次的教学活动，与不同区域的学生对话交流
↓
精讲释疑，组织不同区域的学生完成课堂活动和学习任务
↓
有针对性地跟进并评价每个学生的学习方案完成情况

学的流程

学生根据细目预习并制定自己的学习目标和对应的能力层级，确定自己的重点、难点
↓
在教师的指导下完成学习方案的制定
↓
在自主研究和合作讨论中解决预习中的疑难问题
↓
针对自身的重点、难点完成学习任务，在教师的精讲和一对一交流中释疑提升
↓
完成适合自己的巩固任务，参照细目目标达成情况反思并改进自己的学习方案

结合细目制定并落实个性化学习方案，方案由制定学习目标、确定目标层级、准备学习资源、确定学习方法和策略、选择学习区域、选择适合自己的巩固学习成果的方式和诊断评价方式几个步骤组成。在此过程中，学生的学习态度变得更为主动、积极，在课堂上更为专注地投入自己的学习任务，能在明晰自己的学习目标和重点、难点的基础上找到适合自己的学习方式，在自己参与制定的课后巩固复习方式中也更乐于积极落实，并提升了构建知识体系、自主跟进、调整自己的学习进程等能力，深层次地提高了自主学习能力。教师也能深入了解学生的起点、困惑、思维方式和学习习惯。教师在课堂的分区分层教学中能更好地满足学生的个性化需求，实现课堂效率的最大化。

学生结合细目制定学习方案

能够正确使用 more，less，fewer 表示数量。

[解析]

　　More 是 many 和 much 的比较级，表示"更多……"，既可以修饰可数名词，也可以修饰不可数名词。

　　……

……

4. 年份用基数词，日期用序数词。

例如，1928 年，nineteen twenty-eight

　　2 月 8 日，February second

　　A 级目标：能够在语境中识别基数词和序数词。

……

M 8学习项目		M 8学习目标（圈出你希望达到的目标）	M 8学习方式（圈出你采用的学习方式）
词汇	词汇识记	A 级（会拼、会读、会简单运用）B 级（会造句）C 级（综合运用）	积极认真参与课堂活动。完成读本和细目相关内容。自测 M 8 单词和词组。
语法	理解并初步使用词汇		
读			

多重设计、多维面试、多元评价
——"数学枣林村课程"中的三点尝试

张 浩

枣林村书院是一个相对独立的教育教学管理机构，行政隶属方面相当于十一学校的一个学部，旨在为有特殊技能的学生提供有针对性的专业教育。"数学枣林村课程"是为各个年级对数学有浓厚兴趣、数学功底扎实、思维能力突出的学生所开设的课程，目的是让他们在特长学科上了解并学习到超出课本范围的知识。我在初中数学枣林村课程的教学中对内容的设计、自主学习前的评估以及课程的诊断方面做了一些尝试。

课程内容的"多重设计"
- 根据学程决定授课内容。
- 依据知识体系网设计内容的前后承接。
- 参考学生的兴趣调整知识模块的比重。

自主研修前的"多维面试"
- 一维——看看是否真的懂。
- 二维——听听学到哪儿了。
- 三维——指导自修期学习规划。
- 设计个性化后续学习计划。

教学诊断的"多元评价"
- 定期课堂自我评估性诊断。
- 梳理并总结学程内有价值的问题。
- 发布研究性课题。
- 研究性学习与论文撰写。

枣林村书院成员优秀论文（部分）

关于正余弦 n 倍角公式的初探
吕洋（直升初一）

摘 要

本文研究了正弦以及余弦角公式的展示形式和综合应用。本文利用第一数学归纳法辅助命题的形式，证明了它们的展开形式，随后说明了它们在解题时的用处和便捷之处。

关键词：三角函数、倍角公式、数学归纳法。

［教师点评］在自主学习后续高中知识过程中提出问题，并利用已有的知识（数学归纳法）解决问题，对初一的学生来说实属不易。

初等几何辅助线探究——旋转、作正三角形
梁泽宇、赵博文（直升初一）

摘 要

本文以初中几何中如何作辅助线为出发点，重点研究了作旋转、作正三角形和作圆的辅助线方法，并应用这些方法求解了三角形费马点等典型问题。

关键词：辅助线，旋转，正三角形。

［教师点评］两位喜欢平面几何的同学通过平时的积累，总结并提炼了几种初中阶段常用的解决几何难题的方法。

关于博弈论的建模探究
吴林泽（直升初）

摘 要

出于对于博弈论的兴趣本文研究了纳什平衡的定义以及在其他模型里的应用。譬如监狱模型和教室模型以及核威慑。本文对一些经典博弈模型（如囚徒博弈、战争博弈）进行了研究。

关键词：纳什平衡、战略指导、核威慑、经济学。

［教师点评］在听了一次讲座后，该生对博弈论产生了兴趣，并在查阅资料后对一些经典博弈模型进行了分析和总结。有研究的潜质。

枣林村书院成员部分成果
- 完成小论文十余篇。
- 基本掌握了一些数学软件的使用方法（几何画板，mathype，wolfram）。
- 全国初中数学联赛一等奖九名。
- ……

做学生语言学习的高级定制师

李月芹

概要描述

初中语文课堂分区、分层、分任务进行个别化教学，从桌椅摆放到任务选择和教师讲解，尽可能让每一位学生在语文课堂上找到适合自己的学习起点和速度，让每一位学生都能在自己的基础上逐步得到提升。

合久必分，分久必合

之一：分学习区域

将学科教室分成三个学习区域。私人定制学习区：学生学习任务量少但重在落实。高端自主学习区：要求学生语文成绩优异，自主学习能力强且自我要求高，学习资料可以随时使用，基础知识要自觉落实。小组合作学习区：这里是教学班的多数人所在区域，课堂上会有小组合作任务，需要小组讨论，共同探究完成。

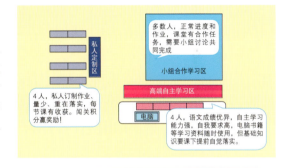

之二：分学案

高端自主学习区。该区学案难度系数最高。按单元发学案，第一课时发给学生包含整个单元学习内容的学案。这样可以方便学习能力强的学生按自己的学习能力超前超额学习。

私人定制学习区。该区学案难度系数最低。每节课只发一张学案，保证该区学生当堂能够完成一份难易合适的学案，让他们把每堂课的知识都落到实处。

小组合作学习区。该区学案难度适中。按课题发给学生任务清单。该区学生在老师的带领下按任务清单逐项学习，但在前期的自主学习时间里，该区内学生的学习进度也可以不同。

高端自主学习区。有4人，他们语文成绩优异，自主学习能力强，自我要求高。电脑书籍等学习资料可随时使用，但基础知识要在课下提前自觉落实。

私人定制学习区。有4人，私人定制作业、量少，重在落实，每节课要有收获。闯关积分赢奖励。

小组合作学习区。多数人，正常学习进度和做作业，课堂有合作任务，需要小组讨论，共同完成。

之三：统一小测与核心问题

每节课学习之后，所有学生进行统一的知识小测。题量不大，难度适中，大部分为"私人定制学习区"学案中的重要知识，以保证当天课堂学习的重点知识能够落实。

每一课老师会设计一个核心问题，供所有学生共同讨论。这个问题不会出现在学案上，以便让学生在自学之后还能有新鲜感。同时，这个问题还要能提挈全文核心，训练学生的发散思维能力，体现语文味。

学习不只靠兴趣
——持久高效课堂

王艳

背　景

物理是初二年级开设的一门新学科，学生会有新鲜感。如不趁热打铁，让学生养成自主学习的习惯，形成系统的教学并及时深化知识，学生的这种新鲜感很快就会消失。在教改的大背景下，十一学校的初二物理每周只有两节课，现实的情况是我们实行素质教育却要参加考试——和其他每周可以有三节甚至更多课时的学校站在同一条跑道上。教师课堂整合知识是必需的，培养学生课下自主学习的习惯和能力也是必需的。

痛　点

痛点一

课时紧张，按常规方式无法完成课堂教学任务

痛点二

课堂演示实验环节学生参与度低，部分学生只是看热闹

痛点三

走班选课，课上落实没时间，课下落实难抓人

痛点剖析

按照大纲要求，每周上两节物理课，按照常规的方法教学，只够讲新课，没时间进行习题教学，更无法实现在课堂上当堂落实。

学生每周的两节物理课间隔好几天，如果课下没能及时认真复习，上第二节课时第一节课的内容就快忘光了。这造成学生对知识的学习没有连贯性，对演示实验的知识本质不理解，只停留在看热闹的阶段。

上课来下课走，自习课自由选择教室，初中生自主性较差，有些学生请不来，找不到，个性化辅导难落实，一些比较普遍的问题只能在课上落实。

解　决　方　法

方法1

学生课前自主预习。根据学生特点和教学要求，教师整合教学内容，准确设计问题使学生做课前预习能有的放矢，引发学生进行深入思考。同时，一些浅显易懂，通过学生自主看书就能学会的知识在课堂上就不再占用时间讲授。在课堂上教师只用较少时间进行精华讲解，节约出来的时间用在学生自主课堂的落实上。

方法2

课前实验。课本上适合学生课前完成的演示小实验，教师要鼓励学生课前完成并鼓励学生自主设计小实验，联系所学知识进行分析。第二天在课堂上进行操作展示和讲解，以激发学生的求知欲望。分阶段对一些重点实验以实验竞赛的形式进行检测，适当奖励，激发学生的实验兴趣和学习动力。

方法3

当堂检测、落实，查漏补缺。课堂检测基础与提高并存，检验学生自学情况和听讲情况，检测完成后组织学生进行小组内一对一的互帮互学活动，及时查漏补缺，巩固课堂知识。

如何设计英语个性化作业，指导初中生个别化学习的研究

黄 芳

关键词：分层 / 作业设计 / 个性化学习

背景

随着学习的深入，学生在基础、能力、兴趣方面的差异越发凸显。作业是个性化学习不可缺少的重要环节。在教学过程中，实施个性化作业能使学生真正实现不同的人在学习上得到不同发展的目标。因此，设计个性化作业，帮助学生实现自己的"最近发展区"，完善个性化的英语学习方案，是真正实现每个学生的个别化学习的重要一环。

课堂展示分层任务

假期分层任务展示

存在的主要挑战

1. 学生对作业的感受真实但有时不够客观，自我分析的时候也不容易意识到作业与评价之间的关系。

2. 教师收集的资料内容比较杂，感性认识多于科学分析，往往经验主义地判定学生对作业的认可程度和预期效果。

3. 缺乏科学的数据分析平台，只能借助大考的数据进行分析和进行过程性评价，而这两者不在同一个评价系统中，有时不能完全反映学生对个性化作业的需求。

未来计划

针对初中各年级学生的特点，基于更科学的数据分析系统，根据发现的问题，找出改进个性化作业设计的一般流程和方法。指导学生进一步完善自己的个别化英语学习方案和实施办法，达成自己的学习目标。

初中英语阅读个性化指导

邓卫平

阅读中的痛点

阅读和完形是初中英语的重中之重，得阅读者得天下。

1. 阅读材料选择不合适，太容易或者太难。2. 有的学生阅读量不够，不能坚持每天阅读。3. 有的学生由于词汇量不够，句子弄不明白，看不懂阅读材料。4. 学生没有良好的阅读方法。

阅读个性化指导方法

第一步

老师和学生进行个性化沟通。

1. 指导学生选择适合自己个性和水平的阅读材料。A层学生重点练习较容易的篇目，程度好的学生练习较难篇目。

2. 阅读量少的学生，由老师督促每天完成至少一篇阅读或完形文章。

3. 不能坚持每天阅读的，让其制订阅读计划，坚持 21 天，养成习惯。

第二步

根据阅读中的问题进行交流，对学生进行个性化的阅读指导。一般安排在每天中午和下午4:15以后。

1. 单词量少的，每天背中考词汇，一周背会 100 个。

2. 较难篇目出错多的学生，可以背高考词汇。教师指导学生学会总结和归纳阅读中的重点、难点。

3. 让学生每天积累阅读中的高频词汇。进行阅读中好词好句的积累，并且及时复习。

4. 对阅读程度好的学生，教师指导其进行阅读文章缩写、改写，对文章发表观点。

第三步

及时和家长沟通学生的阅读情况，表扬学生，或者寻求家长帮助。

第四步

及时反馈和表扬。表彰阅读达人竞赛中有进步的学生。坚持阅读并且质疑的学生，加过程性评价分。

学生作业及积累

未来改进计划

初三的时候让孩子能继续坚持英语阅读，稳步提升英语阅读能力，个别化指导孩子有意识地阅读一些原著；同时，让能力得到提升的孩子指导和影响周边的学生。

特别的设计给特别的你

张 瑢

★概要描述

学生千姿百态，学生的学习也是各不相同。实行教室分区、学生分类式教学，不但要关注全体学生还要关注不同层次的学生。这在一定程度上实现了几部分学生的个别化教学，也就是为几部分学生的学习做了初步设计。设计，是在学生学习过程中、在不同的环节不断调整而提供的最适合他的服务。这需要教师深入地了解每个学生的学习内容，了解每个学生的学习链条，了解每个学生的学习目标，了解每个学生的学习优势和学习弱势。教师使用适当的学习方式会让学生发扬优势，弥补弱势。为达到以上目标，教师需要提供给学生有效的资源。

★实践效果

该生在初三第一学期期末和第二学期"一模"和"二模"中成绩逐步上升，从"良好"进步到"优秀"，中考时取得了较好成绩。

★我们的痛点

1. 在实行了不同层次学生采取不同的教学方式后，想要让每个孩子在数学学习上有更大进步、更大收获，就需要教师在一定程度上实现学生的个别化教学，也就是为几部分学生的学习做初步设计。

2. 如何帮助有能力但考试成绩不理想的学生在初三短时间内稳步提升成绩。

★针对痛点的解决策略

了解学习链条，了解学生现有的学习资源和需要哪些帮助。

在充分了解每个学生的基础上，有针对性地提出建议，制订个性化的学习方案。

跟踪学生每次大考成绩，做出成绩单，分析失分点。

动态分析进步与不足，制作成筛子图，并利用电子集错弥补漏洞。

调整目标和策略，不断激励学生，帮助学生不断进步，实现目标。

学习链条

制定个性化的数学学习方案

9月比拼知识筛子图

电子集错

基于游戏化思维的初二数学活动方案的设计与实施研究

刘　晴

实践背景

一些学生不喜欢数学，甚至对数学产生厌恶情绪。他们不主动交作业，对数学学习失去信心。学习数学不仅仅是为了掌握数学知识、解决实际问题，更重要的是数学能培养学生缜密的逻辑思维能力，对今后的发展有很大帮助。一些学生过早地放弃数学，这让我们非常心痛。于是，一个比较困难又必须共同面对的问题是，怎样充分调动学生学习数学的热情，激发学生学习数学的内动力。

"能力大比拼"活动

提高了学生的数学能力——计算能力、几何操作能力、阅读能力、综合分析能力等。这些能力正是中考考查的重点，我们将其融入数学活动中，让学生在参与活动时得到提升。

"作业作品化"系列活动

营造了让学生感受数学、思考数学的氛围；能让学生发挥各种想象力，让学生结合自己的特长，将数学知识归纳总结，将其作品化；为学生提供了一个展示自我的平台。学生在参与过程中，既加深了对数学知识的理解，又增强了学习数学的信心。

"天天来晋级"系列活动

将数学活动贯穿到日常学习中。我们为学生准备了充分的学习材料。学生可以根据自己的需要，进行个性化选择。这样既为学生提供了个性化学习材料，也满足了不同层次学生的需求。学生在活动中的角色定位是挑战者，老师的角色定位是任务发布者和审核者、印章发布者。学生在完成作业之后，找老师领取晋级小条，完成后找老师批改，全对或完善之后，均有机会获得印章奖励。根据印章数量的不同，获得不同的奖励卡。这种做法极大地调动了学生的参与热情。

奖励卡说明

卡片类型	兑换方法	使用方法
插队卡	3个章	找老师答疑的时候，获得优先答疑的权利
直升卡	5个章	一次过程性评价直升到满分（单元诊断除外）
逆袭卡	6个章	单元诊断加10分，对应单元诊断过程性评价加1分
巅峰逆袭卡	12个章	免试一次单元诊断，单元诊断过程性评价满分

游戏建构，让课堂奔跑起来

——王鲁豫

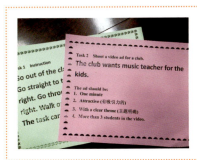

★ 针对痛点

初一起始阶段，学生学习多凭兴趣，课堂无趣则无动力。教师指向特定知识的教学导致学生学到的知识多为碎片化形态，难以形成整合性能力，因而学生也就无法运用所学知识分析问题和解决问题。

学生参与活动

★ 核心要点

把"奔跑吧，兄弟"等时尚游戏引入课堂，用游戏化活动刺激学生，激发学生的动力。活动设计以学生的学习兴趣和认知需求为基础，以主动探究为特征，具有目的明确、体现实践性和整体性的特征。在活动过程中，确保知识的有效整合和综合运用，确保学生在活动中有思维参与和情感投入。

★ 实践过程

设计游戏内容与规则→准备任务卡→提供完成任务的资源保障，如可上网的终端、异质小组等→给予充足时间完成任务→设计可行的反馈及展示方式。

★ 实践效果

英语课堂教学指向培养学生学科核心素养，以活动串联学习内容，以活动驱动学习过程，以活动促进语言与思维的发展，实现了对主题意义的探究。

学生参与活动的过程就是学生将外部的感知经过一定的操练和内化，不断地概括化、言语化、简约化而逐步形成新概念的过程，是外部物质的感性活动向内部思维、情感的心理活动的转化过程。

★ 实践过程中遇到的难点或关键技术

如何去评价学生的知识增长、思维发展和能力进阶程度。

★ 未来改进计划

建构游戏化活动系列：依据每个主题，设计一个活动，将其系列化、普及化并实现。

唤醒"骐骥"，让每个学生感受阅读的魅力

周 锐

唤醒"背景"

高三语文实施分层教学，快班被称作"鲲鹏班"，慢班被称为"骐骥班"。笔者曾对"骐骥班"学生的名著阅读情况做过一个调查，结果显示学生大致分为三类：读过一本名著的学生占 1/3，大概知道名著内容的占 1/3，对名著不感兴趣的占 1/3。而古今中外名著阅读与鉴赏又是每个高三学生必须完成的学习任务。这不是努力一年就行的，而是需要十几年的阅读积累和思考。如何唤醒"骐骥"？让他们感知名著的魅力？

针对痛点

"骐骥"不读书，不会读书 → 在读名著方面没有积累，没有耐心，更无思考

唤醒"骐骥"有效解决策略

1. 优秀生引领，让大家看到名著的魅力

A. 日前，某出版社汇集读者意见制成了"死活读不下去书单"，前十名均为中外文学名著，令人啼笑皆非。堪称"意料之中，情理之外"的是，我国"四大名著"皆排名靠前，《红楼梦》位列榜首，让人感觉高处不胜寒。

B. 当今生活节奏快，陌生的故事背景和行文风格也是一大难题。学生没有共同的经历，理解故事情节与人物心理存在一定困难。

名著无须"抢救"

A / B / C

C. 虽然没有共同经历使理解变得困难，但体悟另一种人生不正是阅读的意义之一吗？在各不相同的背景下，埋藏了许多更普遍的东西：谁不曾体味过造化弄人的无奈，谁不曾感受过失去的苦楚、逃离的冲动和成长的迷惑？

2. 进步生唤醒大家用脑读书

A. 这是一个学生通过四个月努力，写出的一篇一类作文。

"西游"讲的是成长

《西游记》作为四大名著之一，已被无数人解读过，有人说这是最好的玄幻故事；有人说这是激动人心的冒险小说；而我要说，它讲的核心内容其实是成长。

……

B. 下面是另一名进步生的名著书评节选

"铁屋子"中的呐喊

有这么一个人，他放弃了自己稳定、美好的未来，选择了投身于国家相对"荒芜"的文学事业，志在改变国家落后的思想，他就是鲁迅。

他在什么环境里呐喊？他写作时中国仍处于"半封建半殖民地社会阶段"，用他自己的话来讲，他是在"铁屋子"中呐喊。他在呐喊什么呢？我认为他在呼唤我们心中"仅剩的良知"。我没有身处那个年代，我不从得知当时人们的生活状态，但我从他的文章中体会到了他呐喊的东西。

3. 用"小学生"激励学生读名著

我儿子是小学生，他们学校正在进行名著阅读活动。我便使用他们的进度激励学生去读名著。

具体实施

"小学生"昨天和我讨论了以下问题：吕布为何背叛义父？刘备厉害吗？曹操是奸臣吗？

这多少会刺激一部分孩子开始读名著。

优秀生会告诉你什么是名著之美。我们应该怎样对待名著？

这样的引领对想读并想学会读的孩子是有吸引力的。

中等生阅读、思考、记忆、模仿、修改后的书评取得高分，也是对所有"骐骥"生的极大刺激。

实践效果

99% 的学生开始阅读名著，50% 的学生开始感悟、鉴赏名著。

以知识为核心的
桌面卡牌游戏 设计

周瀚洋　孙　龙　于海宁　李　航

当前，各种游戏被认为是腐蚀学生的软毒品，我们认为仅仅通过约束性措施管理是不够的。绝大多数游戏的设计初衷是唯利是图，由此催生的产品自然不适合学生；少数与学科、教育看似相关的游戏，也极少立足于学生真实的学习内容与学习过程。

获胜、成长、痛快、满足……游戏体验是游戏吸引力的根源，因此，我们尝试利用游戏不可否认的吸引力，将学科知识以恰当的方式植入进去，开发一系列与学科知识关系密切的游戏软件、游戏形式，一方面用来辅助教学、激发学生的学习热情，另一方面取代"没有营养"的娱乐型游戏，端正学生对游戏的认识。

门捷列夫时代（MendelevUno）

想当年，门捷列夫用手中的元素卡牌绘制了伟大的元素周期表，打开了现代化学的大门，这个画面令人神往。现在，有不少学生正在为"氢、氦、锂、铍、硼……"的口诀而苦恼，在一百多个元素面前望而却步。背诵周期表是枯燥的，但如果这个过程变成同学之间的对战就有意思多了。只需要慢慢积累各个元素的名称、所在的周期与族，就能在对战中所向披靡，将知识转变为力量。

游戏规则非常简单，每一位玩家需要打出与前一张元素牌同周期或同族的元素牌，谁先出完即获胜。然而，不能准确地报出元素的名称、错误的出牌会让你远离胜利，万能的"门捷列夫牌"、坑人的"稀有气体牌"、火爆的"抢牌规则"让游戏充满变数……

事实上，胜利总是属于对元素周期表熟悉的人，对胜利的渴望让享受这个游戏的同学快快乐乐地背下了整张元素周期表。

单位岛（Units & More）

物理课堂中有各种各样的物理量与公式，有人看到它们无与伦比的美丽，也有人看到它们就感到头疼。物理的殿堂里天才辈出，有的世人皆知，也有的深藏功与名。

当熟悉的基本单位成为资源，当成天打交道的 N、J、W、V……成为财富，当我们膜拜的牛顿、焦耳、瓦特、帕斯卡、赫兹……成为游戏中各有技能的英雄，当库仑定律、牛顿定律、滑动变阻器、棱镜……成为左右胜局的法宝，这个物理世界就变得不一样了。我们可以在这里耕耘、收获、成长。

这既是一本物理教材，又是一篇物理史诗。投入游戏中的学生体验到的是战术博弈中运筹帷幄的快乐，收获的是对学科知识更加灵活的运用与前所未有的视角。

让作业 作品化

张 敏

学生做作业就是做题吗？

教师留作业往往是让学生刷题，我们从作业中只能看到学生对某一知识点理解存在的问题。至于这个问题是怎样产生的，问题背后知识的重点、难点是否已突破，以及突破重点、难点的思维过程等，均看不出来的。因此，布置作业一定要多样化，要具有开放性。

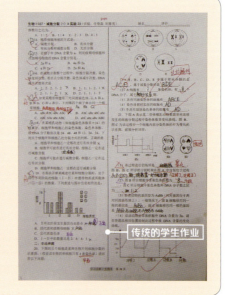

传统的学生作业

概要描述

1. 改变做作业就是做题的现状，使作业具有多样性和开放性。

2. 变"一对一"的交流为作业展示，启发学生。

3. 通过分析学生作业，发现优点和不足，跟进式设计学生的学习内容。

4. 学习效果的再分析。

时间跨度

2014年9月–2015年7月

如何实现作业的作品化？ 流程

确定教材中的重点、难点

如，细胞的结构和功能。

突破学习中的重点、难点

1. 用显微镜观察动物细胞、植物细胞，并用手机拍照来凸显个性。

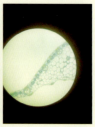

2. 绘制动物细胞或植物细胞亚显微结构图，发现共性。
3. 构建细胞结构和功能知识框架。

作业的价值在哪里？

老师除了在课堂上精讲作业中暴露出的问题，还通过面批学生作业，让作业发生在老师和某一同学的"一对一"的对话交流中。这样对某一学生的具体学习会有很大帮助，但作业的价值却不能最大化。为了放大学生的学习过程和学习效果，我们收集作业、分析作业，将特色作业展示在教室的每一个地方——让作业作品化。

学生学习过程的显性化

1. 分类展示。
2. 发现优缺点。
3. 隐性问题前置。

把不一样的思维、不一样的成果展示在教室里。学生天天接触，借此可唤醒学习意识。学习他人，发现自己，学习自然而然地发生。

实现作业作品化的价值

1. 跟进式学习设计。
2. 效果分享。

优点：颜色表现得非常到位。说明对美术颜色的感知力强。结构理解到位，具有立体思维，用画笔体现生命之美。

不足：图文转化能力差。

建议：把生物教材中的不同结构、生理过程画出来，并配上文字说明，实现图文的转化。

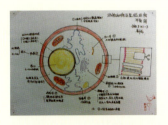

优点：画出了细胞的整体结构＋细胞膜的流动镶嵌模型，理解细胞整体和局部的关系；具有微观和宏观的视角。

不足：运用对比法学习生物的能力差。

建议：运用对比的方法，梳理可以比较的知识点并进行比较。

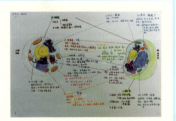

优点：将动植物细胞结构进行对比；图文转化能力强。

建议：继续用对比、图文结合的方法学习生物，建立局部和整体统一的思维习惯，用系统论的观点学习。

优势：知识点全面。

不足：主线不突出，面面俱到，胡子眉毛一把抓，无主次之分。

建议：理清概念的不同层次，发现知识之间的关联，搭建树状知识框架。

跟进式学习效果：每一过程都是图配文，说明学生掌握了学习生物的一种重要方法——图文结合法。

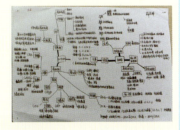

跟进式学习效果：主线清晰，详略得当。

最熟悉的陌生人
——中等生学习路径研究

高凌丽

研究的背景

　　他们的学习方法有待改进，他们的学习思路有待优化，他们有巨大的潜力有待挖掘。然而，他们却最容易被老师忽略。他们是班级的中等生，他们成绩相似，但学习时间、方法、习惯、路径完全不同；他们是老师心中最熟悉的陌生人。研究，要从中等生开始。

两名中等生的情况

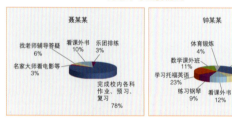

研究的过程

　　以自学文言文、古诗为例深入研究中等生的学习路径和思维特点，从路径图中总结、分析中等生在学习思维、学习方法、解决问题的路径中存在的特点。

中等生

- 学习路径
- 学习方法
- 思维特点
- 思维习惯

解决问题的方法

研究的意义

　　他们成绩相同的背后隐藏着哪些不同？
　　各自是带着怎样不同的特点学习的？
　　他们获取知识的途径和方法有什么不同？
　　他们在解决疑难的路径中存在哪些优点和漏洞？
　　如果我们不了解这些，他们对我们来说就只能是最熟悉的陌生人。当我们失去了科学的依据时，我们提供的个别化教学就很难说是适合的。

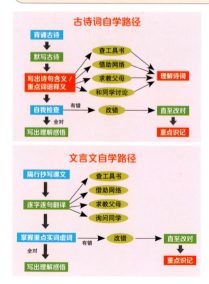

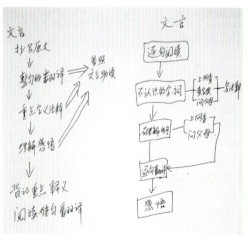

研究的结果

准确地诊断
科学地指导
错误被纠正
能力被挖掘
中等生潜力无限

案例一：持续的内动力成就了一名设计师——朱　宣

现象

"红窗汇"活动前后变化。
1. 每周一次的课上学习→几乎每天下午泡在技术教室里学习。
2. 专业方向不明确→明确申请国外设计专业，每天做一款设计。

原因

启发式教学。1. 为学校设计礼品，具体的设计项目作为兴趣启发点。2. "红窗汇"活动是诱因和外部学习动机。3. 具体的设计项目是激发学习热情的外在刺激。

转变动机。1. 制作活动引起学生的求知欲和学习兴趣。2. 将不稳定的外部学习动机转变为持续、稳定的内部学习动机。

维持动机。1. 在恰当的时机给予恰当的肯定和评价。2. 按照学生的成长特点适时给予不同的设计任务，使学习动机和学习效果之间处于较好的平衡水平。

三位"设计师"的学习方式

王　磊

案例二：订单驱动下的学习——吴林泽

现象

"红窗汇"活动前后变化。
1. 一份订单就是一份承诺，诚信铸在心中。
2. 学习更有韧性。
3. 做事更加专注。

原因

诚信。1. 学生通过亲历真实的订单式交易活动，切身体会到诚信的意义。2. 内心对诚信的坚守，驱使着学生不断克服重重困难往前走，并且时刻提醒自己按时交货。

自信。1. 实验3辆车成功1辆。2. 打印时长约120小时，制作时长约3周。3.3D打印耗材约花费560元，自费。驱使他产生这些数据并取得成功的正是他心中的自信。

教师辅助。提出任务，适时引导，与学生共同探索，亦师亦友。

案例三：从柔弱女生到技术达人的蜕变——朱晓楠

现象

"红窗汇"活动前后变化。
1. 动手能力较弱、技术素养较低→动手能力强的技术达人。
2. 从对工业设计课程一知半解到较深刻理解设计的流程和方法。
3. 做事特点拖省、效率较低→做事干练、高效。
4. 具备了项目规划的能力，包括制订项目进程时间表，进行风险评估等。
5. 学会了团队协作。

原因

态度。主动报名参加"红窗汇"晶湾产品推介会，学习态度转变了。

自主。自我规划学习进度表，自主探究学习，自我监督。

团队。小伙伴间的互帮互助产生了和谐、融洽的氛围，彼此促进，相得益彰。

游泳课上的个性化教学

姜 楠

关键词 个性化 / 进阶课程 / 游泳

概要描述

越来越多具有相当高水平游泳技能的学生加入课堂，常规泳姿教学已不能满足学生的需求，从学生的个性化需求出发，将自由潜水、水下曲棍球这两项新兴水下运动引进课堂，使原本单调、机械的教学转化成为有激情、有挑战，有竞争、合作新气象的游泳课堂。

痛点

学生说："我都会游泳了，上游泳课就是游来游去的，有什么意思？"

实践过程

第一个阶段，多种多样的组织形式。1. 改单人练习为小组练习。学生们以小组为单位，互帮互助；加入竞赛机制，激发学生的练习兴趣。2. 设计水中小游戏，丰富课堂。这些改进确实有一定效果，学生们从枯燥的车轮战中走出来，好胜心和乐趣促使他们更多地参与到课堂中来。实践总结：仅仅依靠多样的组织形式并不能长期满足学生的需求，还需要从实质上做出改变。

第二个阶段，分层教学。在学期伊始便统计学生在游泳课上的需求——泳姿统计。分别统计了学生在本学期内希望掌握的泳姿，按水平分层，不同水平的学生安排在不同的学习区域，互相监督、辅导。这一尝试也取得了不错的效果。因为是基于自身需求而上课，学生们的学习动力又得到了激发。实践总结：高水平学生的需求并不能因此得到满足，掌握四种泳姿的"尖子生"选择离开。

第三个阶段，新兴水上运动项目进课堂。对自由潜水和水下曲棍球这两个项目非常热爱的我，决心尝试将它们引入游泳课堂。让同样喜欢水的学生可以体验不同的水中运动。面镜、呼吸管、脚蹼配备齐全之后，我开始了一次自由潜水的讲授，学生必须熟练掌握三种以上泳姿才能参加学习，学生们对知识的渴求带给我很大动力。

实践过程中遇到的难点

1. 觉得此种运动"太危险"的游泳馆馆长。
2. 装备自制，体育学科和技术学科的联合。

实践结果

我认为，从学生的个性化需求出发，大胆尝试和不断创新是公共课程得以存续的基础。自由潜水的运动强度相对较低，适合安静内敛的学生；水下曲棍球的高体能、高泳技、高团结协作能力的运动要求满足了好动、好学、喜爱竞争学生的需求。通过这两个项目的学习和比赛，游泳课上的精彩不断呈现。

学生在训练

关注学生提问，构建学生主导的化学课程

——《高中数理化》"笃年老师问与答"专栏文章简介

王笃年

"学习的最终结果，是学习者个体大脑结构的变化。"学生在学习中如果没有独立而深入的思考，从小到大只会用记忆这种方式去学习（老师归纳总结，学生只负责记住，考试时再现），就不会引发大脑结构的变化，就可能"越学越笨"。

"高中学生的学习，无论从学习起点，还是从目标追求来看，都跟幼儿（教育学著作里他们被统称为儿童）的学习存在本质的差异，所以其学习策略应该是不同的。"

"对于现代人，学习过程本身就是生活，学校生活应该成为学生生命历程中最精彩、最富有价值的一段，学科学习和深入研究完全可以构成一个人生命价值的主体部分。"

"教学，不仅要知道学生已经知道了些什么，还应该了解学生想知道些什么"，建立在此基础上的教学，也就是站在学生最近发展区上的教学，才可能成为有效的教学。

——基于以上认识，我十多年前启动了"大单元五环节主体性教学"研究。学生先行依据教师提供的读本（或"教材＋学习指南"）自学自研，提出疑问。课堂上教师依据学生的问题组织集中讨论，以思维训练和学科核心素养育为目标，突出学生的主体性，构建学生问题主导的化学课堂。在思考、梳理学生问题的过程中，形成了《高中数理化》杂志"笃年老师问与答"栏目的系列素材。通过解答学生的系列问题，力图揭示教科书背后的知识，关注学生真实的化学学科学习需求。从2012年9月至今，已累计发表文章40篇，解答问题近300个。

学生主导的课程构建，真正满足了学生的学习需求，大大提升了学习效益。事实表明，只要提供了合理的学习资源（读本、学习指南等），高中生完全可以通过自主学习达到要求的标准。

《高中数理化》"笃年老师问与答"栏目开办4年来，赢得了全国各地中学生的喜爱。他们有的表示希望购买十一学校的化学读本，有的经常通过电子邮件、微信等形式咨询化学学习中的问题。

游戏化课堂让英语课堂嗨起来

邱 芳

选题背景

更高的教学要求

学生：希望在充满趣味性的课堂里获取知识。

家长：希望孩子不是死读书，而是能够全面发展。

老师：希望课堂高效，学生积极参与。

不同的学情分析

学生在单科学习能力和学习兴趣方面有差异。

游戏设计灵感

1. 综艺节目

学生们喜欢观看综艺节目并且觉得其中的游戏非常有趣。我们可以把这些小游戏与教材相结合，寓教于乐。

2. 热播剧

学生们在观看影视剧的时候可能会对影视剧中的人物及职业产生向往和憧憬，比如，热播剧《翻译官》可能会引起许多学生对翻译职业的向往。通过给学生们提供进行翻译实践的机会，可激发学生的学习热情。

实践班级学情分析

英语学习能力相对较弱；
对英语学习没有兴趣；
较难集中注意力；
喜欢有趣味性的内容。

实践课程教材分析

教材（When You Reach Me）包含大量对话。

教材提到了一个贯穿始终的游戏。

教材内容有一定难度。

实践结果

学生对游戏反应热烈。

课堂参与度明显提高。

学生有很强的表现欲，对英语学习的热情有所提高。

设计与教学内容相关的课堂游戏可增加课堂的趣味性，课堂小游戏可用于多个学科。

游戏内容

1. "你来描述我来猜"

设计背景：教材中一直提到一个名为 Pyramid 的美国综艺猜词节目。

具体实施：一名学生负责用英文描述展示在 PPT 上的图片，另一名学生负责用英文猜词。

设计意图：增加教材与学生的相关性，吸引学生的注意力，锻炼学生的口语表达能力。

2. 我是"翻译官"

设计背景：教材中含有大量"讲之无味，弃之可惜"的对话。

具体实施：针对含有大量对话的篇章找多名学生分别扮演文章中的角色并为其配备随同翻译。

设计意图：锻炼学生表演、口语表达及翻译技能。同时也可以给在翻译以及模仿表演方面有特长的学生一个表现的机会，提升其自信心和对英语学习的热情。

我和学生写作文的路径及价值初探

史建筑　夏　伟

我们的：tōng　　tóng
　　　　　tǒng　　tòng

教　师：感"痛"身受、"同"台竞技

学　生："通"元识微、一"统"天下

一、师生共同开挖语文课本这座大金矿

A. 课本中的词汇不仅仅是辨识积累的对象，更是语言风格的标签。

B. 课本中的作品不仅仅是有情节故事，更是写作的场景和素材。

C. 发现熟悉作品的可变点，大胆想象，不落窠臼，更可展现思考深度。

二、师生共同修炼写作的技法"神功"

A. 以物写人、插叙倒叙、似贬实褒、锥形模型结构作文设计等，写出复杂记叙文的设计感。

B. 学写彰显主题、夺人眼球的标题。

C. 中心论点拆分最小化，论据详略巧安排，多种论证方法的运用等，写出议论文的气象。

三、师生同写的价值（讲故事）

1. 深度参与方知学生之痛。
2. 营造环境促进共同成长。
3. 传授秘籍助力独步天下。

不仅能教学相长，师逸功倍，更是提升学生的想象力和文化创造力的大问题。

选材与"锥形结构"模型的安放

"那一刻"，是很长时间积淀与酝酿。"这一刻"才有了宛如金字塔"锥形结构"的底座。放得准，立得稳。

"我"，是一个犯过错，正视错，忏悔错，挽回错的形象，这个典型形象，更具有群体性、共通性。"我"的 羞愧忏悔才有 社会价值，"我"是"锥形结构"的塔尖。作品才有意义。

"羞愧难当"，意谓极度羞愧。所选题材，肯定关联个人愧疚，但这种"小愧疚"背后，更应有"时代愧疚""民族愧疚"，甚至"人类愧疚"。"愧疚难当"有了"锥形结构"的骨架，立体地呈现出来。

这稀饭太好喝了！👍

2016年7月10日 17:48

稀饭喝不饱人啊。还得来馒馍。通过这次教师同题写作，我认识到：1.人的站位要高，否则就是稀饭；2.技法要巧，否则就是白水；3.货比货得扔。史老师您厉害！

	修改日期	类型
《丁厨师的故事》（夏伟）	2016/7/21 17:33	Microsoft Wor
他这个人（夏伟）	2016/7/21 17:26	Microsoft Wor
陪行车一起走过的日子（夏伟）	2016/7/21 16:15	Microsoft Wor
一刻我羞愧难当（夏伟）	2016/7/21 16:08	Microsoft Wor
如华老栓穿越到今天（夏伟）	2016/7/21 16:07	Microsoft Wor
个人的战争（史建筑）	2016/7/21 15:51	Microsoft Wor
旧己的世界有的（史建筑）	2016/7/21 15:50	Microsoft Wor
凉的"神器"（史建筑）	2016/7/21 15:50	Microsoft Wor
音碎片的背后（史建筑）	2016/7/21 15:50	Microsoft Wor
性"哭泣三部曲"（史建筑）	2016/7/21 11:31	Microsoft Wor

学科课堂中"非学科"内容的力量

刘子宏

案例1　讲评试卷时"动手动脚"

爱，要表达出来。通过小小的拥抱、假装送出的香吻，让学生感受到老师的爱。

案例2　解决发呆问题　　案例3　解决不求甚解的问题

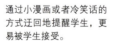

通过小漫画或者冷笑话的方式迂回地提醒学生，更易被学生接受。

（本海报漫画作者为丁晨缘）

第三部分

高效一致的过程性评价、诊断与命题

诊断促进作业改进

纪天容

摘　要

　　每学期进行的教育教学诊断是教学效果的一面明镜。本文简述了入职三年以来，我根据诊断数据改进作业布置、完成和批改方式的过程，以及相应的效果。

实施过程

高一：作业收获低于平均值
* 选择性布置书上题目
* 梳理典型试题

→

高二：作业收获超过平均值
* 设置 A+ 等级
* 鼓励学生自己改错

→

高三上学期：批改认真度低于平均值
* 明晰规则、消除误会
* 使用微信更新作业答案
* 教室同步公布作业答案、鼓励答疑

→

高三下学期：作业情况全面超过平均值
* 改进批改作业方式、鼓励面批
* 及时解决作业中的问题，全力冲刺高考

实施效果

经过多次分析诊断数据和调整，最终在"作业收获"、"批改认真程度"和"批改及时程度"得分上超过年级平均分。

学期	教学班	作业量	作业难度	作业收获	批改认真程度	批改及时程度	课堂效率
高一上学期	个人平均	49.30		68.50	79.30	83.10	81.90
	年级平均	51.40		72.10	76.30	78.10	77.10
高一下学期	个人平均	48.50		65.80	81.50	85.50	78.70
	年级平均	47.40		67.20	72.50	75.60	73.90
高二上学期	个人平均	65.93	64.64	93.29	98.52	94.59	
	年级平均	64.80	66.89	89.06	91.24	93.02	
高二下学期	个人平均	63.77	60.38	95.47	98.87	99.62	
	年级平均	62.14	64.03	90.76	92.20	95.35	
高三上学期	个人平均	64.20	63.38	91.19	90.70	91.65	
	年级平均	65.43	65.11	93.68	93.46	94.66	
高三下学期	个人平均	67.61	64.17	96.89	97.84	98.89	
	年级平均	63.48	64.08	95.35	94.82	95.92	

作业展示

　　经过改进，学生的作业从单一的完成读本向个性化转变。

学生改错及反思

用实验交作业

中考作文课堂训练痛点诊治研究

房　伟　朱则光　陈纹珊　耿　畅　张　欣

李建英　魏　敏　袁丽杰　孟灵峰

关键词：写作 / 痛点 / 诊治

概要描述

学生层面。立足学生实际需求，进行科学合理的学习预设，变传统写作课"以教为主"的写作格局为"以学为本"，为学生铺设一条专属于自己的写作"快轨"。

教师层面。形成有十一特色的中考写作备考模式，加速年轻教师专业成长和综合能力的提升。

课程层面。探索中考记叙文、议论文和小作文课堂训练思路与规律，开设有十一特色的写作援助课。

选题背景

1. 中考作文成绩堪忧，写作课堂阵地不稳。

2. 学生痛点集中，应试写作苦不堪言。

3. 中考改革形势逼人，语文教师压力大。

针对痛点

学生考场写作的痛点探究与诊断，以及中考作文的写作技法指导。

时间跨度：2015 年 4 月至2016 年 6 月。

实施过程

实践过程中遇到的难点

1. 从下表的数据可以看出，仍有约半数学生的写作成绩停滞在 80% 的得分率以下。如何调动大多数学生写作的积极性，最大限度地帮助他们提升写作水平，仍是亟待解决的难题。

初三学年历次统考写作成绩统计

学期	时段	人数	36 分及以上	比率	35 分	比率	34 分	比率	33 分	比率
上学期	期中	420	14	3.33%	45	10.71%	100	23.81%	200	47.62%
	期末	415	2	0.48%	11	2.65%	22	5.30%	60	14.46%
下学期	一模	405	32	7.90%	62	15.31%	120	29.63%	209	49.38%
	二模	392	21	5.36%	47	11.99%	103	26.28%	221	56.38%

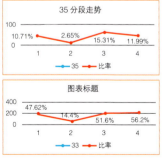

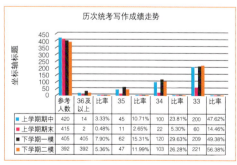

2. 多数学生的写作成绩不稳定，还没有形成自己的写作风格。

3. 部分学生的写作兴趣不大，教师短时间内无法找到有效的激励方法。

4. 科学、高效的指导方法到底存不存在？如果存在，是什么？

5. 如何使教师脱离作文批改的苦海？项目组有老师带三个基础语文班，外加两个写作选修班，一百份作文，每个学生每篇作文都要做到个性化指导，基本是不可能实现的，怎么办？有没有科学、高效的办法帮助老师脱离作文批改的苦海？

实践效果

1. 总结中考课堂写作的主要痛点。

①训练随意，难成体系。②材料匮乏，内容苍白。③结构简单，层次混乱。④语言贫乏，表达无力。

2. 确定了较为成熟、有效的个性化"痛点"诊治方案。

3. 建立"四分制"评价体系。

中考作文"四分制"评分标准							
内容 (12分)	得分	结构 (12分)	得分	语言 (12分)	得分	书写 (4分)	得分
选材符合题意，内容具体，中心明确，赋分范围：8～12分		条理清楚，结构合理，赋分范围：8～12分		语言通顺，有2处以下语病。赋分范围：10～12分		书写正确、工整，标点正确，格式规范。赋分范围：4分	
选材比较符合题意，内容比较具体，中心比较明确，赋分范围：7～9分		条理比较清楚，结构比较合理，赋分范围：7～9分		语言比较通顺，有3～4处语病。赋分范围：7～9分		书写基本正确、工整，标点大体正确，格式规范。赋分范围：3分	
选材基本符合题意，内容基本具体，中心基本明确，赋分范围：4～6分		条理基本清楚，结构基本合理，赋分范围：4～6分		语言基本通顺，有5～6处语病。赋分范围：4～6分		书写错误较多，字迹不够清楚，标点错误较多，格式大体规范。赋分范围：1～2分	

根据这一评价体系，对学生的写作发展进行数据跟踪。

张某某				
内容	9	10	10	10
结构	10	10	10	11
语言	7	7	7	8
书写	3	3	3	3
总分	29	30	30	32

路某某				
内容	10	11	10	10
结构	10	11	11	11
语言	8	8	9	10
书写	4	4	4	4
总分	32	34	34	35

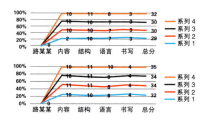

4. 明确训练主题，制订训练计划。

①确定写作训练四大类别和记叙文写作七大主题。

类型		主题						
大作文	传统写作	生活主题	成长主题	感悟主题	情感主题	个性主题	团队主题	实践主题
	想象作文	科幻类	续写类					
	扩改缩写	扩写	改写	缩写	看图写作			
小作文	情境作文	宣传类	劝说类	感谢类	描写说明类	推荐类	消息类	发言类
		扩写类	解说类	倡议类	其他			

②确定训练计划。

未来改进计划

1. 继续寻找更加高效的课堂写作指导手段，应该坚信"金手指"一定存在，寻找的过程最有价值。

2. 尽快建立针对中考的写作训练体系，这一体系应更完整、更科学，对学生写作有更多的指导价值。

3. 尝试利用信息技术手段，建立针对每个学生的个性化写作水平发展跟踪系统，为学生的写作发展提供更加科学的数据分析；同时，最大限度地帮助教师脱离作文批改的苦海。

研究意义

1. 直面学生写作的真正诉求，找准写作训练课的真正"痛点"——短时间内提高写作水平有没有可能？如果有，怎么做？

2. 尝试建设可操作性强的作文备考体系。

3. 丰富年轻教师的备考经验，不断提升他们的备考能力和专业水平。

"痛点"诊断药方

针对材料匮乏、内容苍白的痛点，提供"设计背景"或"环境衬托"的援助方案。

针对结构简单、层次混乱的痛点，提供"横向组合"、"小段连缀"的援助方案。

针对语言贫乏、表达无力的痛点，提供"寻找要点"、"放大描述"的援助方案。

"整本书阅读"教学在诊断方面的尝试

霍轶

题目类型	典型试题	命题特点	优点	难点	存在的问题/思考
论述类	作者选择"渴望生活"为《梵高传》的正题，结合作品的具体内容，谈谈你对这一题目的理解。150字左右。（10分）	针对作品的题目、主旨、主要人物直接提出问题，引发学生基于整本书的思考。题干简单、明确。	考查学生对一本书的整体性理解。学生答题的空间、自由度较大。	需形成对全书的整体性理解，并在此基础上形成明确的观点，且情节和自己的观点形成准确的对应关系。	①类型化明显，学生可准备，现场性弱。②命题的开口大，不容易引导学生深度思考。
情节（人物）记忆类	阅读下面一段文字，完成填空。（5分）盖有漏根因……《聊斋自志》这段文字揭示了蒲松龄创作《聊斋志异》的目的之一是，借自己可能是僧人转世的想法，说明自己写作此书，是要借因果报应的思想，宣扬世间之理。体现这一创作思想的篇目有《＿＿＿＿》。你选择这篇的理由是什么（结合此篇的具体内容阐述）？	题干指向性强，以引发学生对具体情节、人物的记忆。	考查学生是否认真读了书，是否认真完成了相应的学习任务。		考查"知识"能力，是对学生整本书阅读的初步要求，不宜多，不宜过细。
阅读题	作为一个北平人，老舍熟悉北平、北平人。他写沦陷时的北平，不仅塑造了个性鲜明的人物形象，更对北平人身上的问题进行了反思、批判。结合以下两段文字，列举老舍揭示了北平人身上的哪些问题，至少3点。（4分）	提供整本书中的具体文段，题干设计兼顾整本书阅读中的重点和文段内容理解。	现场性强，学生在细读文段时，能对题干提出的问题形成再次的思考、认识。	对细读文本能力要求较高：读懂题干，明确筛选信息的要求——准确、全面筛选所选文本信息——组织信息，完成答题。	对"整本书阅读"的整体性要求较低，学生没有完成整本书阅读，也可以完成答题。
	阅读《寂静的春天》选文（3700字），完成7-8题。（10分）7. 土壤与生物作为一个"土壤共同体"而相互依存。作者为了说明土壤也依赖着生命，举了哪几类生命参与土壤活动的例子？它们分别对土壤的变化起到了怎样的作用？（6分）8. 当杀虫剂被作用于土壤之后，为什么会产生巨大的破坏效果？（4分）	提供整本书的具体文段，考查学生具体的阅读方法（信息筛选）。	学方法，考方法，有利于对具体阅读方法的落实、巩固。		考查阅读方法的落实，考查形式应多样。
阅读延展题（阅读论述题）	我相信，会有一个公正而深刻的认识来为我们总结：那时，我们这一代独有的奋斗、思索、烙印和选择才会显露其意义。但那时我们也将为自己曾有的幼稚、错误和局限而后悔，更会感慨自己无法重新生活。这是一种深刻的悲观的基础。但是，对于一个幅员辽阔又历史悠久的国度来说，前途最终是光明的。因为这个母体里会有一种血统，一种水土，一种创造的力量使活泼健壮的新生婴儿降生于世，病态软弱的呻吟将在他们的欢声叫喊中被淹没。从这种观点看来，一切又应当是乐观的。10. 结合全书内容，谈谈你对画线句中"悲观"、"乐观"的理解（6分）	提供整本书中的具体问题，命题从选段中出，回到整本书去。	既考查学生对整本书的理解，也考查学生现场阅读文本的能力。	文本信息如何与整本书的理解形成勾连。	如何在题干设计上去除干扰，让文本和整本书的勾连更清晰。

指导学生进行名著阅读的流程及评价方式

李建英　朱则光　耿　畅　高凌丽　陈纹珊　孟灵峰

概要描述

《语文课程标准》（2011 版）要求"扩大阅读面，增加阅读量，提倡少做题，多读书，好读书，读好书，读整本的书"，如果单靠课堂，这是无法实现的。为了能够激发初一新生的阅读兴趣，使学生养成良好的阅读习惯，我们制订了阅读计划和评价方式。我们想通过阅读流程和评价方式调动学生的阅读兴趣，让学生对名著阅读有正确的认识，能根据自己的喜好制订自己的阅读计划并有效实施，让阅读真正成为每个孩子的习惯。我们的阅读流程和评价方式，对激发学生的阅读兴趣，扩大学生的阅读面，开拓学生的视野，提高人文素养具有深远意义。教师的备课方式、阅读指导、评价阅读效果等方面都发生了变化。学生的学习行为也随之发生了变化。学生阅读名著的积极性提高了。

实践背景

目前，学生名著阅读的现状是：由于学习任务繁重，升学压力过大，学生没有多少时间可用于名著阅读；网络文化冲击影响；对学生缺少有效的监控，粗读、泛读多，精读少，学生片面强调感官享受，很少能沉下心来去思考、去感悟，因此阅读质量较低。为此，我们决定从指导学生进行名著阅读的流程及评价方式入手。

实践过程

一．利用头脑风暴法寻找痛点。

二．将痛点排序后梳理出主要问题。对当前几个痛点进行因素分析。

三．梳理出主要问题的原因。根据因素分析的结果制定措施，做出具体计划。

1. 列出适合初一、初二年级阅读的书目。
2. 名著阅读基本流程的构建与实施。
3. 教师指导学生进行名著阅读的方式方法。
4. 制定名著阅读评价体系。

四．教师指导学生进行名著阅读

（一）速读训练

1. 学生明确训练的任务目标和内容。
2. 速读训练指导，记叙文从题目、作者、出处、六要素、主要情节、写作特点、中心思想等方面梳理。
3. 指导学生测评阅读效率。
阅读速度 = 文章的字数 / 阅读所用时间
阅读效率 = 阅读速度 × 测试得分的百分比
4. 阅读效率摸底测试。
(1) 要求学生同时阅读一篇文章，读完后举手示意，并记下自己每分钟的阅读字数（即阅读速度）。
(2) 闭目回忆文章内容。全部读完后统一发放测试卷，答题时间 5 分钟。核对答案做好记录：阅读速度、阅读效率、正确率。

（二）精读训练

《水浒传》人物之我见——评价《水浒传》中的人物。
1. 确立评价人物：鲁智深、林冲、宋江、武松、李逵等。
2. 课堂交流。

(1) 找出与人物相关的章节，圈点勾画，写旁批。
(2) 教师给予示范，读精彩片段，对人物进行评价。学生分组展示。
(3) 看《百家讲坛》，补充我们不够成熟、不够全面的认识。

（三）指导学生写读书笔记的创新

（四）搭建展示成果的平台，改变学生阅读名著的行为

1. 举办"名著伴我成长"演讲比赛。
(1) 老师推荐书目，学生自选一本书读完。
(2) 指导演讲稿写法。
(3) 选拔班级优秀学生参加年级"名著伴我成长"演讲比赛。

（五）名著手抄报展评

指导学生做手抄报的内容要求。①作者生平简介。②主要情节。③主要人物点评。④他人的评价。⑤推荐本书的理由等。至少含四个栏目。

（六）名著改编话剧、漫画

(1) 根据名著内容创作剧本，制作演出视频。(2) 将名著中的重要内容改编成 20 页以上的漫画。

（七）实践过程中遇到的难点

1. 开始时没有制定出能够多元化评价的方法和形式。
2. 部分学生缺乏好的阅读习惯和阅读方法。
3. 没有搭建让更多学生展示读书成果的平台。

实践效果

一、学生喜欢上了阅读，除了课余时间阅读外，在自习课、小学段、游学的途中随时可以看到阅读者的身影。
二、制定了多元化的评价方式。不但让学生喜欢上了阅读，而且养成了阅读名著的好习惯。
三、指导学生进行阅读名著形成了流程。

指导学生进行名著阅读的流程

利用数据统计培养学生课后主动进行长跑训练

迟海

概要描述

1. 长跑项目是中学体育课的重要组成部分。
2. 长跑训练可培养学生刻苦训练、顽强拼搏、乐于进取的优秀品质。
3. 在体育教学实践中大部分学生最害怕的项目就是长跑。
4. 运动成绩往往都不理想，同时又希望能取得优秀成绩。
5. 主动式训练。
6. 时间：2016 年 3 月至 2016 年 6 月。

实践过程

1. 开学初前两次课，教师组织教学班学生，自由组成课后长跑锻炼小组，同时选出组长。
2. 每周体育课上由组长组织组员，在表格中如实填写课后练习长跑情况（表格可由教师或组长保管）。
3. 每人每周至少参加三次练习，每次男生距离不低于 1000 米，女生每次距离不低于 800 米，要求计时。
4. 每周由组长统计、公布数据，数据形成个人和集体排行榜（距离和时间）。

实践效果

1. 督促、检查学生课后坚持锻炼情况，帮助学生养成自觉锻炼的习惯。
2. 提高长跑能力。
3. 逐渐将被动练习转变成主动积极、认真地锻炼。

本教学班每周二、周四有体育课，学生课后不需要再训练。
分析：通过五周的课后长跑训练，甲、丙同学成绩有所提高，练习主动，完成任务较好。乙同学成绩无显著提高，老师需分析原因，该同学练习不主动，不认真。针对乙同学的表现，教师制定个别化指导方案。

课后长跑练习统计表

小组名称：飞毛腿　　　　　　　　　　　　组长：甲　　　　　　　　　　　　第 3 周

姓名	性别	周一	周二	周三	周四	周五	周六	周日	合计	平均
甲	男	距离：1000 米 时间：4′30″		距离：1000 米 时间：4′40″		距离：1000 米 时间：4′25″		距离：1000 米 时间：4′25″	距离：4000 米	时间：4′30″
乙	男	距离：1000 米 时间：5′30″		距离：1000 米 时间：5′20″		距离：1000 米 时间：5′10″			距离：3000 米	时间：5′20″
丙	男	距离：1000 米 时间：4′10″		距离：1000 米 时间：4′05″		距离：1000 米 时间：4′00″	距离：1000 米 时间：4′25″		距离：4000 米	时间：4′10″

小组名称：飞毛腿　　　　　　　　　　　　组长：甲　　　　　　　　　　　　第 7 周

姓名	性别	周一	周二	周三	周四	周五	周六	周日	合计	平均
甲	男	距离：1000 米 时间：4′00″		距离：1000 米 时间4′10″		距离：1000 米 时间：4′00″		距离：1000 米 时间：4′10″	距离：4000 米	时间：4′05″
乙	男	距离：1000 米 时间：5′20″		距离：1000 米 时间：5′30″		距离：1000 米 时间：5′25″			距离：3000 米	时间 5′25″
丙	男	距离：1000 米 时间：3′55″		距离：1000 米 时间：3′30″		距离：1000 米 时间：3′45″	距离：1000 米 时间：3′50″		距离：4000 米	时间：3′50″

未来改进计划

1. 在训练中发挥学生骨干作用。
2. 加强对个别学生的指导。

物理教与学质量诊断探索

王跃东　刘　波

质量诊断试题特点

　　质量诊断试题绝大多数来源于教材或学生的生活实际，以学生熟悉的背景、模型为载体而进行设问、诊断。诊断试题旨在帮助学生理解、应用基本知识，操作、分析基本实验，建立、推导基本模型。此外，试题还注重对学生学科素养的诊断。

试题命制见（附1）

课程双向细目表 ➡ 质量诊断命题蓝图 ➡ 质量诊断试题

诊断数据分析（附2）

[附1]

1. 课程双向细目表

教学内容	一级目标	二级目标	能力要求					
			了解	理解	推理	实验	应用	探究
5.1 曲线运动	5.1.1 知道曲线运动的特点	5.1.1.1 知道运动轨迹是曲线的运动叫作曲线运动	●					
		5.1.1.2 会观察实验和生活中的曲线运动现象，得出曲线运动的速度方向为过该点的切线方向				●		
		5.1.1.3 会从理论上分析得出曲线运动的速度方向为过该点的切线方向			●			
		5.1.1.4 知道曲线运动速度方向时刻在改变		●				
	5.1.2 理解物体做曲线运动的条件	5.1.2.1 知道曲线运动一定是变速运动，都存在加速度		●				
		5.1.2.2 会通过实验得出物体做曲线运动的条件是受到的合外力与速度不在一条直线上				●		
		5.1.2.3 会从理论上分析得出物体做曲线运动的条件是受到的合外力与速度不在一条直线上		●				
		5.1.2.4 能根据物体的受力和速度方向定性画出物体做曲线运动的轨迹			●			
……	……	……						

2. 质量诊断命题蓝图

大题号	小题号	考查内容	能力要求					难度			分值	平均得分
			理解	推理	实验	应用	探究	易	中	难		
T1	T1.1	5.1.1 知道曲线运动的特点	●						■		2	1.8
	T1.2	5.2.2 会用平行四边形定则解运动的合成与分解问题		●					■		2	1.8
	T1.3.1	5.1.1 知道曲线运动的特点		●					■		2	1.8
	T1.3.2	5.1.1 知道曲线运动的特点		●					■		2	1.8
	T1.4	5.5.2 掌握描述圆周运动的物理量的关系				●				■	3	1.5
……	……	……										

3 质量诊断试题

北京十一学校 2013 级三年制高中第 3 学段教学质量诊断
高一年级物理 II（A）节选

总分：100 分　时间：90 分钟
诊断设计者：王跃东

说明：本试卷共 6 大题，36 小题，请在答题卷规定的范围内填写答案。计算题的解答应写出必要的文字说明、方程式和重要的演算步骤，只写出最后答案的不能得分，有数值计算的题，答案中必须明确写出数值和单位。

6.（共 25 分）
中国首颗月球探测卫星"嫦娥一号"发射成功，其简化后的线路示意图如图 12 所示。卫星由地面发射后，先经过地面发射轨道进入地球附近的停泊轨道做匀速圆周运动；然后从停泊轨道经过点火调控后进入地月转移轨道；到达月球附近时，通过再次调控变轨后进入工作轨道做匀速圆周运动，这时卫星将开始对月球进行探测。

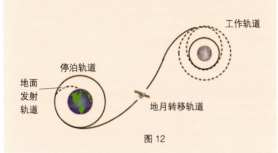

图 12

6.1（共 4 分）若地球表面的重力加速度为 g，地球半径为 R，卫星进入的停泊轨道距地面的高度为 h，不计地球自转的影响，求：

6.1.1（2 分）卫星绕地球运行的加速度。

6.1.2（2 分）卫星绕地球运行的线速度。

6.2（2 分）已知卫星的停泊轨道半径小于同步卫星的轨道半径，设卫星的线速度为 v_1，周期为 T_1，同步卫星的线速度为 v_2，周期为 T_2，则（　　）

A. $v_1 < v_2$　　　　B. $v_1 = v_2$
C. $T_1 < T_2$　　　　D. $T_1 = T_2$

......

图 13

[附2]

1. 总分分布

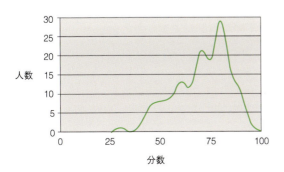

2. 各项目分析明细

题号	满分	最小分	最大分	预期	平均分	标准差	差异系数	难度	区分度	鉴别指数
T1.1	2	0	2	1.8	1.79	0.62	0.35	0.89	0.29	0.18
T1.2	2	0	2	1.8	1.73	0.66	0.38	0.87	0.19	0.13
T1.3.1	2	0	2	1.8	1.19	0.92	0.77	0.6	0.24	0.31
T1.3.2	2	0	2	1.8	1.65	0.76	0.46	0.83	0.25	0.25
T1.4	3	0	3	1.5	0.98	1.39	1.42	0.33	0.37	0.44

......

3. 题目难度与区分度坐标图
图略。

4. 学生个体分析
①本次诊断情况分析。

结构	满分	本人得分	本人得分率	课程得分率	前30%平均得分率	学业水平能级
5.1 曲线运动	9	9	1	0.82	0.91	0.81
5.1.1 知道曲线运动的特点	6	6	1	0.77	0.87	0.79

......

②学生学科能力分析。
乙同学三次段考试学科能力分析

结构	满分	得分	得分率	满分	得分	得分率	满分	得分	得分率
理解能力	15	12	0.8	22	20	0.91	11	9	0.82
推理能力	34	22	0.65	30	22	0.73	18	10	0.56
实验能力	20	16	0.8	12	8	0.67	14	5	0.36
应用能力	25	8	0.32	26	16	0.62	43	27	0.63
探究能力	14	10	0.71	10	4	0.4	14	7	0.5

5. 知识结构分析明细

结构	满分	最小分	最大分	平均分	标准差	差异系数	难度	区分度	鉴别指数
5.1 曲线运动	9	0	9	7.39	1.78	0.24	0.82	0.45	0.21
5.1.1 知道曲线运动的特点	6	0	6	4.63	1.57	0.34	0.77	0.38	0.25

......

6. 教师教学情况分析
各教学班得分明细

题号	II –1	II –2	II –3	II –4	II –5	II –6	平均
T1.1	0.905	0.857	0.923	0.821	0.885	0.963	0.893
T1.2	0.81	0.929	0.904	0.964	0.75	0.833	0.866

......

优化体育课评价体系的构建

黄　恕

一、课程学习目标的构建

明确的目标是学生产生内动力的基础。

旧版目标

1. 掌握游泳理论知识。
2. 掌握至少一种泳姿的分解动作和完整配合动作。
3. 游泳技术改进与成绩提高。
4. 掌握基本救生知识与技术。

新版目标

分析学生	找到最近发展区	可理解的描述
学生类型	（2013年秋第二学段）学段学习目标	可达到技能学分水平
有蛙泳基础的学生	选择学习第二种泳姿，能动作较为标准地连续游50米，或继续改进蛙泳，目标是可以在2分钟内完成100米或者连续游200米。	4—6分
已掌握两种泳姿的学生	选择学习第三种泳姿，能动作较为标准地连续游50米；或改进提高第二种泳姿。	6分
	......	

二、过程性评价的构建

1. 常规评价

用游泳课常规补充完善学科过程性评价，有礼、有节、有针对性地课堂管理

1. 遵守游泳馆的各项要求，爱护设施和器材，自觉维护泳池内外环境的卫生和良好的泳道秩序。
2. 认真听讲，听计划，听指挥，时刻关注老师和队友。——积极协作、配合教师工作，5分/次
3. "Be together, be safe"，与队友在一起，不单独行动。负1分/次

......

2. 学习质量与效果评价

学习质量与效果评价

	自由泳	蛙泳	仰泳	蝶泳
热身		200米蛙泳		
打腿练习	100米	200米	200米	200米
腿加呼吸		100米扶板		
伸臂划水	100米横收	100米	100米送肩	100米钻洞
前交叉练习	100米竖板	100米夹肘前伸	100米（转肩车轮）	100米完整
速度练习	100米呼吸421次			100米
放松练习	100米呼吸621次	100米	100米	50米
总计游距（米）		800		750
游泳选修课技术提高，体能训练课安排（一）				

3. 见习生评价

有了器材和方法，见习生变"好学生"
《游泳课陆上练习走廊指南》

4. 训练量评价

......

三、终结性评价的构建

模块项目成绩登记表

专选班＃第　学段＃教师：

说明：
1、运动项目不同，运动技能评定的项目也有所不同，各专选可根据自己运动项目的特点，制定技能评价的数量，根据各自评价标准进行评价。
......

序号	姓名	性别	年级班级	基本知识	终结性评价							...	比赛或表演	平均成绩	权重60%
					技能1		技能2		技能3						
					成绩	得分	成绩	得分	成绩	得分					
1															
2															
3															

兴趣阶梯
第一学段（激发学习动力，促进技能提升和拓展）

达标（20分）	15—20分	10—15分	5—10分	0—5分
女子连续游	50米或以上（蝶泳20米）	25米（蝶泳15米）	10米	5米
男子连续游	50米或以上（蝶泳25米）	25米（蝶泳15米）	15米（蝶泳10米）	10米（蝶泳5米）
技评（10分）	8—10	6—8	3—6	0—3
动作标准	完整出发，手脚协调配合，动作正确，会水中呼吸，身体位置好	蹬壁出发，手脚协调配合，动作较正确，会水中呼吸，身体位置好	蹬壁出发，手脚协调配合，动作较正确，会水中呼吸	蹬壁出发，手脚配合不协调，不会水中呼吸

第二学段（适用于改进提高泳姿评价）

达标（20分）	15—20分	10—15分	5—10分	0—5分
男子连续游	100米2'30''完成	100米	50米	40米
女子连续游	100米2'30''完成	100米	50米	25米
技评（10分）	8—10	6—8	3—6	0—3
......				

四、模块总成绩评价的构建

体能测试总得不到学生重视怎么办？
个性化培养背景下，如何培养学生的团结协作能力？
怎样才能加快速度？
过程性评价40分+项目60分=总分100分
第一稿　学生变了！

总分100分				
40分	60＊35%（21分）	60＊30%（18分）	60＊30%（18分）	60＊5%（3分）
过程性评价	泳姿考核	体能成绩	学段比赛成绩	泳课特别加分
具体见《体育课过程性评价》	见游泳选修课泳姿	具体见学校规定	以小组为单位	更衣前三名，组长、助教、比赛
评价结果	总人数	95分以上	90—94分	80分以下	班均分
1班	13	0	2	2	84
2班	24	2	4	3	82

学生总成绩太低怎么办？每次定位课程重点。
第二稿（第二学段）

总分100分				
40分	60*70%（42分）	60*15%（9分）	60*10%（18分）	60*5%（3分）
过程性评价	泳姿考核	体能成绩	学段比赛成绩	泳课特别加分
具体见《体育课过程性评价》	见游泳选修课泳姿	具体见《北京十一学校》	以小组为单位	更衣前三名，组长、助教、比赛
评价结果	总人数	95分以上	90—94分	80分以下	班均分
1班	13	0—1（7.7%）	2—2（15%）	2—0	84—87
2班	23	1—2（8%）	4—5（20%）	3—0	82—88

在化学考试中
做语文题是怎样一种体验？

姜　彤

"语文题"已成中考化学试题大势所趋！你还不知道就 out 了～

研究意义

随着北京中考的改革，化学学科的考试内容也在发生明显变化。科学漫画、评论性文章、介绍性文章、数理图表等出现在北京中考化学试题里。如何帮助学生戴上化学的眼镜，在阅读中快速找到化学学科的考查方向，是本课题要解决的首要目标。

庞大文字量下的化学"元素"，你——挑得出来吗？

痛点分析

2015 年化学中考数据反映出，全区整体得分最低的 5 个问题之一，就是科普阅读题目中的一问，而这也是十一学校学生表现较差的题目之一。文章中涉及了哪些物质和变化？对物质和变化分别有哪些方面的阐述？通过这些阐述可以判断、推理出什么样的结论？学生急需提高解决以上问题的能力。

让我们戴上化学的眼镜，来"阅读"这个世界吧，go！

解决策略

- 用化学用语转化——在阅读的过程中，随时将文字信息转化为明确的化学式或化学方程式，有效提取信息。
- 概括段落大意——对每一段进行小结。
- 对有关科学原理的关键词进行画线——明确关键词所代表的是物质还是变化。
- 解答问题时找到对应的段落——此时，每段的总结显得尤为重要。
- 由得到的化学信息进行推论解答问题——切勿按照主观臆想而脱离原文做判断。

例题解析

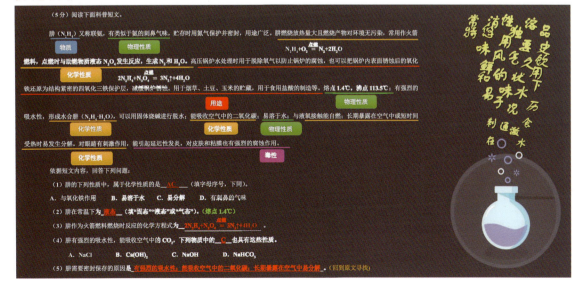

多语种教育教学诊断的反思与分享

刘　婕

困难一：每学期重新选课
困难二：名副其实的选修科目

异语风情节

一、改进课堂教学

技术助力课堂（iPad 教学）。

游戏化思维（平假名、片假名"连连看"，"你描述我来猜"，听歌曲写假名）。

让学生感受到你的关注（十八般武艺快速记住学生名字、课堂提问关注每个人、微信关注交流）。

iPad 教学

平假名、片假名"连连看"

三、为学生搭建更广阔的发展舞台

多语种国际认定水平考试。
法文课程班项目。
日语高考。
自主招生。
多语种比赛。
免费出国夏令营。

北京市中学生日语配音大赛冠军

免费参加德国夏令营

二、举办多语种活动

"异语风情节"。
"红窗汇"活动。
外语角。
参观大使馆。
……

参观俄罗斯驻华大使馆

中国法文课程班项目会议

中国国际广播电台日语歌曲大赛

努力成效

1. 诊断数据明显提高，尤其是原来最薄弱的两项"老师注重我品德和良好习惯的培养，让我学会如何做人做事"、"我在老师的心目中有较高的位置"有了明显改善。2. 学生在多语种课程中找到了适合发展的道路，树立了自信心。3. 多语种课程建立了良好口碑和独特魅力，选课人数增加。

精雕细刻

高中地理诊断命题中的标准化与个别化

马文华

姓名	第二学段诊段成绩 (100)	名次	距平
XXX	88	8	13.02
...	...	...	...

姓名	第三学段诊段成绩 (100)	名次	距平
XXX	98	1	20.32

姓名	第四学段诊段成绩 (100)	名次	距平
XXX	90	1	16.32
...	...	...	...
XX	46.5	67	−27.18

（图表）知识、技能、方法 学段2 学段3 学段4

北京十一学校 2012 级四年制高中第 6 学段　2013 级
三年制高中第 2 学段　地理教与学质量诊断（笔试）
试卷（2014.1）
总分：90 分　　时间：90 分钟
诊断设计者：马文华　何永德　汪春燕

一、绘图、填图题（20 分）

1. 在图 1 中填绘完成地球圈层结构示意图。（8 分）
要求：在相应位置注明圈层的名称；在图例中括号内注明内部圈层和外部圈层。

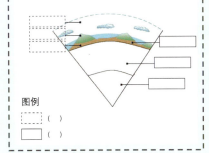

图例

☐（ 　）
☐（ 　）

口试内容随机抽取下列考试内容（绘制简图），在规定时间内完成

说明回归年内太阳直射点的移动过程（5 分钟）。

说明地球的自转或公转的地理意义（5 分钟）。

说明大气的受热过程（5 分钟）。

运用热力环流原理说明海陆风的形成过程（5 分钟）。

运用热力环流原理说明山谷风的形成过程（5 分钟）。

运用热力环流原理说明城郊风的形成过程（5 分钟）。

说明气压带风带的季节性移动原因及过程（5 分钟）。

说明海陆间水循环的过程及包含的环节（5 分钟）。

说明一个地区冷锋过境的天气变化过程（5 分钟）。

……

诊断命题宏观精雕

诊断从命题到测试再到诊断分析，是一个宏观把握教学目标、统一标准化的过程。

诊断命题微观细刻

诊断对象涉及教与学所包含的教师和学生及其他资源，是一个微观调整学习方法、关注个别化的过程。

考查内容（知识能力、思想方法等）

外部圈层从外到里依次是大气圈、水圈、生物圈。

内部圈层从外到里依次是地壳、地幔和地核。

洋流分布模式，洋流的地理意义。

地方时的计算及原因分析。

地球运动的特征和地理意义。

气压场分布特点。

冷锋的天气特点。

依据天气图判断某地的天气状况。

气象灾害寒潮的危害。

依据气温和降水资料判断气候类型的步骤。

比较气候特征差异的方法。

……

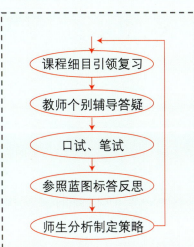

课程细目引领复习 → 教师个别辅导答疑 → 口试、笔试 → 参照蓝图标答反思 → 师生分析制定策略

精雕与细刻的统一

针对学生全体又针对学生个体

针对教也针对学
针对过去也针对未来

针对效益也针对效率

依托过程性评价，激发学习内动力

葛 莉

关键词：过程性评价／学习内动力／数学学习

概要描述

过程性评价既关注学习的效果，也关注学习的情态动机和方式过程。通过对过程性评价的探索、研究和实践，采用多种方式促进评价功能的发挥，帮助学生认识自我，建立自信，激发其内动力。

评价功能

诊断反馈　　回流导向　　学会评价

评价内容

过程性评价采取目标与过程并重的价值取向，对学习的动机效果、过程以及与学习密切相关的非智力因素进行全面评价。

研究意义

选课程 II 的很多学生对自己的学习过程和效果无法做出正确评估，在数学学习上内动力不足，缺乏持久性。

在选课走班模式下，学生学习状况的反馈和落实方式也与以往不同。

而过程性评价可以发现学生在学习过程中的问题和需求，对学生学习的过程有明显的回流作用，导向学习过程的不断修正，是促进学生发展，激发其内动力的媒介。

评价维度	学习态度	学习过程	学习结果
关注点	课堂常规、作业完成及问题解决是否及时等	自我管理、小组合作、自主学习、探究创新、数学活动等	绝对优秀＋相对进步；评价时注重学生发展的差异性，关注每一个学生的过去与现在，即注重个体的今昔比较，关注学生在不同侧面的变化，是否有成绩和素质的增值等

评价实施

主体多元

评价主体不仅有教师、伙伴和家长，也包括作为评价客体同时也是评价主体的学生。在评价过程中，教师努力让学生参与进来，采用开放性的学生自评、互评方法，促使学生对自己学习的过程进行积极反思和总结。

学生 1：你的作业做得十分出色，及时而且质量很高，甚至还能找出读本和细目的错误，十分细心。上课的时候，你大部分时间都在与老师互动，但还是有一些时间在发呆。你的读本上有许多对重点的标注。

学生 2：在考试和做作业中，你很少出错；但在课堂上，你却默默无闻。如果你能在课堂上大声表达自己的建议，相信你的学习成绩能在大家的帮助下更上一层楼。你在自学方面还有提升的空间，希望你能在自学的时候把重点画下来，在自学中找到不足的地方，进一步提高数学能力。

关注差异

评价时，充分考虑学生发展水平的差异。以作业为例。

布置作业：分层、分类。

诊断作业：全批全改／自我批改／互批互改／面批面改＋一对一指导。

评价作业：等级＋评语。

注重趣味

利用数学学习 APP，如洋葱数学 APP，记录学习成果，让学生在快乐和挑战中完成数学学习。

建立个性化的数学荣耀卡，对每个学生学习过程中的点滴成绩和进步给予记录和肯定。

定量＋定性

在过程评价中，量化方法和定性方法相结合。定量评价采取百分制和等级制的方法；定性评价采取评语形式进行成长记录，客观描述学生状况，以鼓励为主，挖掘学生潜能，激发学生热情。

初中语文原创试题命制策略

陈纹珊

背景分析

近年来，中考语文试题注重以知识为载体，考查学生"运用语文"的能力，同时要求学生有创新思维。试题呈现出"宽和活"的特点，人文气息浓厚，且越来越重视对传统文化的考查。

目的

我们试图通过原创试题的命制帮助学生找到语文学习的方向，帮助老师调整自己的教学重点和策略。

流程

1. 备课组内老师分模块承担任务。
2. 研究中考试题，把握试题基本思路与方向。
3. 分模块命题，集体打磨。

一、注重课内知识的运用，实现课内外知识的有效结合，尤其注重传统文化知识的渗透

借传统文化素材考查学生语言文字运用能力，无缝对接且接地气，并推动学生了解老北京的传统文化，一举多得。

> 12. 阅读下面北京老字号简表，选择你熟悉的内容，用"不必说……也不必说……单是……就有……"，写一段话。（4分）

种类	北京老字号
饭庄	全聚德、便宜坊、东来顺……
绸缎行	内联升、盛锡福……
药店	同仁堂、长春堂、万全堂……
茶庄	吴裕泰、元长厚、张一元……
……	

为机械背诵的文学常识设置了情境，改变学生对死记硬背知识题的传统认识。这种试题无论对老师还是对学生都能引发思考：该如何对待识记类的知识？

> 6. 古人常有手书前人名句的习惯，下列不可能发生的选项是（　　）。（2分）
> A. 孟子手书"有朋自远方来，不亦乐乎"。
> B. 苏轼手书"受任于败军之际，奉命于危难之间"。
> C. 宋濂手书"不以物喜，不以己悲"。
> D. 陶渊明手书"山不在高，有仙则名；水不在深，有龙则灵"。

知识已经在题干中铺陈，此类题考查学生学习与运用知识的能力。

> 5. 北京人往往通过形象的名称，表示对胡同空间形态的态度。例如，"斜街——不是正规的街道"、"弯——不是笔直的胡同"、"耳朵眼——形容胡同的窄小"、"闷葫芦罐——一种只有进口没有出口的器物，告诉行人这里是死胡同"。下列不属于北京人通过形象的名称，表达自己对胡同空间形态态度的一项是（　　）（2分）
> A. 烟袋斜街　　B. 八道湾胡同　　C. 扁担胡同　　D. 三不老胡同

二、注重学生创新思维的培养

对名著阅读的考查跳出机械的识记，能够让学生在基本阅读的基础上选择并展示个性化的理解。这类试题能够充分展示学生的阅读个性，激发学生的阅读热情。

> 12. 根据你所读的《海底两万里》有关内容，完成第（1）——（3）题。（共5分）
> （1）《海底两万里》一问世，便因其构思巧妙、情节惊险而备受读者喜爱，出版社需要一版再版。
> 以下三个为封面备选方案。请结合作品的具体内容，帮助出版社选择最合适的一个并简要阐述理由。（2分）

（1）　　　　（2）　　　　（3）

我选（　　）理由：

三、引导学生关注生活

打开一张微信图片能够迅速拉近试题与学生之间的距离，激发学生的想象。曹文轩获"国际安徒生奖"这样的文学热点应该引起学生的关注与思考。原创试题希望能够引导学生关注时代、关注生活，努力从生活中汲取试题素材。

> 题一：一个孤独的小人，面对巨大的地球站在那里：我们熟悉的微信开启画面背景是一张名为"蓝色弹珠"的地球照片。照片拍摄于1972年12月7日，美国宇航员在阿波罗17号飞船上，用相机拍下了这张完整的地球照片。假如有一天早上醒来的你，发现自己就这样孤独地面对着巨大的地球，你会想到些什么？你认为会发生什么？
>
> 请自拟题目，展开想象，写一篇文章。
>
> 要求：内容具体，想象合理，文中不得出现真实的校名、人名，600~800字。

> 题目二：4月4日下午，在第53届意大利博洛尼亚国际童书展上，中国儿童文学作家曹文轩获得2016年度被誉为小诺贝尔文学奖的"国际安徒生奖"，这是中国作家第一次获得该奖项。我校准备邀请曹文轩老师，于4月26日下午4:15在学校报告中心做主题讲座。请你参考"曹文轩简介"的有关材料，以学生会的名义为该讲座撰写一段有吸引力的海报语。
>
> 要求：内容真实具体，语言得体，字数控制在150~200字。写作中无须考虑海报格式。
>
> 曹文轩简介：中国儿童文学作家，北京大学教授，儿童文学委员会委员。主要作品有小说《草房子》《青铜葵花》《山羊不吃天堂草》《根鸟》等。"国际安徒生奖评"委员会主席帕奇·亚当娜称曹文轩"用诗意如水的笔触，描写原生活中一些真实而哀伤的瞬间"。

利用课程评价促进初中数学教与学的实践研究

高利河

概要描述

项目针对不同层级学生的思维水平、现有知识储备、学习个性、对学科的情感等存在的差异，从不同层级学生认可的评价项目及评价方式出发，制定不同层级的评价方案，并制定基于评价的各层教学目标、策略，促进学与教。

实践效果

1. 各层达到预期教学目标，优秀生及中档生比例在全区考试中逐次增加。

2. 学困生对数学学科的情感、态度发生了积极转变。

3. 教师通过评价数据对教学进行了反思、改进，形成正确的学生观。

展望设想

1. 不断提高教师利用评价数据改进教学的意识，促进教师的专业发展。2. 坚持做好各层级、班级内不同层级学生的个性化作业。3. 评价要关注学生的差异、学生的发展以及学生的潜能。

实践过程

一、制定针对初中数学分层课程的有效的过程性评价指标及策略

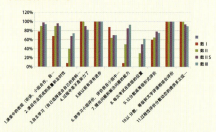

你希望通过哪些方面和什么方式判断你学习努力的程度和学习质量

通过学生问卷调查，了解各层级学生认可的评价指标及评价方式，制定各层级评价指标及评价策略。

二、具体实施的过程及方法

本着有效性和易操作的原则，将课堂口头评价、课后作业评语、上传平台分数及评语相结合，师评和自评相结合。

学生阶段性自评量表

三、制定基于过程性评价的初中数学分层课程的教学目标、教学策略

各层教学目标：数学Ⅲ和数学Ⅱs为拓展目标，数学Ⅱ为发展目标，数学Ⅰ为基础目标。

各层教学策略

数学Ⅲ和数学Ⅱs层：以自主学习为主，教师指导、讲解为辅，并适时验收；数学Ⅱ层："放"和"扶"相结合，激励为主，培养班级领头羊；数学Ⅰ层：全面讲解和示范，注重"教—练—教—改"和合作学习。

四、调研新的过程性评价对学生学习行为、教师行为的影响

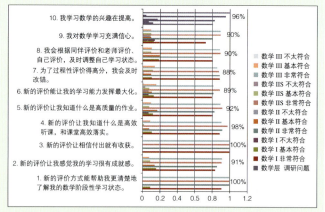

新的评价对学生数学学习的影响

从反馈数据可以看出，评价有效地激发了学生的学习兴趣，促使了教师改善教学。

五、各层评价的策略、教学目标与考试成绩匹配度的研究

整理海淀区的几次大考成绩，各层都达到了我们预期的教学目标和评价目标，并且情况一次比一次好，这说明从学生认可程度出发的评价以及基于这种评价的教学目标的设定，是与各层学生的学生能力、学习个性相符的，是一种有效的评价。

过程性评价的三个时代

朱则光

过程性评价是为了帮助学生管理自己的学习过程，使每一个学生都能科学地学习，以免造成间断性的缺失。我们对过程性评价的认识和探索，跨过了三个台阶，经历了三个时代。

唯恐不公——一把尺子衡量所有学生是最大的不公平。

追求公平的时代

唯恐不争——仅凭分数的高低无法调动内动力。

追求竞争的时代

尊重差异——一切着眼于学生的发展。

追求发展的时代

着眼于学生发展的过程性评价

任务组块　改每天零散布置作业为每周一次性布置作业，自主规划完成作业的节奏和上交的时间。

申请缓交　改整齐划一、迟交扣分的硬性规定为可以申请有理由缓交，不影响得分。

重测制度　改一次评价，分数不可更改为可以申请多次提交或重测，按最高分计入评价。

非正式评价　改过去只有平台计分的官方正式评价为多种非正式评价并存。

非正式评价

男女背诵大比拼
阅读江湖
课前小测大晋级

12班	儒生	秀才	举人	进士	庶吉士	翰林编修	内阁侍读	侍讲学士	掌院学士	太子少师	太子太师	东阁大学士	文渊阁大学士	天子帝师	百科大儒
男生组															
女生组															

男女背诵大比拼

课前小测大晋级

姓名	从九品	正九品	从八品	正八品	从七品	正七品	从六品	正六品	从五品	正五品	从四品	正四品	从三品	正三品	从二品	正二品	从一品	正一品

诊断促进教与学效果分析

贺思轩　张国春　朱　燕　范明捷　董卓力

痛点分析

1. 诊断如何促进教与学。
2. 设计诊断的资源如何更加丰富。
3. 诊断平台的建设如何才能更加高效。
4. 我们该怎样去学会诊断数据分析。

解决方案

1. 在年级小范围建设诊断资源库。
2. 根据不同的诊断目的，设计诊断的题目。
3. 利用极课进行诊断数据分析。
4. 与学生共同解读极课数据，推送诊断后巩固练习。

实施效果

我们在直升初二数学实施了初步的想法。前诊断的设计确实能督促学生认真看书，前诊断类似题型如下左图。后诊断的设计也能帮助学生认清自己所欠缺的方面，能够较好地促进学生去反思、改进。

实施过程中的难点

1. 试题的编制很费脑力。
2. 诊断的数据解读因为时间关系，没有很好地实现个别化。
3. 资源的准备很费时间。
4. 持续的追踪不好做，总在追赶中。

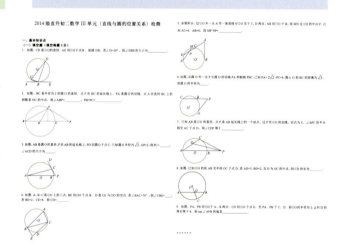

北京市十一学校数学 III 单元自学检测试题《数列》

姓名＿＿＿＿　教学班＿＿＿＿

诊断设计者：李久权　贺思轩　张国春　赵寅　龚泽　赵青　孟佳音

满分：100 分　时间：120 分钟

模块一

（设计理念：通过适当的语言叙述，将所考察的知识点串联起来，使得学生通过阅读就能顺利回答相应的问题，并能够体会出这些知识点之间的联系。）

【数列及相关概念】

1. 我们将一定顺序排列的一列数叫数列，前面我们学习过集合，那么请问数列与数集的区别＿＿＿＿＿＿＿。（帮助学生更好理解定义，让学生知道定义是每一个数学概念的核心，学习中要重视它）

2. 数列的每一个数叫项，这个数所在的位置叫项数，项和项数的关系是数列中的重要关系，如果 a_n 为数列 $\{a_n\}$ 的第 8 项，那么它是数列 $\{a_{2n}\}$ 的第＿＿＿＿项，又是数列 $\{a_{2n}\}$ 的第＿＿＿＿项。（帮助学生厘清关键点：数列中项与项，项与项数都是非常重要的关系，项与项的关系就是递推公式，项与项数的关系就是通项公式）

3. 同样我们都知道数列是一种特殊的函数，如果将函数 $f(x)=3x+1$ 中的 x 依次取正自然数，1，2，3，…，n，得到一列函数值：4，7，10，…，$3n+1$，……，构成一个数列，其首项是 $f(1)=4$，第二项是 $f(2)=7$，第 n 项是 $f(n)=$＿＿＿＿。我……

诊断的类型及分析

自学自我诊断：这个诊断帮助学生认清自己看书是否到位，对知识点和试题是否有过认真分析。

教学前诊断：这个诊断帮助老师了解自己的学生看书的效果，从而指导今后教学的侧重点。

课堂诊断：这个诊断是为了促进问题的生成，或者是帮助师生理解某一个问题。

作业诊断：专门诊断作业的效果，为了让学生更加重视作业，知道该如何写作业，作业并非简单做题。

知识点诊断：这个诊断是针对某一个知识点的，有利于学生更加深入地理解该知识点，一般适用于重要的知识点。

单元诊断：对一个单元教与学的诊断，帮助老师了解本单元重要的问题学生是否清楚；帮助学生了解自己这一章的学习情况，以及自己在学习这一章时使用的学习方法是否有效。

学段诊断：帮助学生了解自己的综合能力，以及长时间的控制能力怎么样，也帮助老师了解学生在哪些方面有较好的变化，从而更好地制定下一学段的教学规划。

诊断类型　　　诊断资源　　　诊断分析

高中英语词汇平时诊断研究

范明婕

概要描述

本研究包含 8 项内容：高中英语精读词汇测试样例、《空中英语教师》杂志测试样例、《彭蒙惠英语》杂志测试样例、高中英语十一学校校本教材某单元词汇练习、四级词汇测试、高考词汇测试、学生常用听写网站介绍、学生常用背单词 APP 介绍。

实践背景

如何恰当使用平时诊断推动学生词汇自主学习是高中英语一直以来的困惑。从 2014 年至 2016 年，高一英语备课组根据学生的实际水平，思考如何多维度助推词汇自主学习。

词汇平时诊断设计过程

四高一学生词汇量偏小，阅读原版书能力有待提升

从词汇泛记出发，抓识读，放拼写

学生每周记忆后的检测，对应识读而不对应拼写

四高一结束，学生积累了一定词汇量，开始转向词汇精读，并要求记忆用法

高一泛记单词打卡方式开发与研究

实践过程

一、四高一阶段完成英语词汇泛记。

二、四高一后半段开始尝试词汇精读记忆。

三、高一阶段全面开启英语词汇精读记忆，并与泛记相结合。

实践过程中遇到的难点

1. 如何通过平时诊断激发学生的自主性。

2. 针对不能坚持的学生如何通过检测进行有效激励。

3. 云平台的反馈是否得到学生的及时关注。

实践效果与未来改进计划

1. 2016 年高一结束时，绝大部分学生不用借助工具书，能够自主无障碍阅读《空中英语教师》杂志以及类似 *The Giver* 难度的英文原版书；100 人左右可以不用借助工具书，能够自主无障碍阅读《彭蒙惠英语》杂志和更经典的英文原版书。

2. 定期统计学生背单词的困惑并分析研究。

课前小测在四高一物理教学中的作用分析

孙 汉

问题和背景

在四高一物理教学中，动力学，特别是牛顿第二定律的应用，大量的物理过程都需要学生对前面知识有一个较为完整的掌握。

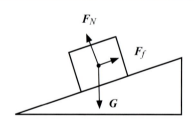

似是而非
相似易错 ⟩ 明确辨析
略感熟悉

求沿粗糙固定斜面自由下滑物块的加速度。

回顾通常斜面，促使思考求解步骤，预热分析过程。

结论

课前小测，是用几分钟时间引导学生集中精力尝试把以前的经验放到新情况上，作出问题的深度预热，以便大幅度提高课堂效率。

举例分析

当课堂上涉及的问题时，

某人质量为 m，站在倾角为 θ 的扶梯上，相对扶梯静止不动。当扶梯以加速度 a 向上加速运行时，人受到扶梯的摩擦力是多少？

方向：角向斜上方加速的
大小：$F_合 = ma$。

人：重力、支持力、摩擦力。
三力不平衡，这点与静力学不同。

通常斜面：正交分解
本题：斜面 + 平面 = ？

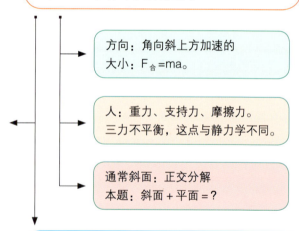

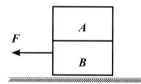

求恒力下共同加速的物块之间的摩擦力。
思考摩擦力是否存在，方向如何判断。

促进教与学的诊断考试
——试卷质量评价研究

张国春　吴征辉　王向红　贾祥雪　赵　蓓　王延楠　霍　轶　赵　俊　崔君强　陈秀波　等

关键词

诊断考试 / 评价 / 核心素养

概要描述

　　诊断考试的诊断效果在很大程度上取决于试卷质量的高低。诊断考试既要关注学生学习的结果，也要重视学习过程；既要重视学生知识、技能目标的实现，更要重视学生核心素养的形成。因此，如何评价一份试卷就显得尤为重要。

选题背景、痛点

　　长期以来，我们对试卷质量的分析一直局限于经验层面，缺乏规范、系统和科学的研究。因此，对试卷质量进行理论与实证相结合的研究，判断一份试卷是否高质量、是否符合学科特点、是否符合学生的学习特点等就变得尤为重要。

诊断工作流程

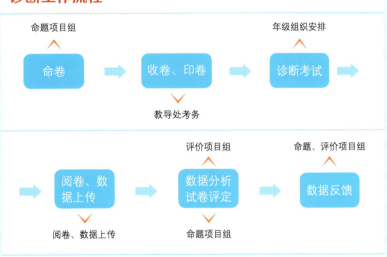

研究内容

　　1. 研究制定出具有共性特征的学校各课程的"好试卷"核心标准。

　　2. 在共性特征基础上，研究制定出部分课程符合自身个性特征的标准。

　　3. 研究制定出部分课程可行的试卷质量评价体系。

　　4. 根据个性化特征、"好试卷"标准及试卷质量评价体系，对该课程试卷进行评价。

　　5. 优秀试卷分析报告。

试卷质量评价纬度

　　教师问卷（35分），评分标准：对每个项目，5表示"非常符合"，4表示"符合"，3表示"基本符合"，2表示"不太符合"，1表示"不符合"。

　　维度　考查内容及要求（12分）　命题技术及规范（17分）　考试操作因素（6分）

　　试卷质量的基本要求

　　1. 试卷考查符合该课程标准规定的学校素养要求、重视能力考查

　　2. 试卷命制符合一致、遵循命题蓝图的要求，学、考一致。

　　3. 试卷题量与考试时间设置合理。

　　4. 试卷总体难度适宜、试题梯度和区分度合理。

　　……

工具、方法展示

　　北京市十一学校 2015 - 2016 学年第一学期第 1 学段教学检测

　　直升高一语文学科分析报告

　　一、试卷基本情况

　　……

　　二、命题思想

　　……

　　试卷评价分数表

得分	平均分	标准差系数（%）	正态分布偏差率	难度分布率	区分度分布率	考试信度
90 - 100	65 - 75	0 - 20	0 - 0.15	0 - 0.15	0 - 0.15	0.9 - 0.99
……						

学生教育篇
教育源于走进真实

　　长期以来，教育工作者往往会陷入"教书"和"育人"两张皮的困境之中，甚至于学生常常这样介绍自己的老师　"这位是我们的语文老师，那位是我们的自然老师"；更有甚者还会这样介绍　"这位是一年级的数学老师，那位是五年级班主任"。我们已经习以为常了——原本是以一个个完整而真实的人存在的教师不知不觉中被分割成带有学科边界或特定角色身份的"局部人"。记得有人问美国优秀教师雷夫"您是教什么的"，雷夫回答"我是教学生的"。这给我们带来深深的警醒，育人才是教师职业的应有之义，只不过我们是在用教学、学术等方式与学生打交道。

　　本辑的海报精彩地呈现了北京十一学校老师们的育人方式，他们在取消行政班、基于学生高选择的选课走班背景下创造的丰富多彩的方法、绝招和策略，给正在为转型苦恼的学校和老师带来一线光亮，因为老师们使用的方法是在大量的经验、教训的基础上创造的。这些方法将为读者节省摸索的时间。

　　更重要的是，这些海报集结在一起同样传递着一条规律，那就是如果只是通过传统意义上的做好学生的思想工作，或通过统一的有标准答案的德育活动就试图扭转学生的"错误行为"，以达到我们所期待的目标，那只能是收效甚微的。而十一学位老师们的实践告诉我们，可以从本学科的学习出发，与学生展开一段"亲其师，信其道"的专业交往；然后，在过程中，努力读懂每一个学生的表情、态度及问题背后的问题，在此基础上继续在专业的道路上加以引导，是一条非常有效的路径。同时，将在这一过程中的发现，及时提供给教育顾问或咨询师，甚至启动共同会诊机制。只有这样，在教师的眼睛里学生才是具体的、真实的。

　　与学生交往的过程中，师生间的关系一定是平等的。要让学生感受到教师也有不懂的，也会有情绪，也对各种流行、潮流感兴趣，甚至也会有失败或沮丧的时候。只有真实对真实的交往，才会产生真正的教育力量。

艺术不"止"于表现

王 泽

为何而舞，为何而歌，为何而弹，为何而演

——为何而拥有艺术

"赫赫"和"石头"

爱跳舞的"赫赫"选报了两年的戏剧课，经历大小演出无数，每天下午4:30后的时光，他都挥汗如雨练习着新动作，每出一个技巧，就立刻模仿，久而久之，变成了"舞技达人"。但问他为什么这样跳，却说不出究竟。

在高三毕业典礼上，不善言辞的他被鼓励用舞蹈来表达"离愁"。这段毫无思考痕迹的"技巧"，甚至将"奋力而直白的跳跃"融入其中的舞蹈，赢得了热烈的掌声。走下舞台，他感叹："从未跳得如此痛快！"

"石头"被考试压得有点透不过气来，艺术课上他更是无精打采。分发道具时，一顶帽子却让他眼睛里掠过一丝光线。

抓住机会，为他和帽子造了一个角色，再配上班里最好的"主演"，"石头"竟把现实的压力变成故事在舞台上"表达"。事后他说："也许戏中的表现在观众眼里算不上完美，但我却用自己的表达换来了别样的精彩。"

It's Show Time

"霹雳小子"和"Piano guy"

"霹雳小子"的表演技能着实不赖，得到大家的关注是他一直渴望的事。一入课堂就要求老师必须把他的表演单独呈现，而忽略其他伙伴。

用一个剧情将他的优点和别人串联，让他变身表演"小老师"，在合作中促进对自身表演的改善。最后，"霹雳小子"也说："一个人的表现原来不是最终的精彩！"

"Piano guy"钢琴弹得狂快，他认为速度是最能表现乐器技能的手段。课间"洋洋自得"的表演常常换来"扰民"的评价。

他自问："我技术这么好，曲子这么难，为什么没有粉丝？"而读懂乐曲的表达让他安静下来，不再只追求技术的表现，一首小曲也能博得喝彩。

3个人的灯光社

只有3个成员的社团看似"奇葩"，玩灯光也实属"边缘"，戏剧课上他们看似没有表演，却时时都在用色彩和光线"表达"。

这种默默无声，规模和影响力似乎都"弱小"的群体竟赢得了5星社团的名号，承担起所有大型活动的灯光设计，甚至连中央电视台一线人员都不太懂的老型号灯光也被他们"编码"串接了起来。

他们大多不太自信，但又希望"表达自我"。在舞台上，他们说："虽然没有站在聚光灯下，但在灯光亮起时感受到了自己的重要。"

艺术不"止"于表现

需要表达自我情感，调节自我状态。
需要合作妥协、换位聆听，让表现忠于表达。
需要成就别人，点亮自己。

如何让课堂教学效益不止于 45 分钟

郭祥峰

问题概述

选课走班后，除了上课时间，一天之内很难再见到学生，所以我们急于利用课上时间处理各种问题：收交作业、检查前一天的自学情况、布置当天作业、前一天的作业情况反馈、处理个别同学的问题……教师忙得焦头烂额，时间就这样过去，那么怎样才能保证课堂教学效益不止于 45 分钟呢？

针对痛点

面对这些情况，教师应该大胆创新，敢于让学生自己管理，教师不能事事包办代替，要让学生成为教师的得力助手，同时教师要扮演组织者、协调者、指导者的角色。另一方面，教师还要引导学生用好网络，借助微信等平台辅助教师解决作业、和个别学生沟通、疑难解答等问题。

实施步骤

1. 将学习小组和小组管理有机地结合在一起。

2. 在教学班级中按既有优生又有潜能生的原则四人一组进行分组，再按照学生自荐、推荐和教师择优的原则，选出两个课代表、六个大组长。

3. 建立金字塔式的管理模式，解决收交作业、检查前一天的自学情况等问题：第一级是教师，第二级是课代表，第三级是大组长，第四级是学生。

4. 建立教学班微信群，明确此群只用于学习交流：可以讨论作业中的问题、教师发布当天的作业并反馈作业情况、上传学习资料（答案、电子版资料等）和个别学生进行沟通，让课堂向课外延伸。

学生管理让自学更加到位

学生管理让课堂向外延伸

发布作业、与学生沟通问题，节省课堂时间，提高课堂效率

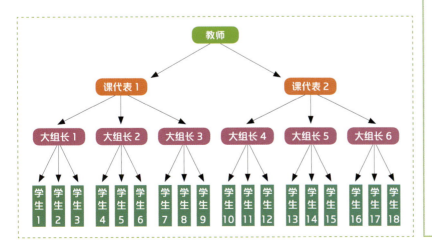

用工具丈量思维

——可视化思维工具在学生思想培养中的作用

戴 冲

概要描述

逻辑能力、理性思考、批判性思维、对知识体系的认识和对未知领域的不断创新等，这些因素共同为高品质思想的形成奠定基础。我们将此种能力定义为思想力。而这种能力恰恰是当代中国基础教育课程设计中十分缺乏的。学校课程理应为学习者的思想能力、思维水平的提高提供平台。在这一理念的指引下，十一学校开始组建跨学科教师团队并进行思想力课程的设计，2015—2016年第二学期，在模拟联合国社团选修课堂上，进行了初步实践。

实践背景

01 如何提升思想力

02 掌握思维工具很重要

03 用可视化思维工具打破思想壁垒

04 使用工具完成学术任务

实践效果

1. 分组讨论的精心设计，议题的挑战性，跨学科特征，激发了学生的讨论热情，这是课程顺利实施的基础。

2. 学生对可视化思维工具的掌握速度超出课程设计者的预期，而且能够很快将其运用到议题分析、调研的实践中。

3. 在展示环节，各组的发言和质询非常热烈，但仍然存在问题有效性不足、展示能力欠缺等情况，这说明在演讲、辩论方面需要加强学生逻辑能力、表达能力的培养。

4. 组内自评、互评，由于缺少评价量化工具，显得草率。这一点可以在今后通过设计更为精细的量表得到解决。评价者工作很积极，最后形成的评估报告有一定水平。

实践过程

1. 分组。学生分组，5人一组，组内分工，包括主持人、发言者、协调者、记录者和评价者。注意：角色并不固定，而是在组内成员之间流转。

2. 议题。选择一个议题，提供给各个小组。注意：议题应有较强的综合性、一定的研究深度和跨学科的特点。

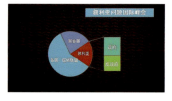

3. 工具。共同学习可视化思维工具，并运用这些工具完成对议题的分析和调研。注意：每一种工具的学习都要和议题分析本身紧密结合，并充分运用组内分工，调动每一个人的积极性，发挥每一个人的作用。

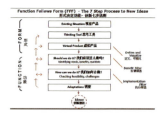
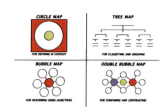

4. 辩论。各组将在规定时间内展示自己使用工具分析议题的成果，并接受其他小组学生的质询。这将进一步深化学习者对可视化思维工具的认识，同时可以培养学生辩论、演讲、质疑的能力。

5. 评价。教师应随时记录学生的表现，并形成量化评价结果。同时，组内自评、互评也非常重要。而各组评价者，将在课程结束后提交基于自己观察的评价报告。这些评价记录都将呈现在每一个参与课程的学生面前。

学生做评委，老师做观众

袁朝阳

概要描述

　　"影视剪辑与特效处理技术"课程需要学生完成三个作品的剪辑制作任务。如何通过作品评价促进自己的课程效果与质量的提升呢？转变过去单纯由老师进行评价打分的办法，让学生们参与到作品的评价中，这样大家既是节目制作者，又是节目的观众与评委，收到了非常好的效果。

具体流程

　　1. 老师根据完成作品需要掌握的技术与知识要点设计作品评价指标，提前打印评价表格。

　　2. 在规定时间内完成作品的提交。每个小组推荐或者自荐一名同学，成立6人评委小组。

　　3. 老师向全班解释评价标准与打分办法。

　　4. 在大屏幕上逐个展映每个小组的作品，评委根据自己的独立判断给作品打分。

　　5. 评价结束后，计算每个作品的平均得分，该分数将成为终结性评价成绩的组成部分。

实践效果

　　1. 调动了学生参与课堂活动的积极性与工作热情。

　　2. 参与评价作品，激发了创新意识，提升了创作水平。

　　3. 有助于培养社会责任感，有助于培养公平、公正、客观的社会意识。

教育顾问的"三顾"、"三问"

曹书德

问题背景

选课走班之后，学生没有了固定的班级，也就没有了班主任，教育顾问便应运而生。教育顾问服务于全体师生的学习和生活，应对所在年级的生生之间、师生之间的矛盾，促进学科教学向学科教育转变。

顾"节点"

开学前规则制定

重大活动前事项提醒

节庆日活动方案

校园文化日课程实施

让学生认同规则

顾"同伴"

建立学长引领管道

关注学生社团

参与学生自组织活动

解决生生之间的矛盾

让学生影响学生

顾"舆情"

评论社会热点新闻

参与校园新闻发布

指导自媒体建设

介入学生的问题辩论

让学生成为公民

问"梦想"

以不同方式展示学生的梦想

设计"梦想路径"

建立"梦想加油站"

唤醒学生的内动力

问"感受"

所有活动由学生策划

时常进行问卷调查

有针对性地培训家长

疏导特殊学生心理

从学生视角看问题

问"个性"

全面了解学生的经历

寻找适合学生的导师

有区别地教育学生

知晓学生的特殊性

咨询师走近学生的五条工作路径

史建筑　马玲坤　杨春艳　霍　轶　邓靖武

咨询师团队在学生需要的时候帮助学生调整心态（学习心态、生活心态），调整学生的心理，影响学生的心志；帮助学生规划自己的学业，逐步明确自己喜欢的专业，想象并体验将来可能的职业，憧憬自己未来的事业。

路径 1：基于工作坊的个别化交流

形式：一对一或者小范围交流，分为预约式和随机式。
内容：学业发展、生涯规划、个性发展、家教指导。

要点

· 对咨询者进行专业的学习诊断，检测学生的学习类型、学习目标、记忆方法、学习心得、时间管理、应试技能、学习潜能等多项学习的内在因素。

· 分析、诊断学生的学习状况，制定辅导计划与方案。

· 调整咨询者潜意识学习动机、信念，更新其学习认知，增强其学习热情与积极性，帮助咨询者掌握正确的学习方法，提高学习技能；帮助咨询者提高心理素质，完善健全人格，开发潜能，增强自我调整、自我更新的能力。

· 帮助咨询者全面了解自我优势智能和职业人格，发现自己的志趣爱好，选择适合的发展方向，科学地制订生涯规划。

· 提供家庭教育指导服务，帮助家长改善亲子关系，并为家长自我教育、自我发展提供学习咨询。

路径 2：基于学生需求的高校参访工作及招生咨询工作

基于学生的需求组织学生实地参访高校，联系学长面对面答疑解惑。

路径 3：基于不同类别学生的成长专题沙龙

目标定位

"成长接力"专题沙龙旨在通过组织部分学生与嘉宾（学生

或教师）就某一学生感兴趣的话题进行讨论、深入交流，并将交流的结果以宣传海报等形式推送给更多学生，以期从积极、正确的方向上影响学生并促进学生成长。

实施流程

1. 确定本期主题。
2. 聘请本期沙龙主持人和工作人员（以学生为主）。
3. 针对主题设计调查问卷。
4. 面向潜在对象发放问卷。
5. 收集、整理学生感兴趣的问题。
6. 确定本期沙龙讨论的重点问题。
7. 邀请相关嘉宾学生和教师，同时制定本期沙龙宣传海报。
8. 讨论与交流。
9. 沙龙内容备案，供后续参考。

路径 4：基于解决学生共同性问题的讲座及宣传工作

工作要点：大会发言、考场写作往往针对现实问题而进行，将其中优秀的内容纳入宣传，能使这些文字具有长效性。

路径 5：针对学优生的个性化工作

工作要点：分析学生的个性品质、学习特点、优劣特学科，和任课老师一起交流、座谈，帮助、引领每一个学生形成适合自己的学习规划。

如何通过白板"链接"学生

武会林

说明

在走班制教学模式下，老师们的共同感受是：和学生的接触越来越少。

我们一定要和学生"接触"吗？

未必！

我们可通过各种方式与学生沟通和交流。白板就是其中之一。

步骤

白板 ➡ 利用 ➡ 展示 ➡ 探究 ➡ 解决问题 ➡ 方法展示

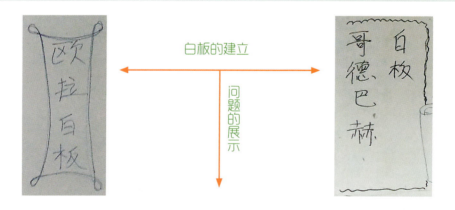

白板的建立

问题的展示

问题在解决

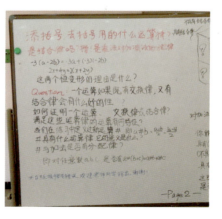

方法在展示

教育顾问工作过程中人性化与流程化之间的矛盾与统一

张兆利

序言

毋庸置疑，学校是培养和教育学生的场所，是学生融入社会的实习基地。

学生在学校违反校规，犯错误是正常的。

矛盾

教育者与被教育者的矛盾，即师生矛盾，必然存在。如何使得受教育者有所感悟和进步？如何使得教育者不再畏首畏尾？如何化解这对矛盾呢？

数据采集

由于实施了项目组管理方式，某个同学的"行圆"分数将被不同的项目组、不同的教师，甚至家长志愿者在不同的场所收集，从而保证了数据的客观性。

流程化

在数据收集的前提下，学生达到不同的"行圆"分数就会接受不同的奖惩并写进教育流程。由于用文件《学生手册》的方式提前告知学生，师生矛盾大大化解。

对犯错误的学生而言，最好的教育是自我教育，也就是承担犯错误带来的结果。面对不同的学生相同的问题，教育流程应该遵循一致性，教育方式应有针对性，以达到人性化、最佳的效果。

我们希望能够从矛盾的个体、个案中获取灵感，启迪智慧，建立标准化的流程，使学生在受教的流程中获得最大限度的自我教育、自我反思、自我成长，使教师在教育流程中获得尊重，获得学生信任，避免冲突。一句话：教育的结果是被教育者与教育者获得最大益处，将人性化与流程化之间表面的矛盾统一起来。

高中咨询师的三个工作抓手

侯敏华

咨询师工作职责：心理疏导 / 学业规划 / 职业规划

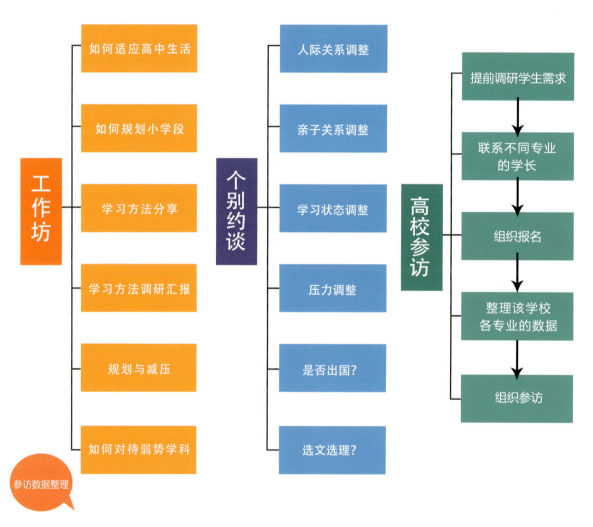

2014 年 3 月 9 日清华大学参访人员名单

序号	姓名	希望了解的专业		参访时最关心的问题		
1	高某	应用心理学	服装设计	近几年就业情况怎么样？学	什么？适合什么样的人学？有没有什么特殊要求？	
2	高某（女）	金融	药学	高二下学期应做哪些备考准备？	考前心态调节。	自招与平时学习的时间分配。
……	……	……	……	……	……	……

坚持"双规"，助学生成长
——那些实用的成长规划表

何玉玲

概要描述

快乐的校园生活离不开规则与规划。对于成长中的学生而言，规则将他们连在一起，使他们在校园特有的诸多游戏中合作共赢；规划则没有容易到人人可为，心怀大志不如脚踏实地去实践一个又一个合理而不凡的计划。教师要有"双规"意识，并将二者合一，帮助学生在某个时间点、空间点，遵守规则，执行规划，助力学生基本素质的养成。

实践背景

受各方面因素影响，初一、初二的学生在规则意识、规划策略等方面的分化凸显，如何帮助更多学生拥有规则、规划素养，成为新模式学习中教师应该担当的职责。开发一些可行的工具，如表格等，成为务实的首选。

实践过程

规则

展示规划 ➡ 明确要求 ➡ 逐条自省 ➡

执行规则 ➡ 不定期评价（违规处理）

规划

主题内涵 ➡ 自我分析 ➡ 预期目标 ➡

突破项目 ➡ 助力资源 ➡ 落实规划 ➡

自我评价 ➡ 规划调整

实践过程中遇到的难点

在一些关键的时间点和空间点明确规划，再把做的事按时间、项目规划好，有利于学生更严谨地落实，以达到更好效果，培养自我规划素养。

学生成长档案

姓名		性别		出生年月日		现地址		
学号				身份证号码		健康状况（有无特异体质特征）		
兴趣爱好					擅长学科			
最大优点					最大缺点			
偶像								
座右铭								
理想								
学习方式及主要特点								
一日生活习惯（在校）								
一日生活习惯（在家）								
监护人	关系	姓名			手机号		其他联系方式	
	父亲							
	母亲							
其他联系人								
其他需说明或提供的信息								

用改变自我的姿态去做晚自习常规管理
——促进师生的学习、接纳、成长、进步

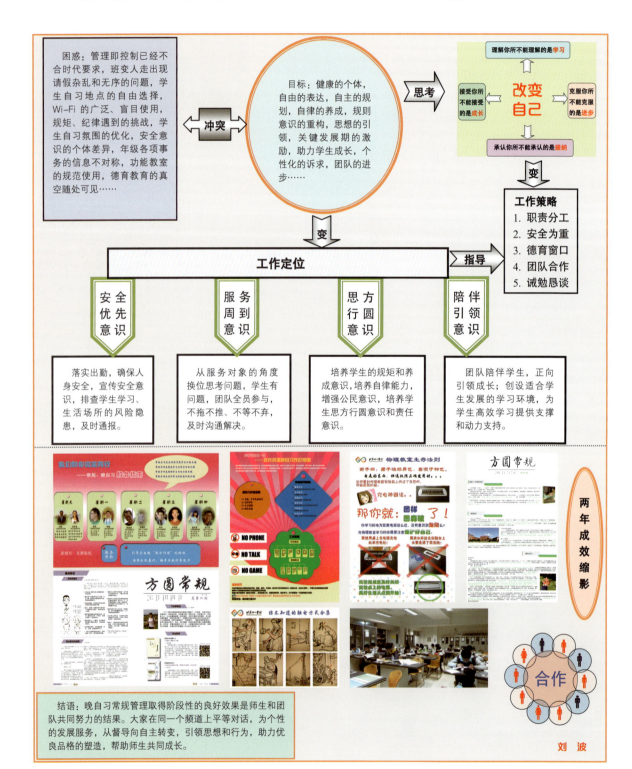

困惑：管理即控制已经不合时代要求，班变人走出现请假杂乱和无序的问题，学生自习地点的自由选择，Wi-Fi 的广泛、盲目使用，规矩、纪律遇到的挑战，学生自习氛围的优化，安全意识的个体差异，年级各项事务的信息不对称，功能教室的规范使用，德育教育的真空随处可见……

目标：健康的个体，自由的表达，自主的规划，自律的养成，规则意识的重构，思想的引领，关键发展期的激励，助力学生成长，个性化的诉求，团队的进步……

冲突

思考

理解你所不能理解的是学习
接受你所不能接受的是成长
改变自己
克服你所不能克服的是进步
承认你所不能承认的是接纳

变

工作策略
1. 职责分工
2. 安全为重
3. 德育窗口
4. 团队合作
5. 诚勉恳谈

变

工作定位

指导

安全优先意识

服务周到意识

思方行圆意识

陪伴引领意识

落实出勤，确保人身安全，宣传安全意识，排查学生学习、生活场所的风险隐患，及时通报。

从服务对象的角度换位思考问题，学生有问题，团队全员参与，不拖不推、不等不弃，及时沟通解决。

培养学生的规矩和养成意识，培养自律能力，增强公民意识，培养学生思方行圆意识和责任意识。

团队陪伴学生，正向引领成长；创设适合学生发展的学习环境，为学生高效学习提供支撑和动力支持。

两年成效缩影

合作

结语：晚自习常规管理取得阶段性的良好效果是师生和团队共同努力的结果。大家在同一个频道上平等对话，为个性的发展服务，从督导向自主转变，引领思想和行为，助力优良品格的塑造，帮助师生共同成长。

刘　波

学生"隐形问题"的发现与关注

赵玉双

概要描述

伴随着培养学生的独立意识，孤独学生产生并不断增加。表面看这些学生似乎没有任何问题，而实际上他们在学习、生活中存在对未来茫然、社交关系紧张以及处于学习泥淖期等隐形问题。如何及时发现并引导学生处理问题，关注到学生纠结的点，找到困扰的根源，是选课走班制中教师面临的新问题。因此，对学生"隐形问题"的特殊关注和管理成为现阶段教育的关键。

调研方法

问卷星
专业的在线问卷调查平台

因为信任 所以简单
发自内心的微笑是最美的微信表情符号

针对性问卷调查　　信任的对话调研

调研结果

1. "隐形问题学生"的类型

A类　性格倔强，自尊心很强，拒绝和任何比自己优秀的人一起玩耍

隐形问题学生"类型

B类　有固定的玩伴，有自己的兴趣和爱好，只与兴趣相投的孩子交朋友

C类　性格独立，略带清高，开朗不失严谨，主见性很强但又有迷茫的地方，别人很难融入他们，他们也很难接受别人

2. 学生"隐形问题"的成因

A类成因

很在意别人对自己的看法。

自我期望很高但行动力很差，惰性大，学习主动性差，不愿意付出很大努力却希望获得很大成功。同时，对未来生活缺少合理规划。

B类成因

对自己要求不高，"差不多就得了"的心态，对未来迷茫、缺少规划。这类孩子往往处于一种得过且过的状态。

C类成因

很少关心、了解他人。对朋友的选择很慎重，不熟悉的人很难走近他。一旦有适合他的朋友人选，会成为他很铁的伙伴。有宏伟的理想与愿望，也知道自己努力的方向，但仍存在迷茫的地方。

3. "隐形问题"的有效解决策略

信任的鼓励

梦想是所有行动的原动力，信任是一切行动的前提。信任的鼓励是基础。

规划的奥秘

规划是实现梦想的台阶，落实行动是规划的支撑。有规划的梦想才能变成现实。

陪伴的行动

梦想的实现既要知识的积累也要时间的积累，陪伴是最长久的后盾。付诸行动的陪伴，是梦想执行者坚强的后盾。

结论

基于信任，规划辅助

教师引导，陪伴后盾

学生发展，梦想实现

为每一个天使插上飞翔的翅膀

李玉玲

问题

初一第一学段结束后，导师班学生的成绩不尽如人意，班级的第一名未进年级前50，进入前200名的也仅有三人；学生对年级、学科活动的参与积极性不高，整体表现落后。

思考

作为导师，该如何帮助每个孩子寻找激发前行的内动力，为其插上适合飞翔的羽翼？

做法

1. 定位导师角色：及时发现，适时引导，高位引领。
2. 寻找每个孩子身上的"点"（闪光点或问题点），为其插上助力的翅膀。
3. 个别化关注，借势借力，以点带面。

创设平台——插上自信的翅膀

琪：学习好，目标是考入二四班，擅长英语。表达能力不强，不自信。

为其插上自信的翅膀：

1. 帮其寻找学习榜样和竞争对手。欣对她产生了很大影响。利用自选课，结识更多二四的优秀生，知道进入二四应具备的条件。
2. 提供活动机会。以英语和班级活动为载体，如英语演讲、辩论赛，读书沙龙等，帮助她建立自信心。

最终，她初二时成功考入二四，并确定目标，将来从事与外语有关的工作。

同伴互助——插上协作的翅膀

芃：沉着稳重，文科突出。

雪：热情开朗，擅长理科。

为其插上协作的翅膀：

1. 利用两人的"互补"优势，安排她们成为同桌，互相学习，取长补短。
2. 建立两人的个人成长档案，每周分享改进。
3. 成立PK小组，作业、各学科活动等都以比赛的形式互相促进。

后来，二人成了无话不说的好朋友，第六学段结束时两人携手进入了年级前100名。

多元评价——插上兴趣的翅膀

睿：认真热情，理科优势明显；对英语无兴趣，讨厌背默，成绩较弱。

为其插上兴趣的翅膀：

研究睿的英语学习路径，改变过程性评价内容和标准，激发其学习文科的兴趣。

1. 用阅读任务代替背诵任务。
2. 从模仿摘抄到独立创作，在过程性评价中给予加分。
3. 将其阅读作业在学科教室、班级之间展览。

最终，睿中考英语考取满分，总成绩突出。

雨睿的英语学习路径（动态）

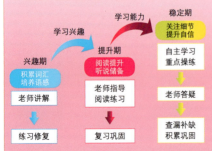

合理规划——插上自我管理的翅膀

林：聪明机敏，但自由散漫，没有规划性。

为其插上自我管理的翅膀：

1. 设计专属自己的"个别化课表"，每节自习课的学习内容和下午的活动内容均呈现在课表上。
2. 制订目标规划表，设立两年、一年、一学期、一学段目标。用目标带动过程。
3. 填写考前各科复习规划单，具体到每天每科的复习任务。

初二的学段考试，比初一期末时进步了100多名。还在学科教室开辟了自己的"英语角"，负责推荐各类好文好句。

总结

记得班里的"小精灵"潇在自己的总结中写道："这一年，我发现，每个人都是独一无二的天使。身边有很多具有独特性格的同学、老师。我从前经常怀疑自己是个没有性格的人，但我慢慢发现，原来个性一直藏在我心里，只不过和我玩了个捉迷藏……我觉得十一学习培养了我主动、独立和负责任的性格，我感到自己每天都在进步，日臻完善着我自己，不论在心理上还是在学习上。"作为导师，我要做的就是精心地为每一个天使插上一对属于他们自己的飞翔的翅膀，静静地等待着他们梦想开花的日子！

心理咨询的几个技巧

辛晓莲

问题：什么叫心理咨询？

回答：即心理学工作者运用心理学方法，凭借语言、文字等沟通形式，帮助求助者提高自我认识、增强自助能力、解决其心理问题以促进其适应和发展的咨询问答过程。

问题：什么是心理问题？

回答：

发展性问题	障碍性问题
职业选择	焦虑
人际关系不适应	恐惧
学习偏科	疑病
没有上进心	抑郁
……	……

问题：心理咨询有哪些原则？

回答：助人自助、保密、支持保证、理解接受、责任、平衡等。

确认咨询目标

5个W 1个H：
What/when/where/why/which/how

年龄特征：与青少年平等友好，友善温和，注重其现实生活。

性格特征：要考虑对象的特殊性。

问题特征：由问题确定交谈方式。

文化特征：社会文化环境和个体价值观念。

选择优先解决的问题：找出求助者的主要问题。

近期目标与远期目标的整合：从大目标着眼，从小目标着手。

建立咨询关系

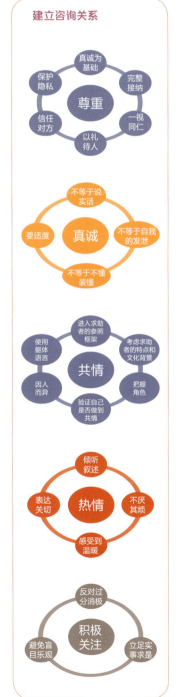

尊重：真诚为基础、完整接纳、一视同仁、以礼待人、信任对方、保护隐私

真诚：不等于说实话、不等于自我的发泄、不等于不懂装懂、要适度

共情：进入求助者的参照框架、考虑求助者的特点和文化背景、把握角色、验证自己是否做到共情、因人而异、使用躯体语言

热情：倾听叙述、不厌其烦、感受到温暖、表达关切

积极关注：反对过分消极、立足实事求是、避免盲目乐观观

参与性技术

倾听 → 询问 → 鼓励 → 重复 → 内容反应 → 情感反应 → 倾听

影响性技术

面质 → 解释 → 情感表达 → 内容表达 → 自我开放 → 非言语行为 → 面质

语言技巧

1. 礼貌："请进"、"请坐"、"我很愿意向您提供心理学帮助"。
2. 间接询问而非逼问："您希望在哪方面得到我们的帮助？""您能把您的情况跟我说说吗？"
3. 提问：一般应使用开放式提问，不使用封闭式提问。
4. 谈话内容：适合求助者的接受能力和兴趣、有针对性、促进个性发展或矫正、探索深层原因、鉴别诊断意义、对改变态度和改善认知及正确理解问题有帮助。
5. 注意事项：态度中性、提问避免失误、不用题外话、不用指责批判性语言阻止或扭转求助者、不给绝对性结论、结束语诚恳。

"我先学再同学"，认真实践"教学相长"

张林涛

1 调动学生学习积极性的六条措施

一是让学生充分认识中国书法艺术的内在美。

二是让学生学习书法时要反复在审美上下功夫。汉字的笔画和结构多有相同，从笔画来讲无非是一点、一横、一撇、一捺、一钩的。我让学生选定三四十个不同的字，或选一首有韵律易念的诗词，让他们反复练习，反复感受，反复比较，从而实现"温故而知新"、"触类旁通"、"举一反三"。写好这三四十个字，其他的字也基本会写好，这样学生的审美情趣也会迅速提高，兴趣自然大增。

三是学生练书法时既要临摹，更要创新。

四是要经常开展书法评析，书法竞赛。

五是注重学生课内学习的课外延伸，即注重学生课外的自主学习。

六是注重教师自身的提高。百炼方能成钢，教学也是如此。

我教书法课的理念

我教书法课十分注重教师的自身学习，即先好好自练自学，而后再上课堂。吃透教材和吃透学生两者都十分重要。教学犹如打仗，既要知己也要知彼，充分准备是上好课的关键。

我教书法课注重三个环节

1. 教师示范。纯理论的教学，学生不会感兴趣。教师在课堂上创作示范，学生最感兴趣。

2. 学生实践。要注重每个学生的学习心态、学习水准、感悟能力和个性特质，注意一般指导和个别辅导。

3. 注重充分调动学生的学习内动力，即积极性。

我是教师，更是学生，在教学和艺术探索上永远只有起点，教学相长是教学中的常态。

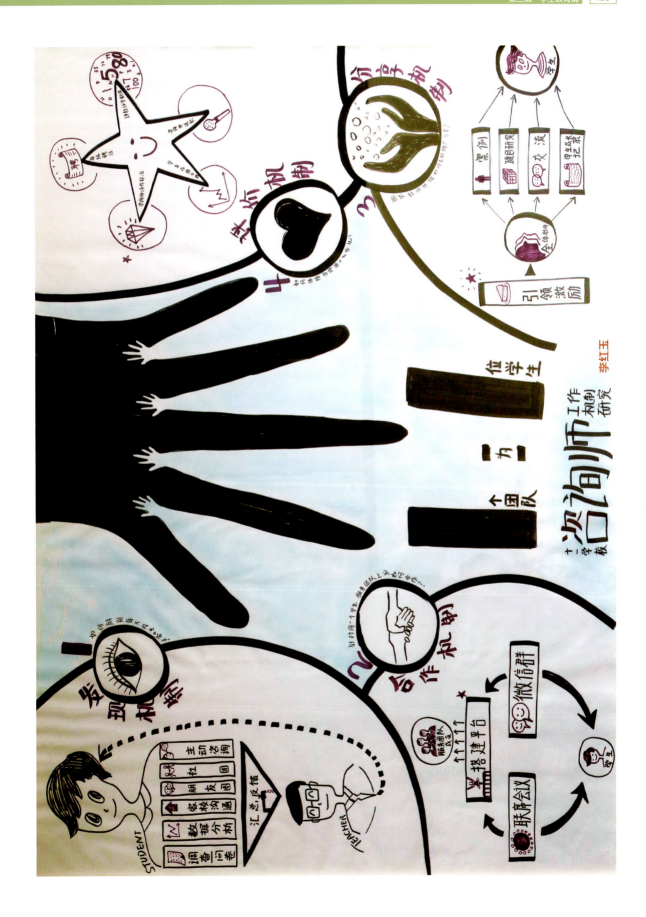

小型破冰游戏
——让第一节课的自我介绍更有意思

韩思瑶

项目概述

新学期第一堂课，为打破学生之间的陌生感，营造轻松开放的学习气氛，可利用小型破冰游戏，让学生自我介绍，互相加深认识，成为朋友。游戏打破常规师生面对面落座形式，改为学生面对面围坐成一圈，按顺时针顺序进行自我介绍，后面学生按顺序重复已介绍的同学姓名，忘记或记错者需要接受小惩罚。游戏化方式适合新生，能调动学生的积极性，使学生得到放松。

背景

由于十一学校采用选课走班的新课程方式，学生上第一堂课时通常互不认识，特别是新入学的学生。因此，自我介绍必不可少。有趣并能让学生在短短几分钟时间内互相认识的方法学生容易接受，代入感更强。

走班机制，使学生往往扎堆儿选择座位，这容易导致学生之间交流、沟通的局限。

目的

· 小游戏带入，以更轻松的方法开始学期课程。
· 重复姓名、兴趣，帮助学生集中精力从而加深学生彼此之间的认识。
· 打破扎堆儿选座，让全部学生有机会面对面互相认识，扩大朋友圈。
· 以欢快的方式开始整学期学习，奠定轻松开放的基调。

实践难点以及解决方法

· 无法定下第一个进行自我介绍的人时，可以利用击鼓传花、抽签等方式定。
· 忘记名字或者说错名字的学生不愿意受小惩罚时，要定好规则，全体同学监督执行；惩罚内容以才艺展示个人为主。
· 游戏之后，课堂太活跃容易造成学生激动，可趁着活跃气氛，通过提问方式引入第一堂课的内容。
· 人数较多时，可通过抽签定顺序，并且可以适度降低难度，每次重复之前5—10个同学的名字。

实践过程

通过短小的素质拓展方式让学生互相认识：学生随机围坐成一圈（如下图，打破一人一桌的常规状态，让学生可以面对面）。

1. 发给每一个学生一张便利贴，学生在便利贴上写上自己的姓名、兴趣爱好等自我介绍的关键词，形成自我标签，交给老师，老师贴到白板上。
2. 采用击鼓传花的方式指定第一个进行自我介绍的学生。
3. 每个学生介绍2分钟，包括姓名、班级、喜好关键词、为什么要选择这门课等。
4. 按顺时针方向依次进行自我介绍。每个学生介绍自己之前，需要按照顺序重复在他之前的所有同学的姓名、喜好，记错或者忘记的学生需要接受小惩罚。
5. 最后，教师介绍自己，并重复所有学生的姓名，将所有学生的标签便利贴贴在教室墙上，便于以后留言，加深认识。
6. 教师总结并开启新一学期的课程。

实践效果

学生在较短时间内完成游戏，彼此加深认识。整个课堂活跃开放，也拉近了师生之间的距离。学生发言积极，害羞、腼腆的情况减少了。这对之后的课堂学习帮助很大。

选课走班制下初中生同伴关系现状研究

孙士元　常　晟　李志超　朱则光

关键词： 选课走班 / 初中生 / 同伴关系

概要描述

本选题探讨了在选课走班制的背景下，在没有了班主任、没有了固定的"同桌的你"的状态下，初中生的同伴关系。研究主要采用文献分析法和问卷调查法，采用自编的"中学生同伴关系调查问卷"为研究工具，并依据方便取样原则，选取我校和山东某中学的初中生作为被试，进行了问卷调查。通过问卷调查和实证分析，得出以下结论。

一、选课走班背景下，学生与学生之间的链接变得复杂多样。

二、兴趣、特长是选课走班制下的主导型同伴关系。

三、选课走班制下内向学生的困境凸显。

实践过程

第一个阶段：问卷研发、修订。

第二个阶段：问卷发放与回收。

第三个阶段：数据分析及提炼。

实践效果

通过此项目研究，我们填补了相关领域的研究空白，阶段性地了解并掌握了以十一学校为代表的选课走班制环境下初中生同伴关系的特点、现状。

未来改进计划

1. 国际课程体系下中学生同伴关系的现状、特点。

2. 不同课程体系下同龄学生同伴关系的异同。

实践背景

1、背景

显而易见，选课走班制从学习组织方式的角度为因材施教、实现个性化教育搭建了实施平台；同时，我们也必须意识到，随着年龄的增长和身心的发展，初中生的活动范围不断扩大，活动内容更加丰富，尤其是入学之后，他们逐渐摆脱家庭的局限和束缚，走向学校和社会这个更为广阔的空间。初中生处于青春期早期，他们的身心发展迅速，内心世界变得越来越丰富，在个性上有强烈的摆脱成人束缚和追求独立的需要。此时，他们与同伴的交流和互动越来越多，同伴关系越来越密切，同伴对初中生的影响逐渐赶上甚至超过家庭的影响。

2、针对问题

同伴理论和实证研究结果都表明，同伴是儿童社会能力发展的重要源泉，也是儿童自我概念和健康人格形成的重要影响因素。那么，选课走班制下的同伴关系究竟如何呢？本着科学、严谨的态度，笔者在中国期刊全文数据库上进行了认真的查阅工作，分别输入关键词"同伴关系"和"选课走班"，均能检索出不少研究论文，同伴关系的研究论文甚至有上千篇。笔者进而对查阅的文献进行比较分析后发现，选课走班制背景下同伴关系的研究尚处于空白阶段。

3、时间跨度

我们认为，随着与新一轮基础教育课程改革相适应的学生学习组织方式的变革，随着十一学校对选课走班制的不断深入研究，对青少年同伴关系的研究也应该紧随这种变化。围绕此点，朱则光老师牵头的同伴关系项目组从 2015 年 3 月开始了研究，时间跨度为 2015 年 2 月至 2015 年 11 月。

管理过程，服务成长
——过程性评价的酸甜苦辣

贺千红

在学校变革"放"的同时，如何学会"收"？
过程性评价注重过程优秀，有效保障改革的安全性。

各方之痛

学生
1. 作业的检测比重较大，希望有更多元的要素。
2. 能在手机上看到更全面的数据，这样更高效便捷。
3. 能更直接回复教师评语并在平台上提出修改意见。

教师
1. 评价要素如何更好地体现学科特色及要求？
2. 时间付出这么多有价值吗？
3. 个性化和标准化如何更好结合？

技术
1. 如何不断改进功能，如下放权力，给予教师更大自主权？
2. 如何更好遵循"Kiss"原则：Keep it simple & stupid ？
3. 如何让平台更稳定？

学校
1. 老师们很辛苦但不会降低要求。
2. 如何保证有要求就有评价。

家长
1. 希望更多了解孩子在学校的表现。
……

实施成效

各科分数饼图

分析提示：此图直观表达了学生总分的构成

各科学业水平能级柱状图

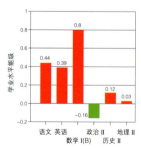

分析提示：此图直观表达了学生各科学业水平能级

具体操作流程

（一）每年期末，各学科、各课程统一制（修）订本学科、本课程评价标准（要素、分值等）并上传学校新评价平台。

⬇

（二）既注重个性化又相对统一，教研组内部保持相对一致。

⬇

（三）教师授课当天在新评价平台做记录、写备注。

⬇

（四）项目小组成员每两周进行网上督查并反馈教师评价记录。

⬇

（五）过程中学生有任何疑问可在平台上反馈，教师根据学生和项目成员意见不断调整、完善。

⬇

（六）各任课教师确认教学班过程性评价成绩，各课程负责人或教研组长向平台上传并合成终结性成绩，生成并发布学生学段成绩单。

实践历程

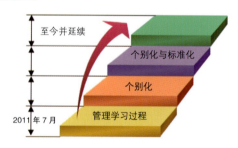

感悟

（一）评价服务于学校的育人目标和课程目标，服务于学生成长，引导学生成为自主发展的主体。

（二）引领学生进步，学生根据评价内容能自我调整改进，即学生看到的就是需要他们去做的，学会管理学习过程，学会为自己的行为负责。

（三）尊重差异，在标准化和个性化之间找到结合点，更好地服务于学生的个性化发展。

学校管理篇
视角转向服务，一切就都变了

这一辑特别有意思，是以十一学校李希贵校长亲自制作的两张海报作为开篇的。希贵校长的选题也很独特，其一是关于"走向成熟的有效办法"，怎样用"装"的方式让自己走向成熟，其实质是想说明一个领导者如何实现更好的沟通；其二是关于"校长的胜任力模型以及每个维度上可学习的书籍"，它既提供给你一个校长成长的脚手架，同时又推介了如何才能实现"胜任"的有用书籍。从这两张海报中，你或许就能感受到作为校长一旦视角变了——成为了"首席服务官"，那么他就会心里装着"别人的需求"，从一个读者需要通过海报学到什么出发去构建他所要传递的理念、思路或方法。

同样的视角贯穿于本辑的每一张海报中，你会发现十一学校的管理岗位、行政部门在呈现一种工作方式或实现路径的时候，既有引领的办学目标，也有一以贯之的实施策略。这就是学校转型的发生——行政部门或管理岗位从领导转向服务的时候，一切就都变了。

成熟 是 "装" 出来的!

李希贵

无论你自己还是你周边的人，都希望你成熟起来。其实，成熟首先从"佯装"开始。

如果你还年轻，最好在你的办公桌上或手机屏保上放一张"成熟标志图"。

刺激　　距离小 成熟度低　距离的大小决定成熟度　距离大 成熟度高　　反应

将你的情绪扳到静音模式，无论多么难，也要"静音"，不讲道理！再不然就在内心打自己一个"耳光"！

 = 100

有三次静音模式，即可得 100 分，这样你就有了很好的内心体验。

"组装"

要想从根本上把自己说通，需要"组装"你的思维模式。

1. 换位思考。他不是对你有意见，他是为了维护自己的利益。这道程序不装上去，就坚决不说话，也不要有任何表情！想出对双方都有利的方案，考虑一下两个人在图书馆里吵架的故事。一个人想让窗户开着，另一个人想让窗户关着，他们为让窗户开多大而争论不休。管理员进来了，她问一个人为什么想让窗户开着，"有新鲜空气"。她问另外一个人为什么想让窗户关着，"防止有风"。管理员将隔壁的一扇窗户打开，这样既带来了新鲜空气又没有风。

寻找共同利益

单边承诺　｜　识别要求与目的　｜　开发共同目的　｜　构想共同策略

做出单边承诺表示愿意继续对话，直到找出让双方都满意的解决方案。｜询问对方为什么想要实现所说的目的，分清他们的要求和要求背后的真正目的。｜如果明确双方目的之后仍无法取得一致，那就想办法开发级别更高、更为长远，能够帮助双方避免争执的新目标。｜明确共同目的之后，你应当和对方一起寻找对双方都有利的解决方案。

2. 把自己想得"坏"一点。

研究表明，我们的思维模式中，常常隐藏了第二个环节：主观臆断。在常态思维中加一个"主观臆断"！不要不情愿呀！

感受是由你的想法创造的

所见所闻　｜　主观臆断　｜　形成感受　｜　展开行为

3. 用对方喜欢的方式处理事情。在没有征得对方同意或没有和对方说通之前，一般不采取行动。一直探索对方可接受的方式，如果变成对方喜欢，那就最好！

"行装"　　现在可以打点自己的日常行装了。

1. 把"气愤"与"生气"分开。

气愤　　　　　　生气

2. 颠倒"听"与"说"的比例。

倾听

3. 三句话工作法。

您说呢？　｜　还有没有更好的方法？　｜　太棒了！

校长胜任模型与关联阅读

李希贵

《卓有成效的管理者》

这是管理界的《圣经》，从管理走向领导，是德鲁克的主要贡献。而真正的领导力就是把部下变成领导的能力。当然，作为管理者，可以先读《领导力》一书，更易操作。

《给教师的建议》

不同学科有不同的规律，不同的学生有不一样的认知特征。

《人性的弱点》

卡耐基告诉我们，世界上没有好人和坏人，无论什么人都有天使的一面和魔鬼的一面。管理者的任务就是创造条件让每一个人都不断放大自己天使的一面，去掩盖魔鬼的一面。难怪莫言有言："把好人当坏人写，把坏人当好人写，把自己当罪人写。"

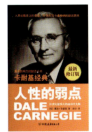

《忏悔录》

作者卢梭在小时候竟加入了一个偷盗团伙，少年时做了许多出格的事，包括往邻居老太太家的锅里撒尿，但最终他也没有变坏。

中央三角图：

- 领导力
- 人性观
- 教学观 / 学生观
- 管理能力 / 社会交往能力
- 优秀教师经历 / 境界 / 基层组织管理能力

《夏山学校》

告诉我们要学会等待，给孩子们空间、时间和基本的底线。只要他们不变坏，等长了就一定会变好。

《六西格玛革命》

哲学让你知道人生的伟大和渺小，特别是可以告诉你人是会死的。但没有一本书可以让你到达这一境界，你只有在工作和生活中不断体悟，在为他人服务中才能获得成就感和内心的宁静。

《掌握人性的管理》

让我记住一句话，"让每一个人都感觉自己很重要"。做到这一点不容易，但你哪怕做了一部分，一个小组织就会有生机和活力。

《如何管理你的上司》

不仅仅是教育你重视与领导的交往，更加重要的是作者告诉你的对交往对象的分类方式，他把领导分为"阅读型"和"倾听型"两类，启发我们把其他交往对象也按照与他们角色相应的类型去管理。

外聘公司员工为"全员育人"助力

付春雪

关键词：外聘员工 / 十一人 / 十一文化

概要描述

1. 管理理念：全员育人、管理规范、服务完善、注重环保、节能降耗。

2. 团队理念：争做优秀"十一人"，力行十一文化价值观。

3. 工作目标：用具体工作来实现礼仪教育、诚信教育、环境教育等隐性课程。

实践背景

从师生对外聘保洁工作的满意度调查结果为切入点；结合问题点加强培训，举一反三，不断修正，为全校师生提供优良的"全员育人"环境。

实践过程

1. 团队建设、建章立制、亲情化管理。

2. 员工在工作中有评比，每月进行月度考评，激励员工的能动性。

3. 管理人员加强检查力度，提升培训，质量管控。

实践过程中遇到的难点

师生要求不一，根据师生要求调整工作方式，做更好的个别化服务。

实践效果

1. 工作中员工以"十一人"的标准不断提升自我素质，落实了全员育人的隐性课程。

2. 师生满意度得到了有效提升。

未来改进计划

经常与师生做良好的沟通，对问题点及时解决落实，打造具有十一价值观特质的十一外聘保洁服务团队。

走班制下传染病防控的新问题和解决策略

张素华

关键词： 医务室 / 困则思变 / 在痛点中寻找出路

概要描述

学校转型已经持续六年了。在这六年里，学校发生了翻天覆地的变化，取得了显著成绩。选课走班带来的育人模式变化，使学生个性化发展的诉求日益彰显。但走班模式也给学校传染病防控带来了一定风险和问题，成了我们防病工作中的一大痛点。

实践背景

医务室是学校的一个服务窗口，承担着学校师生基本医疗保健工作，在传染病防控方面，由于取消了行政班级，没有了班主任，学生实行走班上课，这使得传染病防控出现了很多痛点。

痛点一：实行走班以后，学生流动性变大，在各个教室里流动，一旦有传染病发生，就容易扩大范围，造成交叉感染，甚至爆发、流行。

痛点二：传染源不容易管理，学生没有固定教室，也没有班主任，如果其中有传染病潜伏期和细菌病毒携带者，不容易早期发现，早期隔离。

痛点三：由于学生比较分散，不好组织，又不允许停课，导致平时预防接种和传染病发生时，应急接种率下降，易感人群保护受到影响。

实践过程

面对以上痛点问题，我们不断摸索、实践，找到了一些切实可行的方法和措施。

一、管理好传染源

1. 利用晨午检。各年级教务员每天利用 OA 系统向医务室上报因病缺勤学生名单和家长联系电话，医务室接收登记，通过电话向家长了解学生患病情况，然后利用传染病预警系统上报。

2. 对就诊学生进行排查，发现异常情况和疑似传染病患者，立即通知家长，由家长带学生去医院进一步诊治。

3. 对患有传染病的学生严格进行隔离，不得带病上课，直至病情痊愈，凭医院和地段保健部门两级证明，经医务室审核后，方可回班上课。

4. 发现聚集或爆发疑似传染病疫情，立即报告学校领导，同时报告疾控中心和辖区地段医院，启动应急预案，采取应急防控措施。

二、切断传播途径

1. 每个新学期开学的第一周，在全校范围内进行传染病检疫，以年级为单位，上报所在年级假期里是否有学生患过传染病。新生和转学学生申请住宿的，必须持有近两月内的健康体检情况材料。

2. 加强学校环境卫生整治和饮用水的管理，监督食堂饮食卫生，保证食品安全，定期对宿舍、教室、楼道及公共场所进行消毒。

3. 教育学生养成良好的卫生习惯，饭前便后洗手，不喝生水，不吃不洁净的事物，生吃瓜果要洗净，防止病从口入。

4. 要求任课老师和公寓老师给教室和宿舍经常开窗，通风换气，保持空气流通。

三、保护易感人群

1. 加强营养，合理饮食，保证睡眠，教育学生加强体育锻炼，提高自身机体抵抗能力。

2. 开展健康教育，每年根据不同季节、不同宣传日，利用墙报、专栏、讲座、挂图、知识问答等多种形式，开展 20 次以上防病知识宣传，提高广大师生的健康意识和自我保护能力。

3. 积极做好新生预防接种证查验与疫苗补种工作，充分利用多种形式，向学生及家长宣传预防接种的意义和有关知识，提高疫苗接种率，保护易感人群。

4. 传染病流行期间，减少大型集会，教育学生尽量不到人口密集、空气污染的公共场所去，如影院、网吧、游戏厅等。

实践过程中遇到的难点

学生流动性较大，在各个教室里流动，如何管理好传染源，切断传播途径，是解决这一问题的关键。

实践效果

在传染病防控方面，通过采取以上措施，取得了明显成效，近几年没有发生较大规模的传染病流行。

校园安全
"三防三查" 管理

黄照庆

"三防" 建设

1. 人防：学校已形成"三支"安保队伍

（1）全体教职员工人人是安全管理员。

（2）安全教师队伍。

（3）保安队伍。

2. 技防：学校安装了"三套"技防报警、监控设备

（1）火灾联动报警系统（24小时值岗）。

（2）视频监控系统（重点位置全覆盖，500多个监控点位）。

（3）红外报警系统（各教学楼内安装红外报警器，学生公寓安装周界报警器、校门口一键式报警器）。

3. 物防：按规定重点危险区域安装防护栏、防盗门等。

三查：安全工作形成"日自查，周重点查，月联查"的常态管理

1. 日自查（主管人员）

安保部：校门口，校园周围环境，校园消防通道，楼道、楼梯、安全出口，灭火器、消火栓、应急灯。

总务处：泵房、水池、水箱，配电房，食堂，便利店，锅炉房，空调设备，燃气，电梯，施工场所。

体育馆：水处理机房，游泳池护栏，扶梯，健身器材，体育设施。

教务处：电教设备，化学功能教室，电梯设备，学生公寓，施工场地等室内外体育设施、设备，消防设备：电教设备，学科教室。

2. 周重点查（本部门负责人）

安保部：监控中心消防、安防系统，红外报警器，学校大门，楼门，坡顶，地下教室，停车场、自行车停放区。

总务处：体育馆游泳池、健身器械，配电室、配电箱、配电柜、弱电井，消防水泵，电梯，食堂食品加工间，施工现场彩钢板、材料摆放等。

教导处：攀岩墙，击剑馆，化学药品库，学生公寓用电、用水及楼道安全出口。

3. 月联查（办公室、总务处、教导处）

校门口交通设施、设备，信息中心服务器，燃气设备间，危险品库房，物品仓库，配电室，锅炉房，食堂烟道、燃气管道，楼内电气线路：电源、电插座等，学生公寓充电柜，西北角家属院。

从学生食堂到学习中心
——转型中的餐饮服务探索

李　君

关键词： 外聘员工 / 十一人 / 十一文化

概要描述

1. 团队特点：在校的三家外聘餐饮公司共有员工125 人，他们全部为农村来京务工人员，95% 的员工文化程度为小学或初中，还有个别员工没上过学，人员流动性大。

2. 团队理念：进了十一的门就是十一的人，以实际行动学习、感悟、践行、传递十一文化价值观。

3. 教育理念：从工作中寻找教育元素——从学生食堂到学习中心转型中的餐饮服务探索。

实践背景

如何实现"从学生食堂到学习中心转型中的餐饮服务"探索；提供舒适的环境：安全健康、Wi-Fi、插座、开放式空间、舞台；为学生校园活动提供场地；协助常规管理；协助教导处查学生玩游戏；做好本职工作——提供美味、安全的食物，以师生对食堂工作的满意度为切入点，改变师生不满意的地方。

实践过程

1. 组建团队，形成整体，践行十一文化价值观。

2. 公司间有竞争，团队间讲合作，师生为本，同心协力。

3. 在交流、反思中学习，在研究状态下工作。

实践过程中遇到的难点

众口难调，服务工作需要进一步细化，饭菜品质要继续改进提高。面对从学生食堂到学习中心的转型，如何提供更好的餐饮服务是一大难点。

实践效果

1. 团队基本形成，"我是十一人"的思想逐步得以内化，追求卓越、反对平庸、拒绝低劣成为共同的工作目标。

2. 师生满意度从不足 60% 提高到 90% 甚至更高。

未来改进计划

经常学习十一文化价值观，经常听取学生意见，不断反思问题，提高服务标准，逐步打造超越常规的十一餐饮服务中心。

电脑阅卷
如何走向标准化

董晓丽

关键词：扫描 / 网上阅卷 / 统计分析

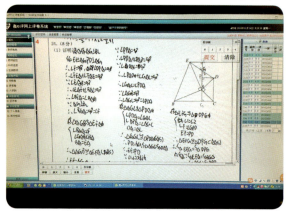

概要描述

随着计算机技术和网络技术的快速发展和普及，网络阅卷系统作为一种崭新的阅卷方式，逐步在各种大型考试阅卷中得到应用，在考试中推行无纸化批改阅卷使各类考试变得更加公平、公正。网络阅卷是一种观念革命，是教育考试阅卷的发展方向，能更好地体现考试公正性原则，全面提升阅卷速度和阅卷质量，提供有价值的分析数据，对基础教学有非常重要的指导意义和应用价值。

实践背景

网上阅卷系统可提供多用户阅卷，适用于大型考试，有利于学生提前适应高考新模式；为老师减轻工作负担，提高阅卷效率及质量开辟了行之有效的新途径。

实践过程

实践效果

1. 提高了老师日常考试阅卷效率、阅卷质量，省时省力。

2. 便于老师对每次诊断数据进行统计分析、指导教学。

3. 能为老师提供详尽的分析报表：班级报表和全年级报表。

班级报表

主要有单科成绩表、单科成绩得分明细、单科试卷分数段统计表、（班级）客观题分析表、（班级）题目分析报表、单科试卷分析等级统计表（班级）。

全年级报表

主要有单科成绩表、单科成绩得分明细、单科试卷对比报表、单科试卷分析等级统计表、单科试卷分数段统计、客观题报表、客观题平均分统计表、题目分析报表、主观题平均分统计表。

少有人走的路，我们在走

将经验型服务转化为标准化、数字化、个别化解决方案的服务

张琳琳　夏季　王莹

当学校《行动纲要》中把课程作为学校最重要的产品的时候，我们课程的服务对象就明确定位在学生身上。为学生成长、成才做好服务就成为我们工作的首要任务和工作目标。

在走班选课的新形势下，如何规范、主动、周到、细致、全面、耐心地服务好学生是关键。对我们来说，就是要将以往的经验型服务，转型为提供标准化、数字化、个别化的解决方案的服务。

一、公共课排课选课

公共课排课选课工作关键点

与公共课学科主任进行有效沟通，确保开课信息准确全面。

课表准确上网，测试无误。

严格按照关课总体原则，确保有课程被关闭的学生能在同一时间有其他课程可以选择。

公共课调整和退课时间为开课后两周之内，以学生在网上申请的时间为准，开课两周之后原则上不允许调整和退课；如有特殊原因（如身体原因）需要调课或者退课，则应该获得相关课程的负责教师、学部领导和课程办领导的签字认可方可执行。

排课思路

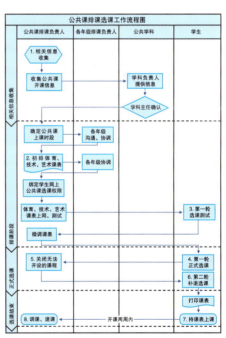

平台操作

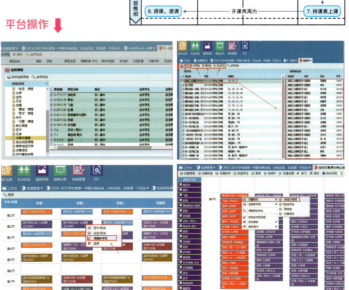

二、个性化办公用品采购模式

传统采购模式

1. 品类单一。
2. 统一配发，有些不是真正需要的。
3. 容易造成浪费。

新型自主采购模式

订购方法简便、易操作。
公司配有专人负责我校具体事务。
提供必要的技术支持。
后台数据管理、订单核对。

货种类丰富，可选择性强。
货品必须是真实的、合格的。符合国家质量检测标准的全新正品。

公司应具备独立的网购平台，能为我校建立单独的购物专区。

及时备货，按订单独立包装，统一送货，专人负责发放。如有任何质量问题，包退包换。

工作反思

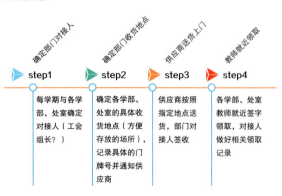

确定部门对接人 → step1
每学期与各学部、处室确定对接人（工会组长？）

确定部门收货地点 → step2
确定各学部、处室的具体收货地点（方便存放的场所），记录具体的门牌号并通知供应商

供应商送货上门 → step3
供应商按照指定地点送货，部门对接人签收

教师就近领取 → step4
各学部、处室教师就近签字领取，对接人做好相关领取记录

关于信息中心数据标准化的思考

韩思瑶

关键词： 数据平台 / 数据标准 / 教育教学管理

概要描述

学校的快速发展导致学校各部门基础数据日益庞大，传统数据管理方式已经跟不上快速发展的步伐，信息中心急需根据十一特色制定业务数据标准，实现多端数据同步更新，建立统一数据平台，提高各个部门协同工作效率。此工作的第一步就是对各部门数据业务的"数据"进行思考，主要前期工作如下。

1. 整理各部门数据需求以及协同工作中数据交流的痛点、难点。

2. 组织各部门负责人员进行数据规范讨论。

3. 制定数据标准，形成规范文件。

实践背景

1. 背景

信息技术与现代教育的交汇融合引发了教育教学数据的迅猛增长，数据已逐渐成为国家基础性教育战略资源。加快大数据部署，深化大数据应用，已成为推动数字校园、建设智慧校园、促进教育改革、调整教学结构和推动学校管理能力现代化的内在需要和必然选择。因此，梳理、整合十一学校各部门数据，制定统一的数据标准，实现数据同步更新，提高各个部门协同工作效率，显得尤为重要。

2. 痛点

① 各部门数据规范不一致，协同工作效率较低。
② 多端输入维护数据，不能保证数据准确性。
③ 无统一数据平台，各部门数据交流成本较大。

3. 目的

① 梳理各部门数据输入端业务流程。
② 提高各部门协同工作效率。
③ 制定数据标准，数据管理实现规范化。
④ 为十一数据平台奠定充分数据基础。

实践过程

1. 整理各部门人员数据需求

人力资源：在职教职工、实习生信息。
教导处：学生入学信息、学籍信息。
教务员：学生信息更新维护。
国际部：留学生、外教信息。
工会、体育馆：离退休人员、家属。
外聘公司管理部门：外聘人员管理。
信息中心：数据库维护更新。

2. 协同工作中数据交流的痛点、难点

部门管理数据不一样，需要向不同人员索要数据信息，导致效率低下，且数据传输过程中准确性不能保证。

数据更新滞后，无统一的管理方式。

无统一数据输出平台供相关人员下载收集，需每次找具体负责人，且负责人也会随职位变动。

3. 组织各部门负责人员进行数据规范讨论。

4. 制定数据标准，形成规范文件。

实践过程中遇到的难点及解决办法

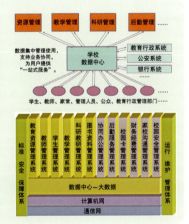

难点

1. 涉及部门较多，沟通较难：组织各部门相关负责人召开数据标准协调会。

2. 无统一数据管理平台：建立数据中心，搭建数据平台。

未来改进计划

建设数据中心，搭建数据平台。
实现一站式服务。
自助服务应用。

校服管理的 O2O 模式

马　倩

关键词：校服／O2O／线上线下

概要描述

　　十一学校在校服管理上借鉴了互联网时代的先进管理模式——O2O 模式（线上销售，线下体验）。先进的管理模式既解决了量大（提供 50 款校服，4000 多名学生可以按喜好选购，数量不限）的难题，又体现了"用户思维"的服务理念。

实践背景

痛点

　　1. 校服品种多，学生需求量大，工作量大。
　　2. 学校销售校服，家长对价格提出很多质疑。
　　3. 先前直接把校服分发到班里的方式存在校服不合身等问题。

实践过程

　　与卡帕公司合作，利用该公司的平台进行网上销售。

实践效果

　　1. 网上销售解决了校服品种多、学生需求量大、工作量大的问题。
　　2. 让家长对校服的价格不再有质疑。
　　3. 让线下体验环境十分舒适，深受学生的喜爱，模特、沙发、试衣间等设施体现出人性化的管理理念。

餐饮公司壁布清洁的标准化建设

付春雪

关键词：外聘员工 / 十一人 / 十一文化

标准化建设细则

1. 准备工具：梯子、桌子、"工作进行中"指示牌、吸尘器、水桶（2个）、喷壶、全新的毛巾（2条）、软毛板刷及清洁剂。

2. 将"工作进行中"指示牌摆放在工作区域的明显位置以进行提示。

3. 使用吸尘器将壁布表面的浮尘吸走（吸高处时将吸尘器放在桌子上，需两人配合，一人扶梯，一人上梯操作）。

4. 吸尘完毕后将清洁剂倒入干净的喷壶中，按1∶10的稀释比例兑入清水。

5. 将清洁剂喷到需要清洁的壁布上，使用软毛板刷进行刷洗。刷洗时要上下或左右进行，不能无规则打圈，这样容易损坏壁布表面。

6. 刷洗完毕后用水桶接清水，使用干净不掉色的毛巾将滞留在壁布上的清洁剂及脏污擦拭干净，直至水桶中的水变清澈。

7. 清洁完毕后将清洁过程中的污迹清理干净，将所有工具收至保洁库房。

实践过程

标准化建设流程

1. 根据壁布的特性进行试验，确保刷洗质量。

2. 试验成功后对员工进行培训，操作合格后开始刷洗。

3. 顺利完成壁布清洁工作。

实践过程中遇到的难点

多年未清洗，造成壁布表面清洁困难，反复试验解决难点，用新办法清洗，最后壁布焕然一新。

实践效果

1. 之前容光楼一、二层报告厅壁布没有处理方法，大家经过不断努力找到解决方法，并梳理出特殊位置壁布清洁的标准化制度。

2. 师生对壁布卫生的满意度从不足60%提高到90%以上。

试卷保密那些事儿

焦　超

关键词：**收卷 / 印卷 / 发卷**

概要描述

试卷保密涉及印卷、发卷、收卷和试卷保存等各个环节，是事关考试公平公正、教师成果尊重和社会影响的重要工作。试卷保密工作仅有高度的责任心是不够的，还需要标准化的工作流程以及对技术手段的有效运用。

实践背景

在信息时代，试卷保密工作出现了一些新的不容忽视的现象。如何从技术、场地、流程等方面提升试卷保密工作的效果，成为教务工作者需要深度思考的问题。

实践过程

第一，学段诊断试卷必须由出题人按照上交试题时间持优盘直接拷贝给教导处教务，绝对不允许用网络传递。上交试卷的同时要上交一份试题答案。

第二，教导处负责的老师将试卷转交给打印室后，一定要在相应年级的教务员监督下按照各学部要求的数量印刷。印刷试卷、网阅答题卡应由相应年级教务员全程监督。教务员要监督印刷，保证试卷清楚、准确。绝不允许印刷出有问题的试卷或印刷数量差错。印刷好的试卷必须及时送往保密室。

第三，各年级教务员去保密室领取试卷。

实践过程中遇到的难点

1. 在互联网时代，试卷保密工作要面对新的形势和问题。
2. 对先进技术的使用还有提升空间。

实践效果

在加强试卷保密工作者责任心的基础上，北京十一学校通过改善技术、场地和流程等，使得试卷保密工作取得了很好效果，得到了上级机关和全校师生的高度认可。

未来改进计划

进一步改善技术、场地、流程等，让试卷保密工作走向流程化、标准化、技术化。

"因地制宜"的
保安巡查案例

韩天龙

关键词： 保安 / 巡查 / 平台研发

概要描述

　　十一学校的保安在巡查工作中因地制宜，在不同的场地采用不同的巡查措施和方法。这样既有效地维护了学校的正常秩序和在校人员的人身安全，又有效地提升了巡查效果。通过制定场地巡查制度和流程图，有效地解决了保安人员流动性大的问题。

实践过程

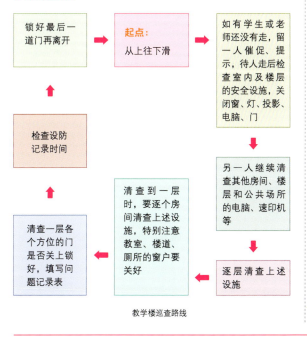

教学楼巡查路线

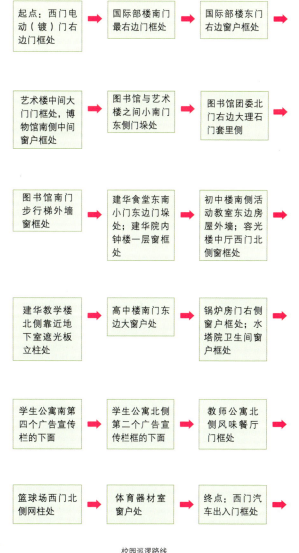

校园巡逻路线

实践过程中遇到的难点

1. 学校需要巡查的场地性质不一。
2. 学校需要巡查的场地时间段需求不一。
3. 保安巡查场地的路线存在不够科学的现象。

实践效果

1. 有效解决了不同场地采用不同的方式和流程的问题，做到了因地制宜。
2. 有效解决了重点时间段、重点场所的巡查问题。
3. 有效减少了巡查场地路线存在的不科学现象。

图书馆订书的个别化模式

张文华　李东芳

关键词：网上提交 / 限定金额 / 图书定价

个别化订书流程

第一步：
了解教师个别化需求

→

第二步：
发布个别化订书通知

→

第三步：
采用问卷星网上提交订书信息

↓

第六步：
供货商按需配货

←

第五步：
跟供货商沟通、协调

←

第四步：
图书馆汇总

↓

第七步：
按学科或部门送货

→

第八步：
满足了教师的个性化订书需求

概要描述

为保证图书资源的利用更有针对性和实效性，学校将图书购买方式调整为教师各取所需、自主选书，采用问卷星提交订书信息，之后由图书馆汇总、协调，供应商按需配货、送货。个别化的订书模式满足了老师们的个性化需求，为教育教学提供了更好的服务。

实践过程中遇到的难点

在实践中探索如何用技术手段控制费用超额的问题。

实践效果

为教育教学提供了帮助，满足了老师们对图书的个性化需求。

实践过程

在 http://bjllxx.sojump.com/jq/6300196.aspx 上完成图书信息采集。

1. 以教育教学为基础，同时兼顾满足老师们的个性化需求。

2. 2016 年 1 月至 12 月，每位老师都可以随时提交购书信息。

3. 准确提供国际标准书号（ISBN 号）。

4. 供应商直接将书配送到各学部或处室，负责人通知教师领取书籍并签收。

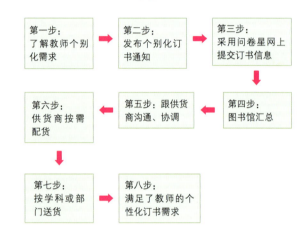

"两学一做"学什么？怎么做？

党政办公室

概要描述

学校党总支以党支部为单位创新学习方式，组建项目研究小组，深入研究党章及习近平总书记关于教育、教师、立德树人的重要论述，以点带面、点面结合、整体推进。研究方向如下：在新形势下如何开展同世界各国的教育交流，扩大教育对外开放；积极培育青少年的社会主义核心价值观；探讨如何做让党和人民满意的好老师；教师必须牢固树立终身学习理念；自觉承担起立德树人的光荣使命；习近平的教育观；公平、立德、改革人生方能出彩；共产党员都要牢固树立的党章遵守意识；党性是党员干部立身、立业、立言、立德的基石；如何做一名合格的党员；习近平总书记系列重要讲话精神如何与教学相结合等。

实践背景

根据中央、市委、区委、区教工委关于在全体党员中开展"学党章党规、学系列讲话，做合格党员"《学习教育（以下简称"两学一做"学习教育）方案》的相关要求，十一学校制定了"两学一做"学习教育方案并付诸实践，使之与具体工作相结合。

实践过程

创新形式，让"两学一做"落到实处。

第一，由党总支发起，同时适时为全体党员提供有关研究性学习的书籍、资料和笔记。

第二，由各支部组织、成立项目小组，采取灵活多样、务实管用的方式。

第三，充分利用校园网、云平台等方式巩固"两学一做"的学习教育。

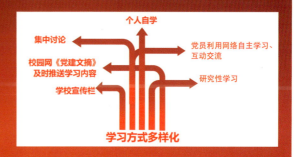

实践过程中遇到的难点

研究性学习制度。

项目组研究方式。

实践效果

将"两学一做"与教职工的本职工作相结合，并通过研究性学习和项目组研究等创新型学习方式，将"两学一做"落到实处。

未来改进计划

寻找新的生长点：通过展示项目组成果等方式巩固前期学习成果，进一步落实"两学一做"。

国旗方队八项标准化建设

教导处

招募标准化

入选标准：旗队招募面向所有高一新生。
成员：旗手1人，护旗手2人，队员40人。

流程标准化

招募流程

1. 选拔基础队员。
2. 从基础队员中选拔出旗队队长、副队长和小组长。
3. 队长、副队长监督小组组长招募备选队员。

交接标准化

交接时间：正式交接时间是在新一届旗队高一上学期的小学段第二周的周一升旗仪式上。
交接方案：在升旗仪式上正式交接。
（备注：旗队交接仪式由老旗队及老旗队学部教师负责策划。）

培训标准化

1. 观摩一次升旗仪式。
2. 定期进行培训。
3. 在旗队成立初期，上一届旗队的优秀成员培训新一届旗队队员。
4. 参训人员：队长、副队长、组长、升旗手、护旗手和音乐播放者。
5. 培训内容：包括队列行进、旗队管理和音乐播放三个方面。队列行进的培训内容又分为两个部分，包括全体队列行进和旗手、护旗手的特殊行进方式。

队列要求标准化

原地踏步和齐步走、正步以及三种步伐的相互转换。
特殊行进方式包括在队列中的站位与对齐，登上升旗台的步伐。

口令要求标准化

还有上届口令在新一届中的传承。

音乐播放标准化

音乐播放由老旗队音乐负责人对新团队进行培训。
音乐播放负责人进行播放示范。

培训方式标准化

在室内或室外，以论坛的方式商讨教学。

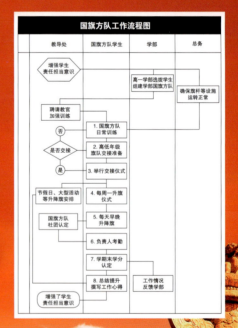

国旗方队工作流程图

当党化身为可及、可学、可交流的身边榜样

高二党支部

高二党支部于 2009 年启动的"接力棒计划"至今已吸引了八批学员逾百位学生的积极参与。该计划重在加强师生之间的交流、沟通，关注每个学生的过程体验，让党员教师在学生身边潜移默化地发挥先锋模范作用，身体力行地感染学生，用人格魅力影响学生，以可及、可视、可分享的方式进行爱党、爱国和爱人民的教育。

哪些老师可以成为身边的榜样？

1. 具有深厚的学科素养

一个始终对学科充满热爱、敬畏和探索精神的老师，常常会对学生产生极大的吸引力，而随着与学生的学术交往，他们的科学态度、道德境界、情怀追求又会深入学生内心，实现"亲其师，信其道"的效应。

2. 掌握智慧的沟通策略

一个能影响他人的老师一定有效率极高的沟通方式，他深刻地知道学生需要什么，他们应该获得什么，他们在人生道路上会面对什么，他们还可以积淀什么，同时又有多种高超转化方式。

3. 有较强的资源调动能力

一个用自身来影响他们的老师一定具有较高的沟通方式，他们深刻地知道学生需要什么，他们应该获得什么，他们的人生道路还应该富含什么，他们的未来还可以积淀什么，同时又有多种方式的转化方式。

"接力棒计划"的独到之处在哪里？

1. 尊重每一个学生的选择

自主选"榜样"。
激发"需求表白"。
列出"优势清单"。

2. 成为"成长合伙人"

师生组成学习共同体。
协商学习方式和路径。
优势连接，共同成长。

3. 重视过程与方法

让意识形态在实践体验中完全暴露。
提供安全的心理环境。
对思想起伏甚至偏差充分宽容并加以引导。
利用"接力"元素盘活学长资源。

信仰让中外教师融合与协同

国际部党支部

为了更科学地管理国际部这支具有多元文化背景的教师队伍，促进中外教师的交流融合与相互学习，国际部党支部多年来一直在探索、利用各种途径加强中外教师的融合与协同。国际部党支部通过促进与支持中外教师的专业成长，增进了中方及外方教师的理解和友谊，在国际交流方面为全校师生树立了榜样，为学校营造了一个良好的多元文化氛围，使学校变得更加国际化。

融合与协同的关键要素

① 确立规则。成立专门的外教管理和服务团队，明确职责。

② 增强归属感。比如，开学前，国际部精心设计了中外方教师均参加的教师培训会，增强教师的归属感。

③ 建立制度。设立专门的教育教学研讨时间，形成定期听课制度。

④ 定期培训增进理解。定期开展汉语和英语的语言培训项目，增强中方教师的双语教学能力，帮助外教更好地了解汉语和中国文化。

⑤ 注重非正式交往。组织形式多样的活动，增进中外教师的交流和了解。

⑥ 尊重差异。尊重文化差异，在中外教师的跨文化交流中提倡分享和感恩的理念。

融合与协同的有效策略

★营造以人为本的气氛，在平时的工作中注重文化和制度建设。

★注重挖掘每位中外教师的优势，利用各种途径与方式扬长补短。

★营造以诚相待、和谐互助的多元文化工作氛围。

★最大限度地利用外教带来的教学资源。

★逐步建立起信仰文化，形成基于共同价值观的行为自律。

……

50%"魅力党员"的奥秘

学校党总支

每年"七一"党建日，十一学校都会表彰一批"魅力党员"。有意思的是，我们从两张图表中不难发现，6 年来获此殊荣的党员比例大多超过了 50%，充分突显了"身边的榜样""可及的进步"和"持续的动力"。

50% 党员获表彰背后的奥秘究竟有哪些呢？

魅力党员人数变化趋势图

获奖比例

1. 明确评选的目的：竞争还是激励？

通常意义上的评选总是比较谁更优秀。这样的评选往往导致获得表彰的人凤毛麟角，以至于其优秀事迹往往让人感觉遥不可及，这时，评选激发更多人前行的作用就大大减弱。而"魅力党员"的评选目的则是为了激励更多的党员立足本职工作，做出"细微处见精神"的教育品质。而可及、可学才具有从面上带动与激励的重要价值。

2. 确立评选的意义：过程还是结果？

"魅力党员"的评选工作贯穿全年，以年级、学部、部门为单位进行每月推荐。推荐的过程其实就是发现和感知的过程，没有预设门槛，从具体、细微处挖掘党员在日常工作中的精神品质。然后，每月在评审小组审核后，精心撰写感人的事迹，并在高度提炼经验的基础上制作成海报，"传递赞美"，发挥向身边榜样学习的效应。

3. 形成评选的规则：划一还是多元？

"魅力党员"的评选规则只设定一条不可触碰的底线：师德违纪零容忍原则，教师一旦有有偿家教等违反师德的行为，将不能被评为"魅力党员"；同时，设定一条共同遵循的原则：以每学期一次的学生诊断数据为基础，评价指标全部达优，职员满意度调查中满意率在 90% 以上。除此以外，不再有标准划一的束缚，而是更加多元化与个性化。

4. 聚焦评选的导向：个人还是他人？

"魅力党员"之所以受大家尊重，原因就在于其并非"个人英雄"。他们更加关注他人，以学生发展为本，强调服务的专业性，推崇更高的思想境界，倡导以成就他人来实现自身价值。

规范流程，迭代更新
"创建学习型服务组织"的党建创新项目

教育教学党支部

教育教学党支部从 2014 年开始启动了"创建学习型服务组织"的项目研究，经过近两年的实践总结，支部总体上形成了以个人自学、自研为基础，以互动学习为主体，以团队学习为引领的学习型服务组织。

教育教学党支部涵盖多个处室部门，是学校人员最多的一个职能部门，在"创建学习型服务组织"的过程中，逐渐形成了工作项目协同开展、工作流程标准化推进的工作模式。

★ 工作项目协同开展

1. 同一工作项目，各部门目标相同，分工不同。
2. 同一工作流程，各部门进度相同，职责不同。
3. 同一工作评价，各部门标准相同，内容不同。

★ 工作流程标准化推进

工作标准化确定

1. 明确工作岗位职责。
2. 梳理工作岗位流程。
3. 选定流程图软件 VISIO。
4. 绘制工作标准化流程图。
5. 明确工作流程关键节点。

工作标准化实施

1. 制定部门工作标准化手册。
2. 依据标准化流程图实施工作。
3. 梳理实施中的工作问题。
4. 未来工作的前瞻及风险防范。

工作标准化完善

1. 修订部门工作标准化手册。
2. 完善工作标准化流程图。
3. 提炼工作关键成功要素。

党建带团建
——以学生自组织建设为落脚点

校团委

概要描述

在党建带团建过程中，学生自组织在学生成长过程中起着非常重要的作用，从存在形式看学生自组织主要分为三类，即团委会、学生会和学生社团联合会。学生在各自的组织中承担着不同的工作任务，演绎着不同的角色，完成着不同的使命。

针对痛点

痛点一：随着课改的逐步深入，年级分布式管理也在摸索中逐渐积累了丰富的经验，年级学生管理学院服务与管理课程的设置对年级学生会组织的建立与开展工作产生了不小的冲击。

痛点二：选课走班打破了团支部和初一中队依托的原有行政班，在新组织形态下需要寻找新的建立载体。

痛点三：越来越多的学生自组织逐渐显现，如何做好管理与引导变得更有挑战性。

实践过程中遇到的难点

难点

1. 分布式管理老师对学生组织界定和建设的接受。
2. 改变学生对现有学生组织概念及建立方式的理解。
3. 学生组织具体工作的开展。

解决办法

1. 起始年级不再选拔管理学院学生骨干，直接建立学生会，选拔学生会成员；同时，充分利用管理学院的平台开展工作。
2. 已建立管理学院并选拔学生骨干的年级，尝试在新的学期和学年，建立起学生会组织，学生会主席兼任管理学院院长，并尝试利用管理学院的管理与服务课程平台为学生会的工作开展提供助力。
3. 初中以导师班建立中队，以导师组建立支部；高中以教学班为单位建立支部。

未来改进计划

1. 进一步打造年级各学生组织的特色工作项目。
2. 加强年级学生组织与校级学生组织的沟通与协作。
3. 加强对学生领袖的培养。
4. 进一步研究学生自组织的现状及需求。

总务管理改革
凸显 "机制" 的力量

吕沧海

近几年，十一学校大力推进走班选课等改革，使学校后勤工作面临诸多新的问题和挑战。例如，行政功能教室变为学科功能教室后，教学需求等发生了重大变化。因此，学校总务管理必须进行相应改革。在改革中，我们努力凸显 "机制" 的力量，通过建立客户导向机制、市场竞争机制、问题预警机制、快速反应机制、阳光运行机制、经费预算机制、自我诊断机制、工作标准化机制和总务工作课程化机制等九大机制，使学校的总务工作提升到一个新高度。

一、 客户导向机制

客户导向机制是将市场营销的理念运用到学校的总务管理中，把教师作为第一客户，根据他们的需求，配置相关的设备设施。

二、 市场竞争机制

为了减轻学校后勤管理的压力，让专业的队伍做专业的事，学校将一些后勤服务工作社会化，通过公开招标、外包、师生评价等方式，提高后勤服务质量。

三、 问题预警机制

问题预警机制就是事先预测可能发生的问题，做好解决方案，提前予以处置。

四、 快速反应机制

快速反应机制就是第一时间发现问题，第一时间行动，第一时间反馈等多途径报修服务平台。

例如，建立网上办公的OA报修系统，公布报修热线和报修监管电话，提高服务效率。每月面向全校教师的 "校园维修通报"，更起到了外界监督和自我促进的作用。突出 "及时" 和 "主动"，既提高了工作效率，又有利于排除疑问，化解矛盾。

五、 阳光运行机制

阳光运行机制就是建立和完善学校信息化的办公、维护与管理平台，使沟通渠道更加通畅，提高工作效率。物品采购、基建维修等是学校里比较敏感的问题。对此，我们利用多种形式，及时对外发布信息，主动邀请大家监督，让更多的人知情、参与，保证各项工作在阳光下进行。

六、 经费预算机制

经费预算机制是在经费使用上，学校实行权力下放的办法，将经费审查前置，部门出预算，并在预算内自主使用，学校只负责审计、监管。为做好预算工作，我们每年都要历时三个月，反复讨论，不断碰撞，最终定案。经费预算机制的建立，不仅增强了学校各部门工作的计划性，也增强了各部门支出的责任意识和预算绩效意识，提升了学校资金的使用效率。

七、 自我诊断机制

自我诊断机制是指结合每学期学校诊断中心进行的师生满意度测评，自己照镜子查找问题，改进工作。评价者是我们的服务对象和合作对象，评价内容涉及后勤服务的方方面面。我们希望通过评价，发现问题，看清方向。这种机制要求总务工作必须以师生的需求为导向，主动征求对象的意见，主动与需求对接。

八、 工作标准化机制

为了使总务工作更加科学、优化，我们确立了总务各岗位的工作职责、工作流程和质量标准，建立了工作标准化机制。

九、 总务资源课程化机制

我们鼓励教师和有专长的总务人员开设总务资源课程，把学校的设施变成一种课程资源。比如，开展游泳池的水净化研究、绿植防虫害研究、校园环保研究、农科院种植研究、节能研究等。这个机制的建立，既为学生提供了服务，让学生学到新的知识，又帮助总务教师找到了新的价值增长点。

教师专业发展新方式

田俊　赵继红　谷秀梅　鲍晓梅　王伟　王秀青

教师的困惑

在我校探索创新育人模式的背景下，
如何针对每一位学生的情况设计学习方式？
如何让学习真正地发生？
如何实现"让每一位学生都成为他自己"的教育价值追求？

培训者的困惑

没有可以借鉴的经验，
没有现成的培训内容，
传统的灌输式的培训、为培训而培训的培训都显得苍白无力……

变革，是必须的，是不可回避的。

教师专业发展的理念基础：每一位教师都是一座富矿

每一位教师都是一座蕴含无限潜力和价值的富矿。我们充分肯定每一位教师的价值，关注对教师内隐知识、价值观念的激活，在校本研修中不断深挖、梳理和丰富教师的个人实践智慧，建构个人理论图式，帮助教师成为有自我成长意识的个性教师，实现自我成长与自我发展。

4 种驱动机制

1. "去评价"机制
不与教师评价和职称晋升直接挂钩，只为教师持续发展起引领和激励作用。

2. "书院式"校本研修
依托教育家书院这一学术组织，形成教师自主选择问题、寻找适切平台、自我能动解决问题的个性化学习模式。

3. "压榨"机制
由培训者转变为"富矿"的挖掘者，帮助教师梳理经验、提炼精华、提升认识，形成更为精深的教学思想。

4. 教学驱动机制
建立健全听课、评课教学驱动机制，帮助教师提升激活学生思维、培养学科核心素养、培养学生自主学习能力和实施个别化教学的能力。

5 种方法路径

发现
问卷
访谈
观察
自荐
推荐

平台
教育年会
高端教师研究室
教师互助中心
教学沙龙
读书沙龙

分享
经验分享
反思交流
观点碰撞
痛点研究

课程
教师发展课程
专业技能与训练
经验分享与提升
经典阅读与运用

双轮驱动
新师徒制

十一学校的安全奖励机制

安继军　赵　华　黄照庆

　　安全是生活、学习的保障，是学校管理的底线，是学校发展的支点。为此，学校专门设立了校园安全奖，借助全体教职员工的慧眼，发现小隐患，解除大危险。在学校，凡涉及安全的问题，从消防设施安全到树杈折断，教职员工发现后均可上报，经核实、解决，均予以表彰、奖励。现在，我们的教职员工都是校园安全的守护者。

校园安全奖励数据

　　从 2015 年 4 月至 2016 年 6 月，学校保卫处共收到校园安全隐患报告 96 人次，安全隐患涉及校园消防安全、校园治安、设施安全及施工安全等各个方面。

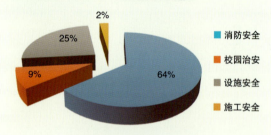

2015 年 4 月—2016 年 6 月安全隐患奖励情况

- 2%
- 25%
- 9%
- 64%

■ 消防安全
■ 校园治安
■ 设施安全
■ 施工安全

校园安全联席会

　　为了加强校园安全教育，提升管理水平，减少和避免学生在校内外发生意外伤害事故，特成立校园安全联席会，全方位保障学生的在校安全。

安全奖励机制实施效果

　　学校采用随时发现、及时表彰公示的方式，引导教职员工形成安全无小事的防范意识。目前，同一隐患多人报告的情况经常发生，学校已形成人人关注校园安全的良好态势。

端点年级团员档案整理

陆 凝 白玉明

难点

1.不同学校提供的转出材料内容不统一。

2.团支部与各年级沟通不及时，补交材料周期长。

3.团员不了解如何回毕业学校补齐材料。

4.部分毕业生丢失团员证。

5.毕业年级提供的团员名单与团委档案不一致。

解决

1.在收集材料前，告知年级与团员需要提交的材料细目。

2.吸纳起始年级能力强的团支书共同完成转入工作。

3.安排团委在各年级张贴海报，宣传补办流程。

4.登记丢失团员证的团员名单，在直接补办的同时办理转出手续。

5.校团委直接提供团员名单，年级仅负责收集团员证，同时反馈特殊情况，校团委负责协调处理。

痛点剖析

每年毕业团员的转出和新团员的转入都令团委的同学和老师非常头痛。工作量极大、各种原因导致材料无法一次交齐、多次补交等使转出和转入的工作变得复杂。造成这种现象的原因是前期准备和宣传不力，导致很多同学在临近要交材料的时候手忙脚乱，再有就是学生的重视度不高，拖拖拉拉的情况时有发生。

材料的收集不仅困扰着团委的同学和老师，还令基层团员非常头痛。每年有很多新入学的团员不得不回原学校取回自己的团内材料。这给团委工作带来了极大困难，也会影响这些团员在团内的活动。

新流程：转入

通知起始年级需要上交的材料细目 → 收集档案袋 → 以支部为单位分类 → 检查资料是否完整 → 办理转入手续 → 收录档案 → 反馈年级整理结果 → 宣传补办缺失材料

重新收集材料

新流程：转出

登记需要补办团员证的团员名单 → 向年级提供团员名单 → 团员核对基本信息 → 年级收集并上交团员证 → 检查档案与团员证 → 集中补办团员证 → 办理转出手续 → 密封并发放团员证

学生会经费

透明公开化

常多娇

校学生会举办彩色跑及校园夏季舞会活动时，根据预算控制了参与活动的人数，并收取了门票。第18届学生会曾试图采用拍卖和抽签的方式出售余票，第19届学生会在举办舞会招募摊位时收取了摊位费。针对学生会如何制定门票价格以及是否有权利对活动场地收费等问题，很多人提出了质疑。为解决这一问题，学生会在活动举办后的两周内公开了活动收支明细以及利润的去向。

收支明细｜CR&夏季舞会

2016-06-21 北京市十一学校校学生会

2016 Color Run 收支明细

物品	单价（原价）	数量	总价（折后）	备注
玉米粉	1.55RMB / 100g	780	1540	德邦快递运费：240
喷瓶	3.5	20		
护目镜	2.6	200		
收纳袋	1.48	200	298	
T恤（单票T恤）	12.8	160	2640	顺丰快递运费：298
T恤（套票T恤）	14.8	40		
矿泉水			75	

喷瓶	3.5	20	
护目镜	2.6	200	
收纳袋	1.48	200	298
T恤（单票T恤）	12.8	160	2640
T恤（套票T恤）	14.8	40	
矿泉水			75

：240

顺丰快递运费：298

总计：5089
支出：5089
收入：35×160＝5800
收益：511

2. 食品准备

名称	数量	单价	总价
牛角包1kg	2	52	104
苹果汁1Lx6	2	82	164
蔓越莓曲奇3包5·40g	5	21	105
原味曲奇500g	5	12.5	62.5
抹茶曲奇	5	12.5	62.5
红豆团	28	3.2	89.6
零食礼包（抽奖用）	1	98	98
马卡龙24枚装	1	55.9	55.9
松露巧克力25颗x3	2	30.8	61.6
百奇36盒	1	179	179
好时曲奇奶香味1.04kg	1	87	87
运费			160.5
总计			1229.6

2015年6月，校园夏季舞会门票供不应求。由于工作人员贡献出了10张门票，学生会便采用拍卖的方式售票。此举遭到学校各方反对。学生会作为一个学生组织，举办活动不应以营利为目的。经过常委讨论，学生会决定将拍卖方式改为抽签方式。

2016年3月，第19届校学生会成立，由副主席保管账目及上届学生会结余经费。

2016年6月，imaginist杂志社针对学生会向摊位承包者收取摊位费提出质疑，并要求学生会公示各项活动收支明细。

2016年7月，学生会通过公众平台公开了彩色跑及校园舞会的活动收支明细，并明确公开了利润投入的地方及具体金额。

1. 刚上任的学生会成员不清楚内部经费如何使用，没有养成记录的习惯。在例会上将记录经费使用情况作为议程提出，要明确每笔经费的来源及去向。

2. 活动之前制定详细的预算表，并根据预计成本决定是否收取门票以及门票价格。

3. 在每次活动结束后两周以内，统计收入、支出明细，做好收支明细表，在公众平台公开。

4. 满足同学们的查账要求，每笔钱都要留下记录：发票或订单截图。

5. 明确记录并定期公示每笔支出。

第9届社联
换届选举机制的改革

马成泽

◀ 痛点

十一学校社团联合会是目前学校内部三大学生组织之一，起到了管理社团、服务社团的作用。然而，在第8届社团联合会成立之前，社联的传承方式十分简单——前任主席团直接任命新任主席团。这样的传承方式尽管快速、便捷，但是对社团联合会的发展以及十一学校社团的发展带来了消极影响。

◀ 解决方案

第8届社团联合会率先着手解决这一问题。首先，第8届社联在前任主席陈雨涵的带领下开始起草选举办法草案。期间，他们调查了同学、老师以及社团社长们的想法，倾听了他们的意见。在草案完成后，全体社长在5月份的社代会上投票通过了《新社团联合会选举办法（草案）》。这是一个重大突破，标志着多数社长对新选举办法的认同。第9届社团联合会是通过这一选举办法产生的第一届社团联合会。

◀ 效果

第9届社团联合会的诞生是校园民主发展的一个重大突破，这引起了同学们的更多思考。例如，"如何准确定位校园民主"、"怎样做才能在专制与多数人暴政中找到平衡点"、"民主是否完美"等。社联希望能将批判思维与理性思考带入学生组织，融入社团活动，植入十一学校。

◀ 痛点剖析

传承是一项很艰巨的任务。做好传承才能够保证一种体系、一种文化。由于前几届社团联合会并没有做好传承工作，出现了以下问题。

1. 新上任主席团几乎对社联工作不了解。这是由前任主席团的主观倾向造成的。在直接任命的过程中，很容易受到人际关系、性格等主观因素的影响，进而造成对被任命者组织能力、执行能力的误判。

2. 社联团队对新上任主席团不了解。社联不只有主席团，还包括干事及联盟长。直接任命制导致主席团之外的工作人员根本不了解新上任主席团的作风，这使工作变得十分被动。

3. 直接任命对校园民主的发展有不利影响。作为学校三大学生组织之一，社团联合会应该在各个方面成为学生、社团组织的榜样。若社联不施行民主（代议投票、民主集中）选举，会带来消极后果。

生长的力量
树与石

张之俊

赞美　树与石

故事：2012 年 4 月 10 日下午，美国驻中国大使骆家辉先生和他的夫人李蒙女士访问北京市十一学校，并解读《赞美你：奥巴马给女儿的信》一书背后的故事。大使夫妇与十一学校师生一起分享了"赞美孩子"的心得与力量。会后，骆家辉大使和十一师生栽下了这棵被誉为"赞美树"的美国橡树。

意义："传递赞美"成为学校重要的文化印记。

道歉　树与石

故事：2011 年 10 月 11 日，学校购买了九棵大树。为赶时间，总务处安排工人连夜栽种，致使住在公寓南侧的同学休息受到影响。第二天，总务处向同学们公开道歉。由此，学校将每年的 10 月 12 日定为道歉日。

意义：提醒师生敢于自省，勇于承担，学会表达歉意，营造积极、温暖、和谐的校园文化氛围。

《十一学校行动纲要》

第 76 条　管理者肩负着传递赞美的重要任务，传递赞美也是最重要的管理活动之一。

第 25 条　坚持平等对话，学会换位思考，设立"道歉日"，培养协商与妥协的能力。

第 24 条　拥有感恩之心。别人的帮助让我们获取幸福，帮助他人让我们传递幸福，我们应懂得随时回报他人，并以感恩的态度回报社会。

将军林

60 周年校庆时，十多位将军共同种下的银杏树，被称为"将军林"。

微笑　树与石

故事：2012 年 3 月 5 日下午，美国杰出教师、《第 56 号教室的奇迹——让孩子变成爱学习的天使》的作者雷夫老师来到北京市十一学校访问。他在参观完校园、教室后与十一师生进行了亲切友好的交流。大家达成的共识是"微笑是一种很好的教育力量"。之后，雷夫和十一师生共同栽下了五棵象征"微笑"的苹果树。

意义：教师真诚的微笑是关注，是赞许，是友好，是不夸张的肯定，是激励学生的教育力量。

思方树

十一校园里还有很多有故事的树。例如，为纪念因病去世的方习鹏老师而种下"思方树"。

如何有效沟通？

吴凤琴

关键点：共同的目标
有效沟通一定要有共同的目标，有共同的需求。

01 充分准备

说什么？（沟通内容）
希望怎样？（沟通目的）
和谁说？（沟通对象）
怎么说？（沟通方式）
在哪儿说？（沟通地点）

02 有效策略

与领导沟通，立足服务。
与教师沟通，立足帮助。
与学生沟通，立足成长。
沟通的本质是换位思考。

有同理心　善于借力　换位思考

沟通的关键在于借力，"借力而行"才能实现有效沟通、成就大事。

03 关键技术

诊断——判断——决断

诊断——倾听：诊断的关键技术是倾听。
　　　　态度：良好的态度是沟通的第一要素。

判断——耐心：利于决策，帮助抚平情绪，利于问题解决。
　　　　等待：不要期待马上解决问题，或一次性解决问题。

决断——立场：不因质疑而退缩，不因言辞激烈而失态。
　　　　始终处于倾听和判断的良好状态利于决断。

04 沟通障碍

不清楚对方真实的想法。
没有共同目标。
缺乏倾听。
沟通方式有误。
已经产生的错觉带来的影响。

总结
　沟通不仅是一种技能，更是一门艺术。艺术贵在于精，精在于用心。

面向未来的 O2O
创造更多的可能性

什么是O2O？就是实现线上线下的无边界教学方式。这是一个全新的事物，孕育着无限广阔的实践空间和没有标准答案的探索价值。它首先挑战着一所学校对虚拟世界的顶层设计与前瞻性管理。因此，在第一张海报中，你可以看到十一学校的智慧校园的顶层架构，一张图里蕴含着一所学校对"互联网＋"时代的理解和为未来留有发展空间的设计思路。

此后的那些海报，那可谓八仙过海，各显神通。你会发现在适度失控的空间里教师们的无限创造力。纵观这些海报，不难分出教师实现"技术助力教学"的几种类型：一是如何让平时常用的工具平台更多地挖掘出其被隐藏的新功能和新价值，比如对WORD、EXCEL、POWERPOINT等传统平台的创新使用；二是如何与常用社交性媒体产生交互为我所用，比如利用微信、飞信的特质实现与学生的快速反馈；三是如何发现一些教育领域专属的工具、平台或APP，不断尝试，用真实的体验、感受传达哪些方式最适合教学。

智慧十一建设思路

宋 衍

关键词： 智慧校园 / 顶层规划

概要描述

十一学校不断探索新技术背景下的学校形态转变趋势，落实学校管理信息化建设，促进技术与教育教学的深度融合。

1. 构建智慧校园基础设施，主要是支撑全面常态化的 1:1 教学环境所需要的 3 类设施：校园智能网络升级，基于移动互联技术的智能终端设施，学科功能教室设备的完善。

2. 构建稳定的数据层，梳理已有平台以及业务中的数据，并建设 4 类数据库：数据中心、各系统业务数据库、教学资源库、决策支持库。

实践背景

互联网时代的到来，掀起了新一波社会转型，十一学校需要进一步探索人才培养模式的转变。学校应深刻认识到自身在教育模式转变过程中的使命，努力探索各类新技术与教育各环节的融合，实现学习方式的根本变革。

1. 信息时代学生学习方式转变的需要。

2. 新技术对教学、管理模式变革的需要。

3. 探索新形式下教育改革信息化支撑的需要。

十一学校一直走在全国课程改革、推进教学模式转变的前列，始终践行创造适合学生发展的教育。十一学校确立了教书育人、环境育人、服务育人、管理育人的理念，开展了学科功能教室的改造，实现了走班制的学生选课模式，但在实践过程中也遇到了许多困难。

1. 走班制带来的管理问题。

2. 走班制带来的学生教育问题。

3. 学校平台整合与对外交互问题。

实践过程

2014 年 10 月编写了"智慧十一"的顶层规划。

实践调整（网络改造、技术助力课堂）。

对 2015 年 10 月"智慧十一"建设思路进行改进。

正在进行数据中心建设。

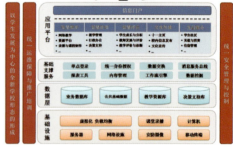

实践过程中遇到的难点

多系统的整合应用，数据中心建设。

实践效果

数字校园正在逐步建设程中。

未来改进计划

一站式服务，自助服务应用的建设。

技术助力课堂
——国际课程的研究

腾明俊　陶若婷　赵　蓉　王　飞　徐　莹　等

背景

国务院《关于积极推进"互联网+"行动的指导意见》。

"互联网+教育"。

O2O 教学，一种新的教学策略。

O2O 教学的特点

1. 交流的开放性。
2. 时空的穿越性。
3. 教学方式的多样性。

研究国际课程的意义

国际课程（A Level，AP，IB，项目课程）作为课程的重要分支，对国家课程和校本课程的建设有重要借鉴作用。

研究成果

经济

Mind Vector

学生可以方便地在移动终端上画出思维导图，用其进行单元总结或期末复习总结。复习时一目了然，非常清晰且容易保存。

Kahoot

Kahoot 是一个可以让学生做线上测试并实时看到结果的平台，给课堂带来了很多乐趣，学生也比较喜欢参加这样的小测验。

数学

教学流程

- 热身——APPLE TV 展示
- 知识讲解——手写板
- 互动——APPLE TV
- 课后复习——网盘

生物

- 利用视频总结章节内容
- 以视频为材料组织学生自学
- 作为课程补充资源
- 寓教于乐
- 将课堂延伸到课下

生物学科初步形成了一套以视频为主的、比较完善的课程资料。

化学

PhET 是基于拓展型教育的相关研究，它激励学生在直观的、游戏化的环境中进行探索和发现。

主要解决的问题
① 讲授复杂的操作或微观、抽象的知识。
② 再现科学探究的过程，提高探究效率。
③ 学习过程拓展在课前、课后。

研究展望

1. 流程一般化，明确具体课型和运用时机。
2. 平台共享化，学科间共享。

020 语文网络教学作法

闫存林

问题

1. 如何让每一个学生都积极参与学习讨论？
2. 学生的精彩讨论如何保存？
3. 如何将学习讨论延续到课下？

答案

语文网络学习！

怎么办

怎么操作呢？

1ST STEP

构建网络论坛平台

（或使用"豆瓣小组"）

语文网络实验室

| 资源呈现区 | 论坛讨论区 |
| 问题提出区 | 主题讨论区 |

2ND STEP

搜集与主题相关的资源，提供资源链接或者材料，上传到"资源呈现区"。

3RD STEP

教师根据教学目标设计学生要完成的任务，使每一个学生明确要做什么、怎么做、做到什么程度。

例如：

1. 你要阅读完文本资料与资料呈现区中至少 70% 的资源。
2. 在阅读过程中请提出不少于 2 个有价值的问题。
3. 阅读后完成以下任务。
① 回答规定问题 A 和 B。
② 至少与一位同学形成互动。
③ 提交一篇 500 字的评论。

4TH STEP

学生利用笔记本、iPad 与电子终端学习……

5TH STEP

教师点评，并利用论坛加分功能为每一条达成任务的结果进行评价。

6TH STEP

学生成果自动结集，形成"个人作品集"。

[反思]

1. 网络学习只是诸多学习方式中的一种，只是手段，不是目的。
2. 网络学习适宜大单元长课时学习。
3. 网络学习需要教师有及时的判断、评价能力。

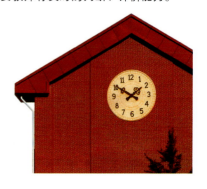

淘宝网和百度在工业区位因素教学中的应用

王 茜

淘宝网
Taobao.com

：老师，我们真的可以上课时逛淘宝网吗？

：是的，但今天我们不关注价钱哦！看奥运，啤酒必不可少，请大家先买瓶啤酒吧！

：好！买完啤酒买炸鸡！

：炸鸡不是问题，问题是淘宝网上的啤酒包装为啥不是常见的玻璃瓶装呢？

：老师的关注点果然不同……

玻璃瓶易碎，不能长途运输。你如果喝的是玻璃瓶的啤酒，那它一定是本地品牌。这就是市场指向性的工业企业呀！类似的还有新鲜牛奶加工厂。

：今天，我们啤酒不配炸鸡了，请大家买点新鲜虾仁下酒吧！

：您说配啥就是啥吧，搜到了！这回新鲜虾仁没有包装的问题啦！

：那就看看它们的产地有什么特点吧！

新鲜的虾仁一定产在沿海城市，因为它们不能长时间离开水呀！水产品加工厂就是要接近原料地的原料指向性工业哦！类似的还有水果罐头厂。

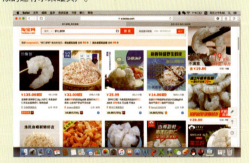

：要到秋天了，秋风起，放风筝。让我们先来买个风筝吧。这项运动曾在1900年出现在奥运赛场上呢！

：真的假的？我也是醉了！我买还不行！

：看看这回产地有什么特点？

：这回怎么全是潍坊呢？

现在世界上70%以上的风筝都出自潍坊。潍坊制作风筝的历史悠久，工艺精湛，这就是劳动力因素对工业区位的影响。类似的还有瑞士手表和法国葡萄酒产业。

：老师，咱们除了有技术娴熟的匠人做风筝，还有高素质的人才制造高新技术产品不是，咱能从淘宝上举个例子不？

：这……还真不好说，毕竟苹果上也没有刻乔布斯的名字，换个工具来说这件事儿吧。

：你说用啥就用啥。

高新技术产业要靠近科研院所和高校，那里有高素质的人才。类似的有世界各地的硅谷（日本筑波、德国慕尼黑和以色列的特拉维夫，如果有兴趣就在地图上搜一搜他们周围都有哪些大学和科研机构吧）。

：关于高新技术产业，我坚决不提"中关村"这三个字，毕竟在很多人眼里那就是卖电子产品的地方，好像跟高新技术产业没有半毛钱关系（中关村——中国第一个国家级高新技术产业开发区）。请大家在百度地图上搜一下武汉光谷。

：这也行？我也是服了！影响工业分布的动力因素你能举出例子吗？

：来看看这个全国有色金属冶炼的分布图吧。看这里，为什么韶关的有色金属冶炼企业这么多呢？

韶关地处广东省北部，北江上游，浈江、武江、北江三水交汇处，地形以山地、丘陵为主。由于雨量充沛，河流众多，落差大，水力资源丰富，可开发水电装机容量有近170万千瓦，有1000多家水力发电厂，这就不难理解韶关是"中国有色金属之乡"，有"中国锌都"的称号了吧？

：老师，开工厂也不能只考虑经济因素呀，咱们还得考虑环境不是吗？你还能从百度地图上举出例子不？

：好，家里的汽车要加油，你们知道是去加油站加对吧，那加油站的油从哪里来呢？

：（经过大眼瞪小眼和激烈的讨论后）应该来自附近的石油加工厂，石油加工厂将原油加工成汽油、柴油等……

：对了，北京附近的石油加工厂叫燕山石化，搜完材料后想一想：它为啥分布在北京城的西南呢？

石油冶炼会产生大气污染，所以石油加工厂选址需要考虑北京的盛行风向（冬季西北风，夏季东南风），分布在西南（与盛行风向垂直的郊外）对城区的影响最小。你可以再搜一下石家庄炼油厂和济南炼油厂，它们的分布也有类似规律哦！

：老师，那影响工业区位的因素还有地形、水源和工业基础等因素呀，你还能举出例子吗？

：我已经用尽洪荒之力啦，请同学们向高手请教吧！

改进初中思想品德课活动课教学的研究

刘 静 杨 静 辛晓莲 武丽娟 潘从红

痛点

从 2014 年至 2015 年，全体任课教师在课堂实践的基础上，对开展的活动课进行了反思：我们的活动课存在哪些问题？我们在头脑风暴后把问题归为几个方面。

1. 活动设计过于随意，没有标准，没有流程，对产生的问题没有预设。

2. 在活动开展过程中组织不力，偏离教学目标时教师没有及时有效地调整方案。

3. 活动开展后没有及时总结、梳理。

研究方法

1. 文献研究法。

2. 问卷调查法。

3. 课堂观察法。

4. 访谈法。

研究内容

1. 改进我校初中思想品德课活动课教学设计，完善不同方式活动课的流程设计。

梳理以往活动课实践案例，设计合理的活动课设计流程。

2. 改进我校初中思想品德课活动课课堂教学实践的研究。

我们将改进后的活动课在新的年级进行为期 1 年的实践研究，在课堂实践中记录发现的问题并加以解决，完善我校初中思想品德课活动的流程设计，探讨教学内容和活动课形式的适合程度。

3. 对活动课教学的评估与反思的研究。

教师对教学的评估和反思意识、反思能力，是有效实现新课程目标的重要保障。本次研究采用的评估与反思方式是：讨论课堂观察的记录，分析课堂目标的达成情况，和学生进行课下的访谈等，对活动课教学设计进行评估与反思。

研究成果

梳理出了几种常用的活动课流程、评价方法及课例。

①主题阅读课。

②辩论课。

③主题演讲活动。

④微课题研究分享答辩课。

⑤电影课。

⑥游戏活动课。

⑦参观活动课。

⑧模拟表演课。

例如，辩论课中辩论环节修改后的流程为：允许在每一轮结束后，有一个 1 至 2 分钟的小讨论、汇总。在对方提出质疑后，团队可以根据情况进行简单讨论，然后再继续辩论。若某个团队认为需要讨论的时候可以叫暂停。当然，这些时间都要算在团队的辩论用时中。

几何画板
助力课堂

贾祥雪

在黑板上画图又慢又不准，怎么办？

画的图一会儿就画乱了，怎么办？

上次讲过的图还想用，怎么办？

有了动点、动直线等动态变化，怎么办？

在一个图中用多种方法画图画乱了，画多个图又画不下，怎么办？

→ 通过使用几何画板，
我们解决了上述问题，
让几何课堂的讲解和交流变得更轻松、更直观。

**动态展示，
寻找不变量**

**逐步显示，
揭示思考路径**

**方法比较，
多角度总结、归纳**

如图，D 为 ABC 的边，BC 的中点，∠BAD=∠CAD，求证：AB=AC。

`显示法1辅助线` `显示证法1` `显示法2辅助线` `显示法2` `显示法3` `显示对象` `显示法4` `显示总结`

分析：直接看条件，符合 SSA 的形式（公共边 AD），无法判断，需要转化。

　　添加一个个按钮，根据需要显示或者隐藏相关内容，逐步揭示思考路径。这样，多个方法的对比也变得更加直观。

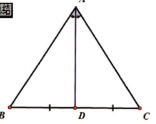

如图，C 为线段 AB 上一点，分别以 AC、BC 为一边在 AB 的同侧作正三角形△ACD 和△ECB，连结 AE、BD，分别交 CD、CE 于点 M、N。

（1）求证：AE=DB。

（2）求证：CM=CN。

`显示法1` `显示辅助线` `显示法2`

　　通过图上的标记，能直观显示相等的线段、角，也能用不同颜色标记点、线和区域。指代清晰，方便直观。

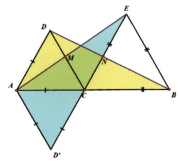

无线互动教学系统 进课堂

课题简介

越来越多的信息技术被应用到课堂教学中，不仅能让教学效率大大提高，还能帮助教师设计出多种全新的教学活动。

在小组讨论和合作学习型课堂中，生物教研组为了实时了解学生对知识的理解水平和学习状况，在课堂中引入了电子互动反馈系统，并基于此开发出一整套适合课堂互动的课件资料。

教师将每一个学生的学情信息数据化，能更加充分了解课堂和学生。

创意课堂

快乐参与

任春磊　张　敏　王春易　张　斌
苏新华　窦向梅　王爱丽　付　鑫

关键词： 互动教学 / 实时反馈

如何设计互动课程？

再造教学环节，减少不必要的教师讲授，提高学生的自主性，增加讨论、思考、反馈互动的比重。互动教学开发的一般流程如下。

> 确定当堂课的核心概念
>
> ↓
>
> 有针对性地设计互动问题
>
> ↓
>
> 将互动问题模块整合进教学
>
> ↓
>
> 形成多种互动模式
>
> ↓
>
> 课堂实施、检验、完善

我们设计了哪些课堂模式？

随机设问反馈型。
互动问题串联型。
探究 + 互动反馈型。
讨论观点表达型。
游戏抢答型。
双方对战型。

能收获哪些有用的信息？

观点统计

实时辨析或选择

全堂得分明细

学生学情信息库

学生学情信息库

在课堂互动反馈系统的支持下，我们得以快速记录每个学生对生物知识点的掌握程度，并统计出每个知识点被学生整体掌握的水平。由此可建立知识点与学生之间的双向信息库，充分了解学情，指导教师针对不同的学生或班级进行个性化的有效指导。

下表是经过多轮不同题型测试统计后获得的单个教学班知识点掌握度清单。……

模块	单元	知识点	平均掌握度	概念理解	实验探究	获取信息	综合运用
分子与细胞	组成生物体的化学成分	细胞中的化学元素	5	5		5	
		无机物	5	4		5	
		有机物	4	3		5	

互动反馈系统能提供哪些辅助？

★ 提问可覆盖全体学生，每个人都能积极思考。

★ 学生参与思考的程度和效果都能加以量化分析。

★ 统计结果实时呈现，师生能及时获得反馈。

★ 记录下每个学生对每个核心知识点的掌握情况。

★ 建立学情大数据，便于教师追踪辅导。

iPad 助力文言文教学

李月芹

一、课程定位《初中文言文基础阅读》

哪些学生用 iPad 学习文言文，能解决什么问题？

1.《初中文言文基础阅读》是辅助《初中基础语文》课程的自选课程。

2. 不是针对文学素养比较高的学生，而是针对语文基础比较弱，学习文言文有困难，对学习文言文不感兴趣的学生。

3. 使在文言文上学习落后、对文言文学习不感兴趣的学生了解并记住文言文的基本知识。

课堂教学模式

学生自由朗读课文 ➡ 开始用 iPad 检测学习起点并根据课本要求自学 ➡ 通过 iPad、工具书、同伴或老师解惑 ➡ 学生记忆巩固知识 ➡ iPad 网络答题诊断 ➡ 教师对错误率高的知识集中讲解 ➡ 过关学生开始用 iPad 玩益智类语文游戏。

二、我的课堂

1. iPad 引进文言文课堂再造了教学流程。

① 学生的学习流程变得非常灵活。

② 针对有基础和没基础的学生分别设置了不同的流程。

③ 让学生利用碎片化的学习时间，随时随地进行学习，将学习延伸到了课堂外。

2. 助力文言基础不好的学生养成自主学习的能力。

成绩的即时反馈和分数的提升会让学生获得即时的鼓励，增强他学习文言文的信心。

同时，帮助学生建立属于自己的"线上错题集"。学生自主学习时可以直接切入自己的薄弱环节，提高学习的效率。

学生能够清晰地认识自己、发现自己，并且能够在"线上题库"的帮助下自主进行巩固落实或超前学习，逐渐培养起自主学习能力。

3. 即时的反馈和奖励激发了学生学习文言文的兴趣。

新技术在解决学生学习问题的即时性和便捷性上呈现出明显优势。

即时跟进式的奖励，既不忽略学生的任何一次进步，又能很好为他的不足保密，使他不会感到自卑。

用 EXCEL 进行数据处理的方法

陆江涛

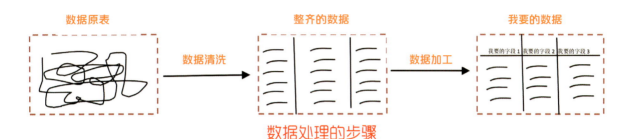

| 数据原表 | 整齐的数据 | 我要的数据 |

数据清洗　　　数据加工

数据处理的步骤

───── 数据清洗 ─────

1. 查找重复数据

1. 条件格式法：常用指数：☆☆☆☆☆，操作："开始" ⟶ "条件格式" ⟶ "突出显示单元规则" ⟶ "重复值"。

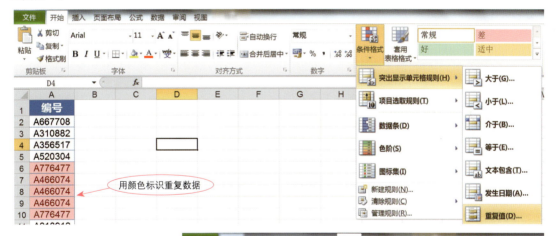

2. 高级筛选法：常用指数：☆☆☆☆，操作：选择重复的单元格区域，"数据" ⟶ "高级" ⟶ 填写"高级筛选"对话框内容。

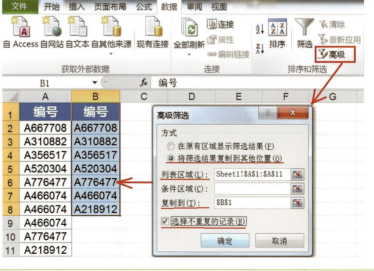

数据清洗

1. 查找重复数据

3. 函数法：常用指数：☆☆☆，操作：输入函数 COUNTIF（rang，criteria）。技巧：控制数据范围。

公式密钥	COUNTIF (rang, criteria)
简介	对区域中满足单个指定条件的单元进行计算
rang	要计数的单元格范围。
criteria	计算条件：形式可以为数字、表达式或文本。

	A	B	C	D	E
1	编号	重复标记	第二次重复标记	重复项公式	第二次重复项公式
2	A667708	1	1	COUNTIF(A:A,A2)	COUNTIF(A$2:A2,A2)
3	A310882	1	1	COUNTIF(A:A,A3)	COUNTIF(A$2:A3,A3)
4	A356517	1	1	COUNTIF(A:A,A4)	COUNTIF(A$2:A4,A4)
5	A520304	1	1	COUNTIF(A:A,A5)	COUNTIF(A$2:A5,A5)
6	A776477	2	1	COUNTIF(A:A,A6)	COUNTIF(A$2:A6,A6)
7	A466074	3	1	COUNTIF(A:A,A7)	COUNTIF(A$2:A7,A7)
8	A466074	3	2	COUNTIF(A:A,A8)	COUNTIF(A$2:A8,A8)
9	A466074	3	3	COUNTIF(A:A,A9)	COUNTIF(A$2:A9,A9)
10	A776477	2	2	COUNTIF(A:A,A10)	COUNTIF(A$2:A10,A10)
11	A218912	1	1	COUNTIF(A:A,A11)	COUNTIF(A$2:A11,A11)

（B列"总共重复的次数"，C列"当前位置重复几次"）

2. 查找空白数据

查找所有空白单元格并一键填入数据，常用指数：☆☆☆☆☆，技巧：Ctrl+Enter。

Ctrl+Enter 快捷键，所有空白单元格输入相同内容。

	A	B	C	D	E	F	G	H
1	日期	地区	业务员	品名	销量（个）	单价（元）	销售额（元）	月份
2	2010/1/6	A	张三	订书机	95	7777	738815	1
3	2010/1/23	B	王五	钢笔	50	35	1750	1
4	2010/2/9	B	周六	钢笔	7777	35	272195	2
5	2010/2/26	B	周六	笔记本	360	15	5400	2
6	2010/3/15	C	田七	订书机	600	25	15000	3
7	2010/4/1	A	李四	铅笔	7777	0.5	3888.5	4
8	2010/4/18	A	周六	订书机	740	25	18500	4
9	2010/5/5	B	周六	钢笔	960	7777	7465920	5

3. 检查数据逻辑错误

公式密钥	IF (logical_test, value_if_true, value_if_false)
简介	执行真假判断，根据逻辑计算的真假值，返回结果。
Logical_test	表示计算结果为 TRUE 或 FALSE 的表达式。
value_if_true	为 TRUE 时的返回值。
value_if_false	为 FALSE 时的返回值。

	B	C	D	E	F	G	H	I	J
1	问题：每行1的个数是否小于等于3？							检验	输入的公式
2	A	B	C	D	E	F	G		
3	0	0	1	1	0	1	0	正确	IF((COUNTIF(B3:H3,"<>0"))>3,"错误","正确")
4	1	1	0	1	0	1	0	错误	IF((COUNTIF(B4:H4,"<>0"))>3,"错误","正确")
5	1	0	1	0	2	0	0	正确	IF((COUNTIF(B5:H5,"<>0"))>3,"错误","正确")
6	1	10	1	0	1	0	0	正确	IF((COUNTIF(B6:H6,"<>0"))>3,"错误","正确")

注：COUNTIF（B3:H3，"<>0"）表示对 B3:H3 区域中不等于 0 的单元格进行计数，再将结果和 3 比较，大于 3 错误。

数据加工

1. 字段分裂

函数法：常用指数：☆☆☆☆☆，操作：输入函数 LEFT（text，[num_chars]），或 RIGHT（text，[num_chars]）。

公式密钥	LEFT（text,[num_chars]）
简介	得到字符串左部指定个数的字符
text	包含要提取字符的文本串。
num_chars	要提取的字符个数

	A	B	C
1	姓名	姓	公式
2	黄雅玲	黄	LEFT(A2,1)
3	王伟	王	LEFT(A3,1)
4	谢丽秋	谢	LEFT(A4,1
5	王俊元	王	LEFT(A5,1)
6	孙林	孙	LEFT(A6,1)
7	王炫皓	王	LEFT(A7,1)
8	张三丰	张	LEFT(A8,1)
9	李四光	李	LEFT(A9,1)
10	王麻子	王	LEFT(A10,1)

2. 字段匹配

从其他数据表中获取字段，常用指数：☆☆☆☆☆，操作：输入函数 VLOOKUP（value,table,col,range）

公式密钥	VLOOKUP（lookup_value, table_array, col_index, range_lookup）
简介	执行真假判断，根据逻辑计算的真假值，返回结果。
lookup_value	要在表格或区域的第一列中查找的值，其参数可以是值或引用。
table_array	table_array 第一列中的值是由 lookup_value 搜索的值，。
col_index	希望返回的匹配值的序列号，其参数为 1 时，返回 table_array 第一列中的值…。
range_lookup	近似匹配(1)，还是精确匹配(0)，一般情况选 0。

3. 数据分组：使用 VLOOKUP 函数实现

问题：根据价格进行分类。在左侧表中，根据价格查找右侧表的阀值，得到分组信息，填入价格分类中。

	A	B	C	D	E
1	价格	价格分类	公式	阀值	分组
2	0	0-5元	VLOOKUP(A2,$D$2:$E$12,2)	0	0-5元
3	0.4	0-5元	VLOOKUP(A3,$D$2:$E$12,2)	5	5-10元
4	2	0-5元	VLOOKUP(A4,$D$2:$E$12,2	10	10-15元
5	5.5	5-10元	VLOOKUP(A5,$D$2:$E$12,2	15	15-20元
6	4	0-5元	VLOOKUP(A6,$D$2:$E$12,2)	20	20-25元
7	100	50元及其以上	VLOOKUP(A7,$D$2:$E$12,2)	25	25-30元
8	50.7	50元及其以上	VLOOKUP(A8,$D$2:$E$12,2)	30	30-35元
9	47	45-50元	VLOOKUP(A9,$D$2:$E$12,2)	35	35-40元
10	40.1	40-45元	VLOOKUP(A10,$D$2:$E$12,2)	40	40-45元
11	40	40-45元	VLOOKUP(A11,$D$2:$E$12,2)	45	45-50元
12	36	35-40元	VLOOKUP(A12,$D$2:$E$12,2)	50	50元及其以上

注：由于省略了 VLOOKUP 最后一个参数 range_lookup，默认是近似匹配，A 列的值接近而不大于阈值。

豆瓣里的读书天地

石昭慧

痛点与目标

[以前的问题]

课堂上没有足够的时间教学生如何阅读，学生的交流也有局限。

["理想国"目标]

生生、师生可以自由地交流自己的思想；
学生更加热爱读书，并"会读书"；
学生提高写作水平。

创建"理想国"

2016年3月，石昭慧老师在豆瓣上建立了自己的"语文理想国"。

组织讨论

起初，石老师在小组中布置作业，并适时根据授课内容在课堂上或课下发布讨论问题。

布置作业			
第5周周作业：《水浒传》阅读心得	美考考	46	03-28 09:36
第6周（3.28-4.3）周作业：《水浒传》阅读心得	美考考	84	04-06 22:46

问题讨论			
关于武松	美考考	4	03-28 09:26
李清照四首异同点比较研究	美考考	64	03-28 22:25
吴用和诸葛亮的比较	美考考	12	04-02 11:45
宋江形象	美考考	7	04-05 15:15
李逵	美考考	31	04-05 15:23

学生讨论

 龙猫 2016-03-26 14:20:09

李清照四首词分析
By 徐如虹
有些作家一生的作品都有着单一的风格，但李清照并不属于这些人，她前期与后期作品所寄托的感情可谓是完全不同，而她作品感情的分界线便是国家的灭亡以及丈夫的去世。《如梦令》和《点绛唇》这两首词基本都是……

老师点评

 美考考（永远按自己的心意生活） 2016-03-28 10:17:17

李清照四首词比较研究比较同一作者的不同作品，应从写作时期入手。我们分析过李煜的诗词，这位……T.yq

从天真烂漫到红颜寂寞再到孤独落寞，是人生脱变的过程。不必急于分早晚。说得好啊！

自觉交流

老师主动 ➡ 师生互动 生生互动

学生开始发布自己感兴趣的话题；
更多的，是交流读书的感情。

学生开始发布自己感兴趣的话题			
说说你们遇到过印象深刻的人吧	菌叶	2	04-12 21:06
有没有一刻你感觉读书真有用	晴里sc	24	05-15 20:44
讨论：读书的意义是什么？	望望	47	05-11 20:30
我们为什么要学语文	柿子·理时的喵～·^	18	06-02 11:26

悄然变化

悦读——秦含章同学的感悟

上个学段末的时候，老师让我们阅读一本很薄的名书，叫作《牧羊少年奇幻之旅》。

开始时，我抱着一种应付的心态去读，觉得这种幼稚的名字一看就不是什么好书。
……

转变——"蔡神"蔡鸿蔚的成长

以前的蔡神：对语文没自信，作文难成文；豆瓣小组里的"挑刺"专业户。

现在的蔡神：比以前自信多了，更重要的是，能写出作文了！

 孩子未来是你的 2016-05-20 18:26:38

《我心无畏》艾弗森自传阅读心得
读了艾弗森的自传，感慨很多，一个单亲家庭里的孩子，家庭整天在贫困线上挣扎，继父还多次入狱，生活中充斥着毒品还有枪支，能够做到像艾弗森一样几乎不沾毒品和枪支已经很不错了，而艾弗森还成为篮球明星，在中学时期更是橄榄球和篮球双重明星。综上，我认为让艾弗森成功的是他的心。
……

O2O 模式在初中英语听说个别化教学中的运用研究

覃思　张恒梅　文春宇　孙妍　黄芳

教师线上发布任务和评价

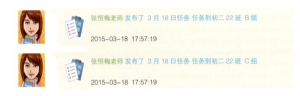

张恒梅老师 发布了 3月18日任务 任务到初二22班 B组
2015-03-18 17:57:19

张恒梅老师 发布了 3月18日任务 任务到初二22班 C组
2015-03-18 17:57:19

……

O2O 模式下的听说学习
线上"班级圈"和线下"体验店"

基于多种技术的
线上"班级圈"　←→　基于学习任务的
线下"体验店"

……

Task4 Listen one of the news interests you most and finish the tasks of different levels. You have three choices: answer questions; design questions; retell and state you opinion

Task A Less challenging tasks: answer questions

Step 2 Listen and answer the questions.

News one Child Beggar who Asked for Pencil Inspires Man to Build 206 Schools

……

O2O 模式下的听说教学流程

教的流程

推出线上听说任务

↓

指导学生完成线上预习，明确每一位学生的重点、难点

↓

课堂分层分区教学，设计不同层次的听说任务，与不同区域的学生对话交流

↓

精讲释疑，组织不同区域的学生完成课堂活动和学习任务

↓

有针对性地跟进评价每个学生的听说学习情况

↓

指导学生利用线上平台进一步拓展深入

学的流程

学生根据教师指导，自主完成线上听说预习任务，初步达成学习目标，找到学习中的问题和困难

↓

学习小组讨论，明确自己的重点、难点和学习目标达成情况

↓

课堂学习时，在自主听说练习和合作讨论中解决预习中的疑难

↓

针对自身的重点、难点完成听说学习任务，在与小组同学交流、听教师精讲和一对一交流中释疑提升

↓

完成适合自己的巩固任务，根据达成情况反思并改进

↓

课后在线上平台选择适合自己的听说学习任务进一步巩固

O2O 模式带的来变化

学习过程多样化并且有无限可能　　精准定位需求

课堂思维训练时间压缩，为自由思考释放了空间　　拓宽思维空间

培养学生在多样的社交形式中成长　　制定管理规范

"盒子鱼"听说学习平台数据反馈

听说教学中存在的突出问题，包括学生英语听说学习兴趣不足，能力差异大，学习方式需要优化，听说落实不到位等。O2O 教学模式可以借助盒子鱼、海 E、英语流利说等英语听说学习平台，帮助我们定位不同学生现阶段听说学习的需求，指导其高效完成线上学习，建立线上"班级圈"，激发不同层次学生的英语听说学习兴趣。在线上学习的基础上，建立线下"体验店"，引导学生参与有针对性的课堂活动，帮助不同层次的学生落实线下的课堂课后学习，优化听说学习方式。

依据数据引导学生学业发展

吴司博

实践背景

　　实施走班制后，教师与每个学生见面的时间有限，如何更好地了解学生在物理学习中出现的问题？如何帮助孩子面对物理中考？……随着网络阅卷在校园内的普及应用，诊断平台的不断完善，很多科学数据为我们提供了解决这些问题的机会。

实践流程

　　1. 根据"中考说明"，用 EXCEL 文件建立物理中考知识点细目表。
　　2. 登录"学业诊断与考试分析"平台，录入中考知识细目表，规范各个知识点的具体要求，如"了解、掌握、理解、实验"等。
　　3. 诊断前，将各个诊断试题与学科细目表中的知识点相互匹配，在平台上建立诊断文件。
　　4. 诊断后，录入学生各个小题的得分，得到所需数据。
　　5. 分析数据，根据数据建立学生档案，实施个别化指导与服务。

| 1.1.3 估测常见物理长度、质量、时间 |
| 1.1.4 用密度公式解决有关问题 |
| 1.1.5 力的三要素 |
| 1.1.6 力的作用效果 |
| 1.1.7 重力与质量的关系 |
| 1.1.8 影响滑动摩擦力的因素 |
| 1.1.9 同一直线二力合成 |
| 1.1.10 用二力平衡条件解决问题 |
| 1.1.11 运动和静止的相对性 |
| 1.1.12 运用速度公式进行简单计算 |

各科"学业水平能级"柱状图

分析提示：此图直观表达了学生的各科学业水平。

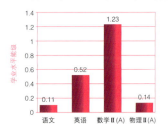

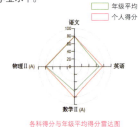

各科得分与年级平均得分雷达图

数据分析 1

　　从"学业水平能级"图和"各科得分与年级平均得分雷达图"可以看出，该生的总体学业水平处于年级平均水平之上，其英语和数学是优势学科，而物理具有很大上升空间。

数据分析 2

　　查看"主客观题组块"和"知识点细节分析"，发现该生在四个知识点上存在问题："物态变化"、"运动和静止的相对性"、"计算平均速度"和"辨别乐音的三要素"。这四个知识点都涉及对物理基本概念的理解，与平时的生活息息相关，属于需要"了解、掌握"部分。

实践结果

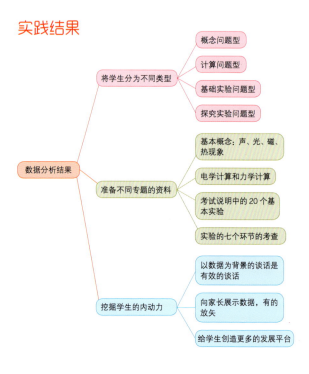

物理II（A）学科知识点细节分析

结构	满分	本人得分	本人得分率	课程得分率	课程前30%得分率	学业水平能级
1.3 汽化和液化	19	17	0.89	0.91	0.96	-0.12
1.3.1 理解汽化	17	15	0.88	0.9	0.98	-0.15
1.3.2 理解液化	2	2	1	0.97	0.99	0.16
1.5 生活和技术中的物体变化	3	0	0	0.29	0.58	-0.58
1.5.1 生活和技术中的物体变化	3	0	0	0.29	0.58	-0.58
3.1 运动与静止	4	2	0.5	0.84	0.96	-1.16
3.1.1 理解运动与静止	4	2	0.5	0.84	0.96	-1.16
平均速度和瞬时速度	17	11	0.65	0.67	0.82	-0.1

物理II（A）主客观题组块

结构	满分	本人得分	本人得分率	课程得分率	课程前30%平均得分率	学业水平能级
客观题组块	40	27	0.68	0.72	0.86	-0.31
主观题组块	60	54	0.9	0.83	0.96	0.4

移动互联时代
如何开展家长学校工作

霍文娟

QUICK MENU 概要描述

这里介绍了直升初一 2015 至 2016 学年在引导家长方面做出的努力和探索。在过去的一年里，家校工作通过微信公众平台、家长委员会、读书会、学生视角叙事等多种形式开展了"与家长一起进步"的活动，取得了良好效果。

QUICK MENU 痛点及原因

无论是家长还是老师，我们每天都做着跟教育相关的事情。从某种程度上来说，家长和老师是同事。对培养一个特定的孩子来说，家长甚至起到更关键的作用。一个家庭对孩子的影响可能远超我们的想象。在日常的教育工作中，我们明显意识到，如果家庭教育出了问题，孩子们的在校表现势必会受到影响。值得庆幸的是，家长们的教育理念是可以改变的。我们努力开拓各个渠道使家长和学校的教育理念达成一致。

QUICK MENU 实践类别

教育主题读书会

家委会好文分享

家委会讨论教育

学生视角叙事

QUICK MENU 改善方向

收集并筛选引导家长的文章和书目是实践过程中遇到的难点。希望以后能发动老师们不断积累有深度的教育主题文章，形成引导家长的资料库。

妙用Excel&批处理
提高处理学生数据的工作效率

韩思瑶

- 老师们在日常处理学生的数据时常常会遇到需要多次批量处理的工作，人工做起来会非常麻烦。

- 巧用Excel+Win批量操作指令，可以让整个工作变得简单、快捷。

- 快速解决冗余工作，提高工作效率。

场景1： 批量建立以学生学号命名的文件夹

需要建立学生的个人档案文件夹并且以学生学号或者姓名命名

1. 建立一个文本文件，以.bat为后缀名保存。

2. 建立一个Excel文件，第一列全部填充为md，第二列填充文件名，如以学生学号为文件名建立16个学生的文件夹，第二列则为这16个学生的学号。

3. 将Excel文件中的内容复制到.bat文件中并保存。

4. 将.bat文件放在指定文件夹下面，双击运行即可。

Step 01　Step 02　Step 03　Step 04　Done！

场景2： 批量修改学生、教师照片的文件名

需要将文件名进行批量处理，如改照片的命名方式，这时候第一步就是将所有的文件名读到文件中，再进行批量处理

💬第一步：将所有照片的名字读入文件

1. 打开Command Prompt（Windows系统），或者Terminal（Mac系统），搜索Cmd或者Terminal即可弹出。

2. 在光标处输入cd＇文件夹路径＇。这里的路径可以直接拷贝文件管理器中的文件夹路径并粘贴，然后点击回车。

3. 在光标处输入dir>>文件名列表.txt（Windows系统）或者ls>>文件名列表.txt（Mac系统）然后点击回车。这里的文件名列表文件可以自己命名，如1.txt等。

4. 这样就将当前文件夹下的所有文件的文件名读到文件"文件名列表.txt"中。

💬第二步：批量修改照片名字

1. 新建 Excel 文件，第一列用 ren 填充，第二列写修改之前的文件夹名或者文件名，第三列写修改之后的文件夹名或者文件名。

2. 在当前目录下新建一个 .bat 文件，并将整个 Excel 文件中的内容拷贝粘贴到这个 .bat 文件中，保存。

3. 双击运行这个 .bat 文件。

💬其他tips

文件处理软件：notepad++

Step 01　Step 02　Step 03　Done！

利用 App 学习 "我国的行政区划"

韩 英

教学背景

"我国的行政区划"是八年级上册的第一章第一节，是学生学习中国地理的开始。学习此内容前，学生已经学习了我国"优越的地理位置"，认识了我国的半球位置、海陆位置、大洲位置、疆域范围，了解到我国是一个海陆兼备的国家。

教学目标

通过实例分析了解我国行政区划的级别，借助 App 了解我国行政区划中省级行政区划的名称、简称和行政中心，利用 App 中的拼图通关游戏进行学习。

教学流程

讲授新课	**导入**	学生购物时的快递地址、学校地址，分享老师家乡的地址。 用高德地图演示自治区的行政区划名称。	引出我国行政区划，开始本节课的学习。
	教师讲授	分析不同收货地址的名称和级别。	了解我国行政区划的级别，以及不同类型级别的不同名称。
	教师演示	通过 Apple TV，展示"中国地图"和"趣味地图"的操作指南。	介绍使用技巧，为学生自主学习做好铺垫。
	学生自主学习	利用携带的移动终端 App 自主学习；教师随机抽查学生学习情况，并通过 Apple TV 实时播放学生的学习画面；巡查过程中解答学生的疑问。	认识我国 34 个行政区划的名称、简称和行政中心。
	班级交流	随机点名，请同学分享自己记忆的方法和技巧。	通过复述，加强学生对已经掌握区域的记忆；同学间互相分享方法和技巧。
	教师讲授	总结记忆我国行政区划的方法和技巧，老师演示"中国地理测验"操作步骤。	强化学习内容，学生选择适合自己的方法。
	学生自主学习	借助"中国地理测验"App，进行自主学习。	利用 App 检测学习效果。
	拼图游戏	计时练习，进行速度比拼。	趣味比赛，激发学生的兴趣，把学习延伸到课外。

课堂小结

很多学生进行了不同层级的拼图游戏，多渠道检验自己掌握的知识。课下学生可以继续根据老师提供的 App 进行学习。

承上启下，激励学生在课外继续进行学习。

课堂反思

本节课学生利用 App 开展学习，课堂氛围活跃，学习积极性高涨。学生自己掌握教学进度，挑战自我，实现了个性化学习。学习过程中，老师可以及时辅导学生。对带有游戏性质的闯关活动，学生学习兴趣浓厚。苹果平台上支持的 App 较多，从知识讲解、闯关到测试，一应俱全。学生自带的移动终端差异较大，个别同学的移动终端不支持软件运行，导致这些同学只能和别人合用软件学习。今后在课堂教学中要注意精选每个学生可用的 App。

问卷星助力课堂教学

程 卓

说明："问卷星"是一个专业的在线问卷调查、测评、投票平台。问卷星在进行教学需求个性化问卷设计方面；可以发挥重要作用。

结果呈现1：利用问卷星创建考试问卷，有效进行课堂检测及知识竞答。

生物学霸排行榜（第1期）[ID:6288866]　运行中　答卷：115 提醒　2015-11-09
📋设计问卷▾　📥回收答卷▾　📊分析&下载▾　⏸停止　📄复制　❌删除　📁文件夹

2014年高二生物期中考试部分试题（第四）[ID:6088674]　运行中　答卷：65 提醒　2015-11-01
📋设计问卷▾　📥回收答卷▾　📊分析&下载▾　⏸停止　📄复制　❌删除　📁文件夹

程卓班级复习作业1-4[ID:5923927]　已暂停　答卷：32 提醒　2015-10-13
📋设计问卷▾　📥回收答卷▾　📊分析&下载▾　▶运行　📄复制　❌删除　📁文件夹

程卓班级小测[ID:5927169]　已暂停　答卷：30 提醒　2015-10-12
📋设计问卷▾　📥回收答卷▾　📊分析&下载▾　▶运行　📄复制　❌删除　📁文件夹

吕俊鸟生物必修1第1~4章出国班小测[ID:5928646]　运行中　答卷：51 提醒　2015-10-12
📋设计问卷▾　📥回收答卷▾　📊分析&下载▾　⏸停止　📄复制　❌删除　📁文件夹

吕俊鸟生物必修1第1~4章小测[ID:5916384]　运行中　答卷：60 提醒　2015-10-12
📋设计问卷▾　📥回收答卷▾　📊分析&下载▾　⏸停止　📄复制　❌删除　📁文件夹

查漏补缺小测 王爱丽[ID:5921442]　运行中　答卷：62 提醒　2015-10-11
📋设计问卷▾　📥回收答卷▾　📊分析&下载▾　⏸停止　📄复制　❌删除　📁文件夹

利用问卷星创建的检测试卷

序号	所用时间	总分	您的姓名	题目1	题目2
2	867 秒	58	王某某	3	3
3	946 秒	44	吴某某	3	3
4	1011 秒	46	闫某某	3	3
5	1195 秒	48	傅某某	3	3
6	1208 秒	54	杨某某	3	3
7	1035 秒	46	孙某某	2	3
8	1206 秒	52	杨某某	3	3
9	1093 秒	34	欧某某	4	3
10	1212 秒	48	马某某	3	3
11	1440 秒	56	李某某	3	3
12	976 秒	56	李某某	3	3
13	769 秒	56	吴某某	3	3
14	1763 秒	52	王某某	3	3
15	1800 秒	52	任某某	3	3
16	1198 秒	50	马某某	3	3
17	133 秒	44	付某某	3	3
18	1922 秒	42	陈某某	3	3
19	1971 秒	50	李某某	3	3
20	1457 秒	50	孙某某	3	3
21	2260 秒	46	刘某某	3	3
22	2252 秒	52	王某某	3	3
23	2262 秒	44	梁某某	3	3
24	430 秒	44	孙某某	3	3
25	2362 秒	38	李某某	3	1

查看答卷，及时掌握学生的答题情况

使用流程（流程主导）

在线设计问卷
↓
发布问卷
设置属性
↓
发送问卷
↓
查看调查结果
↓
创建自定义报表
↓
下载调查数据

结果呈现2：利用问卷星创建投票问卷，快速确定学生感兴趣的教学内容。

请从以下视频内容中选取你最感兴趣的一项 * [多选题]

☐ 萌宠成长记
☐ 植物王国
☐ 自然生态精选
☐ 两性奥秘
☐ 北极故事
☐ 地球脉动
☐ 动物末日
☐ life story

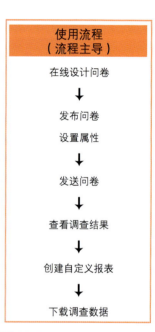

life story：21.21%
萌宠成长记：42.42%
植物王国：6.06%
自然生态精选：9.09%
两性奥秘：33.33%
北极故事：24.24%
地球脉动：30.3%
动物末日：51.52%

结果呈现3：利用问卷星创建调查问卷，及时发现学生在学习中的问题并实施干预。

新学期学生需求调查

1. 你的班级 *
○ 生物 IB-2
○ 生物 IA-6
○ 生物（E）起点
○ 生物（E）直升

2. 你的姓名 *

3. 通过一个学期的生物学习，你认为自己擅长哪种类型知识的学习？（提示：例如基础知识理解记忆、数理计算、实验探究等）*

4. 同上，你认为自己在哪种类型知识的学习上比较吃力？（提示：例如基础知识理解记忆、数理计算、实验探究等）*

微信在教学中的妙用

吴司博

实践背景

微信已经成为人们的一种生活方式，中国有超过7亿人在通过手机或电脑使用微信。微信的功能强大，可以支持语音、视频、图片和文字，可以群聊，且耗流量很少。巧妙地应用微信，让它助力教学，是我们值得思考与实践的问题。

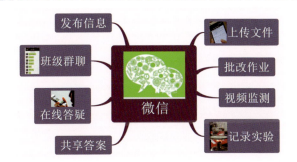

微信有这些妙用，你还能想到哪些？

雾霾来了，微信可以帮助我们"对抗"

雾霾天气，学生在家自主学习，老师如何引导和监控？

学生：将作业通过微信发给老师。
老师：接收作业，在电脑上保存为 JPG 格式，用画图软件打开，编辑，保存，通过微信"发送文件"反馈给学生。
学生：查看作业，在群中讨论，在线提出问题。
老师：在线语音答疑或书写解题细节。

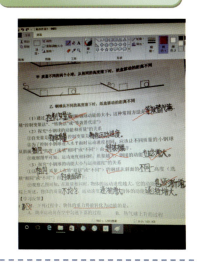

水沸腾时，用慢动作拍摄下来的气泡像海蜇在游荡。

微信记录实验

1. 走入科技馆，将看到的现象、听到的声音记录下来，与其他同学分享。
2. 课堂上做实验的现场妙趣横生，记录下来与老师、家长、同学共享。
3. 不易观察到的现象，用"**慢动作**"拍摄，在电子白板上通过微信播放，一起观察。

实践结果

在互联网时代，微信通过手机和电脑扮演着多重角色——邮箱、投影仪、纸张等。通过微信共享文稿、图片和视频，课堂上合理地应用微信，会产生事半功倍的效果。

育人为先的毕业季
高三是一所学校的文化表征

在这次教育年会中，我们特意设立了高三专区，将连续三届以来十一学校的高三经验经过梳理整合呈现出来，这也是对高三育人价值的一次集体反思。

高三，是一个非常理想又特别现实的结合体。学校是否真正转型，以学生为中心的价值观是否真正落地转化为教师的日常行为，尤其可以体现在高三时段里。

在这一辑中，您可以看到十一学校对待高三学习的几个关键词。

一是方法。如何通过桌椅的摆放，让教师更多地关注到每一个学生的差异；如何通过板书的设计，让学生能够提纲挈领地掌握关键信息，抓住核心要素；如何通过学材的重组，让学生依然可以通过自主学习来发现自己的优势及主动寻求精准的帮助。

二是效益。减去一些作业或考试的负担，通过调适心理状态和设计学习进程与节奏来提升复习的效益；通过有针对性的分类指导和个别化的精准诊断，不靠题海战术，同样也能实现效益的增值。

三是成长。高三是一个微妙的节点，孩子们成人了。这意味着他们变得更加独立，更加富有责任感，那么，如何通过空间的设计，传递文化的力量；如何通过教师们自身的学习去影响学生成为终身学习者；如何通过高挑战设计，让学生获得坚毅的品质和积极的心态，这些都是成长的意义。

汪春燕

行走的桌椅

变革实施

变革 起点

传统"秧田式"座位摆放适合于"教师讲学生听"、"教师布置学生执行"的教学方式，往往缺乏平等性和针对性，尤其到了高三，这种大规模、标准化、集体式的教学方式更加无法实现提升精准度和体现个别化的高效学习。因此，从教室里摆放桌椅开始，重新建构师生关系，进而创造出适合不同学习需求的学习方式势在必行。

两人组组合方式

○ 水平相近型。
○ 优势互补型。
○ 性别搭配型。

四人组组合方式

○ 趣味相投，长期组合。
○ 共性问题，临时组合。
○ 角色分工，任务驱动。

五人组组合方式

○ 便于独立学习与小组合作的灵活转化。
○ 有利于"学生小导师"发挥领学作用。
○ 有助于观点相悖或意见相左的阵营互相碰撞与探讨。

六人组组合方式

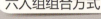

○ 便于独立学习与小组合作的灵活转化。
○ 有利于"学生小导师"发挥领学作用。
○ 有助于观点相悖或意见相左的阵营互相碰撞与探讨。

自由组合原则

变革 效果

不断行走的桌椅变化，既增加了每位学生的相互接触与了解，也有利于教师在真实学习状态中识别学生的优势与不足，而且充分利用 80 平方米的有限空间潜移默化地渗透了地理空间概念。

○ 充分暴露每一位学生的认知水平和理解程度，便于教师识别。
○ 教师提出半开放的问题，学生通过"说给别人听"产生"最好的学习"。
○ 用站立式交流取代课堂书面小测，起到劳逸结合的效果。

教本变读本
——助力学生的自主学习

王笃年

高中生的学习跟初中生、小学生的学习应该有很大不同。一是学生已经具有相当的知识基础，只要资源充足，他们自己可以通过阅读、实验、讨论学会很多内容。二是高中的学习目标不再以知识和技巧为主，而是学科核心概念与观念（核心素养）。这些东西主要靠独立阅读、深入思考、切身体验而建构，单纯的传授不能实现。第三，高中学生之间的个体差异更大，教学必须考虑个别化因素，大一统的课堂效率往往是最低的。很多时候，教师的集中讲解是课堂的毒药。

把老师"多年的经验与学习心得"写入读本，
可以最大限度地帮助学生。

化学Ⅲ读本的五大特色

1. 针对十一学生的水平与化学学习的需求，适当增加学习内容。

2. 加强"三个联系"——联系生产生活、联系学生现有生活和学习经历、联系学科未来发展与应用前景，培育学科情感。

3. 设计穿插"思考讨论"栏目，激活读者大脑，促进学科思维发展。

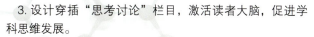

4. 实现习题分类与序列化。

5. 增加学习提示与策略指导。

我的板书设计

杨文学

缘起

如果说板书是一个老师的教学基本功之一，板书设计则可以体现一个教师教学艺术的功底。

在计算机、网络、幻灯片、投影、动画等普遍应用于课堂教学的今天，作为一个数学教师，我深知板书对学生的数学学习有无可替代的影响力。

如何让我的板书由课上延伸到课下？如何让我的板书使更多学生受益？如何实现课堂板书设计的艺术化？如何实现板书服务于学生个性化学习的需求？……走班选课、学科功能教室给一向注重板书设计的我提供了实现设想的可能。

课后回教室看板书

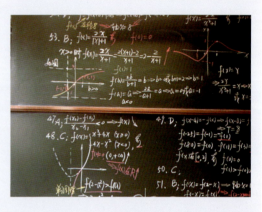

我所在的教学班大约有1/3的学生数学水平很高，因为课堂上学习效率低，所以我建议他们自主学习，但他们依旧愿意留在课堂里，原因是他们觉得知识虽然都会，但听老师讲讲会有新的感悟。于是，我建议他们每节课后到教室看板书，定期与我交流，我再进行重点点拨。学生同意了，并且坚持了三年。

每节课，我的板书都整整齐齐、重点突出、色彩鲜明、思路清晰、内涵丰富，并且至少保留一天。

这样的板书设计，我一直坚持了下来，到我的教室随时都能看到我的板书。很多我原来教过的学生，还有很多我没有教过的学生，都习惯每天来我的教室观看、讨论我的板书内容，还拍照带回去研究和学习。

实践效果

2014年高考，离开课堂的8个学生的高考数学成绩一个是150，一个是149，其余六个都是148或147分。

板书原则

1. 根据课堂教学实际，在课前设计好该留下什么板书。
2. 根据课堂内容确定是课前板书还是课上板书。
3. 课前板书利于课堂精讲，能使课堂容量大、效率高；课上板书是与学生一起探讨解决问题，利于学习过程。
4. 留下的板书要条理清晰、重点突出、色彩分明。
5. 留下的板书要能体现教学思想和方法、数学规范、数学思维过程和数学学习流程。

如何设计能激发学生深度思考的 "好问题"？

王树超

1. 提出一个问题往往比解决一个问题更重要。
——爱因斯坦

2. 教师必须懂得什么该讲，什么该留着不讲。不该讲的东西，就好比是学生思维的引爆器，马上使学生在思维中出现问题。
——苏霍姆林斯基

高效的教学离不开好问题的引导，如何设计出能激发学生深入思考的好问题，无疑是新教师站稳讲台的关键。

为什么有些问题效果不好？

你是否都有这样的经历？当学习一篇课文时，曾提问课文的作者；当学习一个新概念的时候，提问概念的定义；当学习一个新定律的时候，提问公式的内容。这些都清清楚楚地写在课本的某页上，学生不假思索就能回答。你是否曾费尽心思设计了一系列的题目，而学生却几乎没有任何反应，在经过你的层层引导之下，才有少数的几个学生能够跟上？当你提问时，是否总是只有几个特定的学生群体和你互动，而其他学生却一直处于沉默状态？是否你设计了一些问题，却没有达到你预期的目的？如果有这样的经历，那么是时候想一想为什么学生不喜欢你的问题，或者不能够在你的引导下有所收获了。

你可以总结一下这些"坏问题"的特点，并慢慢去改变。

"坏问题"的特点

1. 学生不需要思考就能得到答案。
2. 学生经过思考也很难得到答案。
3. 只有较少的学生能够有所收获。
4. 往往是验证式的问题，如"是不是"、"对不对"等。
5. _____
6. _____

上哪里去找"好问题"？

于振丽老师认为，问题应尽可能来源于学生。她建议大家平时注意积累学生的疑问。有的典型问题可以直接使用。有的虽不宜直接用，但经精心改造，往往也能变成好问题。来源于学生的问题，可以更贴近学生的实际——只有学生才最清楚自己最需要什么。所以，如何识别和加工、利用学生有价值的问题是十分重要的。

于振丽老师

[案例1]

在讲到英国以中国未履行《南京条约》开放广州为通商口岸为借口，发动"第二次鸦片战争"时，魏勇老师提出问题——"我们是否应该遵守不平等条约"，供同学们讨论。下面是学生中两种典型的观点。

观点1：条约是被迫签订的，内容是不平等的，所以不应该遵守。

观点2：不管我们是否愿意，都必须遵守。因为当时中国实力太弱，若不遵守条约，会招来进一步的侵略。

表面上看，双方观点似有分歧，实际上却有一个共同点：在内心里认为不应该遵守不平等条约，持观点2的同学只是出于对利害的权衡才去"遵守"。魏勇准确地抓住了这一点，进而提出问题："如果中国有足够的实力，还是否要遵守不平等条约呢？"这涉及规则意识和契约精神，讨论变得有意义和深刻多了。下面是师生的一段讨论。

师：如果我们现在实力弱就遵守条约，将来实力强大了之后呢？

生甲：实力强大了就可以撕毁条约。

师：他的观点就是"君子报仇，十年不晚"。先忍一时，等强大之后，条约就是一张废纸。

生乙：我不同意他的观点。因为在中国强大起来以后，邓小平仍然以和平谈判的方式解决了香港问题，而并没有因为中国已经强大了就单纯以使用武力或者撕毁条约的方式，来解决之前的不平等条约问题。

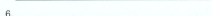
魏勇老师

田俊老师

张少鹤老师

问题收集小策略

★多组织课堂讨论，学会倾听、记录、挖掘、加工学生的问题。

★答疑时，尽可能让学生展示自己的想法。当学生拿着习题来求教时，田俊老师并不急着给学生答疑，而是让学生先讲给他听。这样，他不仅明了了学生的思路在哪里出了问题，了解了学生共性的以及个性的思维习惯，而且还能专门针对学生出现的问题来设计问题。

★多让学生当老师。多组织学生相互答疑是一个收集问题的好方法。由于年龄和思维习惯的原因，学生之间的沟通经常比师生之间的沟通更有效。给学生相互答疑的机会，教师只做倾听者，往往能在学生的讨论中发现很多有趣的、深刻的问题。另外，学生之间的相互答疑，对于培养学生的自信和兴趣有良好的效果。

★建立"提问墙"。张少鹤老师的教室外，有一面很大的"提问墙"，平时学生有了疑难问题或者奇思妙想都可以写在这面墙上，征求其他同学的解答。

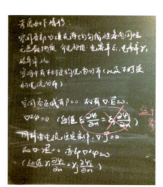

"好问题"有哪些特质？

好的问题在能激发学生兴趣的同时，也要有深度，能调动学生深层次的思维活动。趣味只是表面，让学生带着趣味去学习的知识本身才是问题的内在。

1. 能激发学生的研究兴趣

如果你是一位语文教师，要带领学生学习《汉书·苏武传》。你会怎样设计你的问题呢？

```
同时给出《苏武传》和李陵的《答苏武书》。
        ↓
提出文学史上的一个争议：《答苏武书》并
非李陵本人的作品，而是后人的伪作；同时
给出一些论据，如文风并非西汉风格等。
        ↓
抛出问题：请同学们根据文本资料或者自行
上网搜索资料，来分析《答苏武书》的真伪。
        ↓
围绕问题组织课堂辩论赛。
```

[案例2]

《答苏武书》是入选《古文观止》的名篇，文风雄浑、脍炙人口，历来为人称道。提出该文可能系伪作的观点，激起了学生们的好奇心。为了探个究竟，做这段"文学公案"的断案家，几乎所有学生都燃起了极大的热情。同学们不仅认真阅读了课文，掌握了生字生词，有的同学还去专门研究了苏武和李陵的时代背景，有的同学结合《李陵传》认真分析了李陵、苏武的性格特点，有的同学甚至调研了西汉的文风特点以及和以后文风的区别，还有的同学自己找到了另外的兴趣点，去研究了汉武帝时代汉族与匈奴的关系。

这样一个"好问题"不仅激起了学生的研究兴趣，而且让学生做了深入思考，其收获也是不言而喻的。

闫存林老师

2. 能为学生的深入思考搭建桥梁

学生并不是空着脑袋进课堂的，学生在学习新知识时，头脑中也肯定存在与之相关的旧知识。于振丽老师指出，问题应该在学生的旧知识和新知识之间搭建桥梁，以推动学生深入思考。

[案例3]

在学习《万有引力》一章时，学生尚未接触过椭圆，而教材却仅仅给出了用钉子和绳子画椭圆的方法，对椭圆的几何性质没有做任何讨论。而这对学习万有引力定律是不够的。如果像数学课一样，深入探讨椭圆方程却也没有必要。于是，于老师设计了如下的问题串。

1. 请同学们复习圆的画法并回忆如何根据其画法来写出圆的方程。

2. 根据教材给的椭圆画法，思考要画出一个椭圆需要确定几个量，能否根据椭圆的画法求出椭圆的轨迹方程？

3. 思考在什么情况下椭圆会变成圆。

在这一系列问题的引导下，学生不仅对椭圆的性质有了更深入的认识，而且明确了行星轨道可近似看作圆形轨道的合理性。在本例中，由于物理学习的需要，学生需要掌握椭圆的基本知识，而这时数学课的进度还没有到这里。这就需要教师能够在学生的旧知识和新知识之间搭建桥梁，为学生提供深入思考的机会。

3. 可以帮助学生构建知识体系

好问题之间应该是有内在逻辑关系的，而这种内在的逻辑关系是学生构建知识体系的关键。

［案例 4］

在学习《万有引力》一章时，教材的第一节是"行星的运行规律"。比较下面三种问题设计方式，你觉得哪个更好？

A. 开普勒三定律的内容是什么？

B. 托勒密、第谷、开普勒对行星运动的观点各是什么？

C. 请你调研在人类认识行星运动规律的历史上，都有哪些科学家各自做出了怎样的贡献？

于振丽老师使用了 C 方式，A、B 两个问题，只要学生翻开教材就能得到解答。而要完成 C 问题，则非要亲自做一番调研不可。由于篇幅限制，教材并未对所有做出贡献的科学家进行足够的介绍，若只掌握教材的知识，对于理解不同科学家、不同观点之间的深层逻辑关系是不够的。按照 C 这种开放式的提法，学生在搜集资料的同时，必然也会对比不同科学家的观点，尽力理出其中的逻辑关系，这对构建知识体系是至关重要的。

［案例 5］

张少鹤老师经常在每单元学习之前，为学生设计"问题串"——即一系列体现模块知识内在逻辑关系的问题，目的是让学生在解决问题时，能构建自己的知识框架。下面是学习《电荷》时，张老师为学生设计的问题串。

1. 如何检验一个物体是否带电？使宏观物体带电可采用哪些方法？

2. 电荷是物体的固有属性，它与电量、库仑 (C) 是什么关系？力学中有哪些描述固有属性的物理量？

3. 目前，人们为什么接受自然界只有两种电荷的事实？为什么不是有三种、四种电荷？

4. 摩擦起电的本质是创造电荷吗？毛皮摩擦过的玻璃棒带什么电？电荷守恒是指电荷无法创造吗？

5. 一个电中性的宏观物体是不含有任何电荷吗？

6. 人类是如何认识到电荷的最小单位是 e 的？

提出问题有哪些技巧？

（1）简单问题有外延

有些简单问题，教师并非不可提问，但背后是往往有其"深意"的。

［案例 6］

下面是闫存林老师教学《江城子》的一个片段。

师：本词的作者是谁？（简单问题，翻书即可得）

生：苏轼。

师：你还听过他的其他称呼吗？

生：苏东坡、苏子瞻。

师：为什么古人有这么多称呼，而今天的我们却没有呢？

闫存林老师

这就从一个很简单的问题，将学生引导到对古人名字的探讨上。

（2）提高问题的思维层次

［案例 7］

在学习万有引力常量的测定时，请比较下面两种提问方式的不同。

A. 卡文迪许是如何测出万有引力常数的？

B. 如果你处在卡文迪许当时的社会环境里，在人类对自然界的认识还较贫乏也没有足够多的科学仪器的情况下，你会怎么去思考呢？

邓靖武老师

如果按照 A 方法提问，学生的反应往往是照着教材，直接说出卡文迪许是用扭秤和平面镜反射两次放大操作完成测量的。这样学生不仅得不到思考的机会，对卡文迪许的艰辛和其思想也会缺少理解。邓靖武老师是按照 B 方式提问的。学生站在了卡文迪许的时代背景下，提出了很多方案，也否定了很多方案，思考的同时，也领悟了卡文迪许思想的妙处。

[案例8]

位移–时间图像、速度–时间图像以及二者之间的关系既是运动学里的重点，又是难点。如果直接提出来，学生未免觉得枯燥。下面是邓靖武老师上课的例子。

师：你有什么办法，去描述物体的运动状态呢？

生：（思考讨论后）只要知道任意时刻物体的位置不就行了吗？

师：你能有什么办法描述物体位置随时间而变化呢？

生：列方程、画图像（学生自然想到了需要位移–时间图像）。

师：还有其他思路吗？

生甲：知道任意时刻物体的速度也可以。

生乙：甚至知道任意时刻物体的加速度也可以。

经过讨论，学生不仅认识到了位移–时间图像和速度–时间图像引入的必要性，而且这是学生经过自己的思考得到的，并且还能体会出这两种图像本质上都是描述运动的，同一个运动可以同时拥有这两种，甚至更多种描述方法。这样思维层次就提高了，认识也深刻了很多。

4. 贴近学生生活

好问题不能只满足于教师自己的想法，而是应该贴近学生生活。比如，在十年前学习电感时，往往以日光灯的启动原理为例。而现在这种日光灯早已遭淘汰，就不宜继续用作例子。

课堂提问小策略

★为不同的学生设计不同的问题。教师应该为班里不同层次的学生设计不同的问题，让学习"差"的学生能够学会基本知识，让学习"好"的学生熟练掌握、应用。

★多用开放性的词汇，如"你的看法"、"你觉得怎样"等，而尽量不要使用封闭式词汇，如"答案是什么"等。这样，学生就会觉得自己说什么都不会错，提高了积极性，促进了思考。因为答案本身并不重要，我们更在乎学生思考的过程。

★尽量提问"不太会做"的学生。不要总是提问优秀的学生，他们的回答总是正确的，不能暴露问题，而且会令他们感到厌烦。应该提问有自己的想法，但是仍有疑惑的学生。把他们的问题暴露了、解决了，提问才能发挥真正的价值。

★适度为课堂"留白"。邓靖武老师认为，适度给课堂"留白"是非常重要的提问技巧，这能给学生留出吸收的时间。

"减负与增效"——高三复习策略

张　敏　付　鑫　夏　静　甄兆敏　任春磊　林晓晨

关键词： 高三备考 / 减负 / 增效

研究概述

高三复习课时间紧、任务重。提高学生的复习效率，需要减负，但同时需要为学生的成绩负责。为此，我们探索出一轮"闭合式"单元复习模式和二轮"开放式"专题复习模式，同时开发自主课程资源。

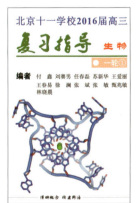

一轮"闭合式"复习

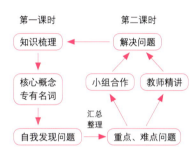

- 规划整合单元复习内容为11个单元。

- 知识闭合：第一课时利用填空题自主梳理知识，发现并提炼重点难点问题。

- 第二课时通过小组合作和教师精讲对问题进行剖析，完成基础知识的一次闭合复习。

- 能力闭合：第三和第四课时利用复习资料辨析与改错题，引导学生归纳易混易错知识点；利用符合高考真题的自编题进行单元检测，完成能力提升的二次闭合复习。

二轮"开放式"专题复习

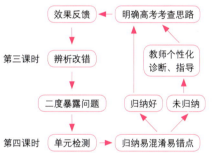

通过分析近五年的北京高考试题，我们整合了8个专题。每个专题流程化完成复习任务。

"开放式"复习主要有以下特点。

1. 学生自己寻找北京高考题的内容、查考方式等。

2. 在二轮复习中引入"能力培养"内容，以高中教学内容为基础进行拓展，引导学生思考和讨论。

3. 让每位学生在课堂上都有任务，实现分层、分区教学。

4. 课堂时间全部留给学生，教师巡回指导。

高考化学复习策略

吴征辉

痛点

2016 年高考出现的一些失误：抗氧化剂的作用、电化学的情景问题、有机化学流程图和化学实验设计的流程图等。

一些学生和老师认为，只有做练习才是高三化学复习的正确方式。一些只通过做题进行高三复习的学生，其高考成绩和其努力程度不相符。

模拟题和高考备考出现分歧，区模拟的某些选择题的考查和北京高考形式不对应，是坚持还是顺应？

痛点剖析

教师思维僵化，只是利用近几年北京高考的形式去预测高考题目的考查形式。

一些老师和学生没有理解学习的本质。学习应该是培养学生的学科核心素养，只为高考而教、而学往往适得其反。

高端备课组对高考选择题某些问题的看法和北京市的高考不对应，有些题目是玩抠字眼的游戏。

教学策略

研究考纲、考试说明和全国各地区的高考形式，丰富高三化学教学的复习应考模式。

提升教师的教育教学水平、改变学生的学习观念。高三学习应该是提升学生的学科核心素养，而不是搞题海战术。

全组协作，加强研究，提升教研组对北京高考的研究能力，辩证看待模拟题，以便在教学和模拟训练时能够对症下药。

"课后复习"问题与对策

刘元军

关键词　课后复习 / 问题诊断 / 对策建议

概要描述

　　学生课后复习存在很多问题。如不会规划、只忙于写作业、缺少复习重要环节、复习顺序不合理、拖延、熬夜、复习效果不理想等。在研究有关复习的相关理论，如艾宾浩斯遗忘曲线、艾森豪威尔法则（十字法则或四象限法则）、建构主义等理论，和学生行之有效的做法基础上，我们提出了做好课后复习的几点建议。

实践背景

　　不少学生，尤其是不少初三、高三学生面临升学压力，面对大量的课后复习内容和作业，不会规划、效率差，完不成课后复习任务，苦恼抱怨，失去了学习的乐趣、信心和勇气。这些问题需要我们对课后复习有一个相对系统的研究，提出合理的建议，并对存在问题的学生给予具体援助和指导。本课题研究、实施时间为一年。

实践过程

HOW…

调查阶段（存在的主要问题）

1. 不会规划。
2. 复习顺序不合理。
3. 缺少复习重要环节。
4. 忙于写作业。
5. 拖延、熬夜。
6. 效果不理想。

研究措施阶段（理论研究 / 学生交流）

艾森豪威尔十字时间计划

2. 重要，紧急的	1. 重要，不紧急的
3. 不重要，紧急的	4. 不重要，不紧急的

重要且紧急：需要尽快处理，最优先。

重要不紧急：可暂缓，但要加以足够的重视，是最应该偏重做的事。

紧急不重要：不太重要，但需要尽快处理，可考虑是否安排他人。

不重要且不紧急：不重要，且也不需要尽快处理，可考虑是否不做、委派他人或推迟。

学生的认识和做法

何御坤

　　最重要的事情是晚上要睡好觉，这样白天才有精神，能够集中注意力听课，真的弄明白知识点；课下做作业效率会更高，去找老师问问题的时间也会多一些，这样晚上就可以早些写完作业，早点睡觉了。这样可实现良性循环。

李珂

　　我的学习方法是写作业先写自己的弱势科目，将自己所有不明白的一一弄懂，然后再去完成剩余科目的作业。因为其实弱科是最容易提高的，尤其是理科，只要努力一点，成绩就会有起色。反而如果希望自己已经很优秀的科目更进一步的话，需要付出的努力会很多，远不如补弱科"性价比"高。

房欢

　　时间利用：在校时间每个人都差不多，因此效率高低很重要。困了一定要允许自己睡一会儿，精神好了效率才能提高。

　　任务取舍：觉得做什么对自己更有用就优先做什么，有用但平时一直落下的作业最好放在第一顺序写。

实施阶段（普遍宣传和个别具体指导实施）

措施和建议

1. **一定要有规划**
　　要对时间、复习任务进行合理规划。
　　规划要认真执行、适当调整，今日事今日毕。
2. **要合理安排复习进程、程序**
　　优先任务：紧急任务、回忆课堂所学内容。
　　重要任务：看书总结整理、做作业、交流答疑。
　　一般任务：拓展阅读等。
3. **提高复习效率**
　　用心、专注。
　　建构知识结构、系统掌握知识。
　　总结反思、查缺补漏、解决疑难问题、提升解决问题的能力。
4. **适当取舍复习任务**
　　作业量过大时，可选做部分作业（事前或事后跟老师说明）。
　　劳逸结合，坚决不熬夜。

创造一个起跳的支点

李 亮

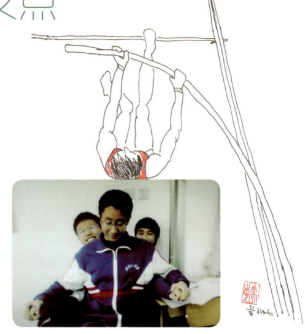

基本原理

- 高三的挑战只是学生人生中众多的挑战之一，形成应对挑战的素养远比赢得高考更重要。
- 方法 × 信心 × 成功体验 = 起跳的支点。
- 成功体验 × 反复迁移 = 应对挑战的素养。

理论依据

世界上没有才能的人是没有的。问题在于教育者要去发现每一位学生的禀赋、兴趣、爱好和特长，为他们的表现和发展提供充分的条件和正确引导。

反复和迁移

支点上的成功需要反复方可深化。但反复应适可而止，否则就是浪费。一旦获得解决问题的素养，就完全可以离开原支点，将其应用到解决新问题上。

在创造中建立支点

支点的选择

- 面对有系统、有难度的挑战，不同程度的学生都需要起跳的支点。
- 每一个学生起跳的支点都是个性化的，只有针对性强，才能够提升学生体验的效果。
- 支点必须是具体的、可操作的、行之有效的、有利于激发学生斗志和建立信心的。
- 支点问题应当是学生感到困惑的、力图攻克的，或者感兴趣的；支点方法应当是可提炼出规律、可重复操作和可迁

移的。

- 支点问题不止是应考的，体育、游戏均可。

重点——方法的启迪

教师捕捉到可以创造支点的支点问题后，设计整个教育方案，重点是教会学生获得解决问题的方法。要启发学生自己探索、尝试、修正解决问题的方法。切忌只是简单示范一遍或者简单告知、强迫记忆。

关键——信心的建立

启发学生在解决问题的过程中获得方法，还要多赞美肯定，让学生感受到成功。慢慢地，这种成功感会积累成为信心。以后遇到类似问题，甚至其他问题时，学生就会有信心通过调整方法来解决问题。

典型案例

一名不爱学习历史的学生问我，公主坟的下一个地铁站是啥？原来，他家搬到南礼士路了，他刚开始坐地铁上学，总也记不住地铁站名。我发现这是一个契机，立即准备制造一个支点。我说："你可以用'单字联想记忆法'来记住站名。两天内记住，老师有奖励。"

他很快形成了记住地铁站名的方法。他的记忆成果如下。

欲舞弯弓搏地理——玉五万公博地礼，也就是在玉泉路站、五棵松站、万寿路站、公主坟站、军事博物馆站、木樨地站、南礼士路站的站名中各取一个字，进行了单字谐音联意记忆。

"太棒了，天才，老师请你吃大餐！"后来在吃饭的时候，我说："你这么棒，条约内容肯定能记得住。"

课程理念引领高三理综复习

孙京

标准化

1. 计划性
2. 教材细目
3. 精讲精练
4. 教室资源化
5. 教研常态化

内动力

1. 理想和信念
2. 自主学习的空间
3. 课堂的生命活力
4. 教师的人格魅力
5. 良好的师生关系、生生关系
6. 紧张但快乐的生活

数字化

1. 诊断反馈的激励性原则
2. 优生弱科的诊断和提升
3. 老师与学生的数据对话

个别化

1. 尖子生有更多的自主空间

竞赛学生：单独编班，针对不同的竞赛学生私人定制学习规划，不受月考限制。

教师个别化辅导：规划指导、学法指导、答疑解惑、心理疏导。

重点科目优先：针对尖子生的弱科，外请专家指点迷津，任课教师帮助落实提高。

全面减少必须完成的作业数量，让学生"扬长补短"。

2. 优秀生有自主学习的规划

给更多的学生贴上优秀生的标签：增加高三物理Ⅲ、化学Ⅲ、生物Ⅲ的学生总人数。

老师制定并严格执行教学规划，精确到每一课时；学生根据教学规划制订各科的自主学生计划，全面推进，杜绝"瘸腿"科目。

课堂教学少讲多动：减少讲和听，增加学生与学生的一对一讨论，增加四人小组讨论和老师与小组学生、老师与全体学生一对一的讨论。

严格控制考试和作业量，保证学生的答疑时间，保证学生的自主学习空间。

3. 学困生有学习进步的动力

心理上关怀：最重要的是关怀学生的心理，要让学生感受到老师对他的"不放弃，不抛弃"，经常性地鼓励学生。

技术上帮助：帮助学生不断改善学法，帮助学生认真落实知识，帮助学生逐步提高基本能力。

行为上督促：针对学生的不良学习习惯时时督促改正，利用答疑时间约请学生进行个别辅导交流。

策略上减负：适当降低难度要求，只选最重要、最核心的内容要求学生掌握，使他们有成就感，因为成功是前进的动力之一。

文化墙的力量

王秀青

高三育人工作不应仅仅局限于课堂学习、课下个别化辅导，还应秉承"高三是一种学习，也是一种生活"的文化理念。那么，如何打造高三文化墙，借助文化墙的力量为学生创建一个温馨、积极的学习和生活环境，是老师们高三工作的重要内容之一。

文化墙的文化内容

1. 鼓励、鞭策的名言警句
2. 为人处世的道德格言
3. 学神学霸的学习秘籍
4. 积极的学习生活状态

文化墙的打造原则

1. 能够折射出关注细节、自主自信的精神风貌
2. 能够折射出陪伴、理解、宽容的文化氛围
3. 能够折射出对学生习惯养成和性格培养的重视
4. 能够折射出全体师生"向着阳光奔跑"、拼搏高三的坚韧和执着

文化墙的打造

关注过程，收获梦想　　　　榜样的力量和学习的动力

鼓励、鞭策的名言警句　　　挑战自我，播下希望

学霸、学神的学习秘籍　　　高效学习，神情需专注

高三成长手册

贺千红　汪春燕　王笃年　刘　梅　于振丽
谭江宁　夏天茹　王子玄　樊　笑　等

关键词： 成长／攀登／成就最好的自己

概要描述

　　将高三生活设计成一段攀登心中"珠峰"的历程，从 2016 年 7 月入境教育开始到高考共分 6 个大阶段，师生一起了解各阶段的特点、可能面临的困难和应对的举措，建立自己的心理支持系统。每一阶段都将到达一个新的海拔，欣赏到一个新的美景，应对成长中的烦恼，收获成长中的喜悦。设计成长手册，记录高三生活点点滴滴，脚踏实地走好每一步，成就高中最美好的自己。

实践背景

　　高三成长手册拟帮助学生过科学的高三、拼搏的高三、成长的高三。
　　针对痛点：学生不了解高三各阶段特点，不能更好地规划各阶段，不能建立起自己的心理支持系统，从而做好自己的主人；不能很好地定位自己和自己的优势与不足，不知应该怎样一步步提升完善自己，从而成就更好的自己；想得到老师同学的关注，吸取更多的精神力量。
　　时间跨度：1 年。
　　本届高三只在入境阶段部分实践，但创意是之前数届高三的经验积累所得。

实践过程

高考2017.6 7
君子终豹变　勿忘初心勇担当
珠穆朗玛峰　8844米

二模考试 2017.5 6
查漏又补缺　行百里者半九十
南迦巴瓦峰　7700米

一模考试2017.4 5
厚积当薄发　荣辱不惊笑最后
长江源头　6500米

寒假调整2017.2 4
弥补薄弱科　自强更上一层楼
黄河源头　4800米

期末考试2017.1 3
克艰又克难　坚持坚韧成习惯
布达拉宫　3700米

期中考试2016.11 2
首次区定位　占据心理制高点
雅鲁藏布大峡谷　3100米

高三入境 2016.7 1
全面又扎实　走好高三第一步
九寨沟　2300米

实践效果

　　2016 年新高三入境教育效果优良。手册得到了包括学生、教师和家长的好评，出国班主动提出也要人手一本，感受教师和同学的力量。
　　其他创意本届高三尚未得到检验，但却是之前数届高三的经验积累所得。

未来改进计划

　　每一个阶段都提供更多、更可行、更有效的小招式。记录个体成长案例，帮助师生成就更好的自己。

让功能教室散发魅力之光
高中 210 语文功能教室养成记

人物：李艳琴老师及两届高中生

时长：6 年

建设初衷

外因：学校的教学改革推动。

内因：梦想有一间专属于我的、有"我的气质"的教室。

重要元素

有记忆

在这里学习过的学生拥有美好回忆，常回"家"看看。

始终如一的窗明几净。

共同认同教室的规则。

平等交流的安全感。

有榜样

这里学术气氛浓郁，"学霸"榜样示范、精神引领。

智慧的文学大师。

热爱学习的同伴。

以身作则的自己。

有归属

这里或兴味相投，或心心相印，成为心灵之家。

家的归属。

思想的归属。

精神的归属。

三点启示与构想

1. 功能教室长有"两翼"，一为学科功能，二为人文情怀，只有两翼同时张开，才能托举起学生的梦想、教师的追求。

2. "我"坐在其间，是教室中的一员，又不仅仅是普通的一员。对学生有密切的关注、平等的对话，更有长久的陪伴、耐心的等待。

3. 铁打的营盘流水的兵，但是如果教室打上"我的烙印"、养成"我的风格"，最终可以炼就"我的品牌"。

［附：学生小文］

梦里有 210 的人们。前前后后，邻桌左右。

我们一起想出"朗清自习室"的名字，我现在都记得门牌上那句"腹心相照，声气相求"。

我们给植物浇水，轮流做值日，把合影设在电脑桌面上，在平常中流逝每天。

我们为了毕业谢师会的节目，练习笨拙的舞蹈，在校园各处拍毕业照，大喊着"青春追我十八年"。

我们毕业后一起去十渡，我这样写下："飘摇的又岂是乌篷船？还有我们，和走过的每天。"

这就是我心里的 210，一种归属，一份温暖。

（学生小文作者胡梦雪系 2014 届毕业生，现就读于北京大学中文系）

高挑战过程中的相互陪伴

张少鹤　潘国双　龚　泽　赵　寅　梁　朔
李博华　郑　强　王笃年　苏新华　张　斌

大学先修、竞赛、自招类高端课程究竟追求什么?

在十一学校，高端课程包括:　　大学先修

　　　　　　　　　　　　　　　竞赛

　　　　　　　　　　　　　　　自招

选择学习高端课程的学生大约占学生总数的 30%

有兴趣　　　　高挑战　　　　有情怀
有伙伴　　　　　　　　　　　思维力
成绩好　持续跟踪与识别　　　科学性
有理想　个性的独立与学习的合作　善于发现
　　　　科学精神塑造
　　　　思维品质培养

懵懵懂懂地走进了高端课程　　　越来越清楚地规划未来

高端课程期望在高挑战中培养

基于学生的需求组织学生实地参访高校，联系学长面对面答疑解惑。

高挑战需要培养的品质

耐得住寂寞

培养对一个问题长时间深入思考的能力。

发展兴趣

上不封顶的高端课程解决了有好奇心但"吃不饱"的学生的问题。每个学生在竞争学习中，都会遇到高原期。比如，学起来毫不费力的高中物理，换成了普通物理电磁学，甚至变成了更加晦涩、难懂的电动力学。学生能咬紧牙关硬啃这些资料，啃久了，他们对学科、对大自然的敬畏就从心里生发出来。

社会责任感

历史使命感不是与生俱来的，培养学生的责任心需要课程来保证。高端课程首先要帮助学生逐渐学会对自己的时间负责，他要在竞赛和高考课程间权衡，要在竞赛的各个部分间权衡。权衡的核心是了然每天每一部分要用的学习时间是多少。

克服困难是一种品质

想要把竞赛学好，每个学生都得克服各种问题。练就的本领会伴随学生的一生，从中养成的自信也是将来战胜困难的基石。

高端课程希望将优秀学生培养成思想敏锐、通达事理，能分析问题、解决困难的能力非常强的人，最终目的是让学生达到一种理想状态:"清明在躬则志气如神。"

高挑战中的相互陪伴尤其重要——我们这样定义陪伴

安全感

虽然每一个孩子都非常棒，但每当他们去参加竞赛时，老师对他们而言始终都非常重要，因此我们尽可能和他们待在一起。

高期望

他们现在在哪里，还可以再往前走多远，老师要创造不断摸高的可能，让学生在一次次巅峰体验中获得信心与信念。

共鸣点

我们常常选择重启认识，与孩子们一起走过探寻、发现、受挫和成功之路。在这段路程中，没有师生之分，只有共同的身份——学习者、挑战者。因为只有这样，我们才会与孩子们产生学术上的共鸣。

信念力

每一个做学术研究的人总会遇到低谷、挫折，甚至近似绝境。此时若一松懈，就可能前功尽弃。我们常常要掩藏住内心同样的煎熬，选择成为孩子们的力量，成为他们永不言弃的精神支柱。

师傅带我上高三

刘波　赵玉双

零经验，少阅历，缺资源，为什么一个才工作两年的青年教师就可以带高三？

质量守不住，怎么办

家长有意见，怎么办

判断不准确，怎么办

分数上不去，怎么办

一点儿也不用担心，因为"十一"，有个好传统——师徒制！

他们在一起起码两年了，非常了解彼此的优势、短板，性格、喜好。

师父是学术实践的引领者，但师父们彼此之间更是同道合作的学习共同体。他们有共同的价值观、学生观，他们有共同的学术追求与精神境界，他们都是学生喜爱的好老师。

师傅：闫存林　徒弟：赵 楠（语文）

1. 师徒风格：腹有诗书气自华，名师高徒二零八。
2. 合作秘密：慈师高山仰止，萌徒如沐春风；打通教学学术，畅谈社会人生。
3. 高三目标：长缨已在手，却待缚苍龙。

师傅：雷其坤　徒弟：何其书（语文）

1. 师徒风格：春风化雨润物无声，桃李不言下自成蹊。
2. 合作秘密：志洁行芳孜孜不倦，亦师亦友衣钵相传。
3. 高三目标：伴生十年磨剑，乐见青出于蓝。

师傅：刘 梅　徒弟 杨小斌（政治）

1. 师徒风格：宽和大度，敏锐智慧。
2. 合作秘密：先学后做，自成风格。学习的第一步是对技能、思维的模仿，然后基于个人的专长，融入自己的风格，成长自己。
3. 高三目标：陪伴学生共同成长。

师傅：汪春燕　　徒弟：张晴华（地理）

1. 师徒风格：亦师亦友。
2. 合作秘密：教无定法。不限制、不拘束，学习时相伴思考，传承中鼓励创新。
3. 高三目标：培养既有自然科学逻辑思维又有人文社科分析能力的高素养学生，不仅为高考备战，更为今后生活服务。

师傅：苏新华　　徒弟：程　卓（地理）

1. 师徒风格：师言传身教，徒勤学好问；师作风严谨，徒认真实践。
2. 合作秘密：基础、真心、扎实。师傅传授技能，从基本知识、技能抓起，言传身教；帮思想，带作风，对学徒严格要求，严格训练；胸怀宽广，真心待徒。徒弟基础扎实，肯学上进；尊重师傅，听从师傅教导；勤奋刻苦，认真实践，能主动帮师傅分忧解难，帮师傅做一些力所能及的事务。
3. 高三目标：用蜘蛛丝的坚韧拥抱梦想，用猫头鹰的目光凝视未来。

师傅：夏　静　　徒弟：吕俊鸟（生物）

1. 师徒风格：生活中亲切随和，课堂上机智幽默，用个人魅力赢得孩子的膜拜和信赖。
2. 合作秘密：分享（分享经验，传递智慧，新老合力，携手共进）。
3. 高三目标：抓住机遇，迎接挑战，奋勇前进，完善自我，陪学生一起走过高三。

师傅：薛如梅　杜燕昭　徒弟：李洪斌（英语）

1. 师徒风格：优雅自如，合作默契。
2. 合作秘密：彼此高度信任，沟通交流常态，自成特色风格。师傅对徒弟放心、放手，徒弟向师傅学习、请教。
3. 高三目标：陪伴学生成长，合力精细教学，享受高三生活。

师傅：杨文学　徒弟：赵　寅
师傅：潘国双　徒弟：龚　泽（数学）

1. 师徒风格：师傅严谨、高标准；徒弟智慧、高学术。
2. 合作秘密：信任、沟通、换位、快乐、学问至上。
3. 高三目标：希望通过高三的锻炼，使我们在教育教学上成熟起来，希望学生们能进入他们理想的大学。

师父：雷其坤　　徒弟：张　楠（语文）

1. 师徒风格：言传身教，培养学生的独立人格。2. 合作秘密：桃李不言，下自成蹊。师傅以他渊博的学识、鲜明的风格和亲切的态度不断感染着徒弟。3. 高三目标：让每一颗渴求知识的心都尽可能得到满足。

师傅：刘　波　　徒弟：王树超（物理）

1. 师徒风格：师傅乐于分享、严格要求，徒弟勤奋刻苦、追求进步。2. 合作秘密：师傅讲课、命题规范，做图精美，使徒弟在潜移默化中进步。3. 高三目标：师徒合作更默契，徒弟在讲课、命题上更严谨规范。

师傅：霍凤超　　徒弟：蒋　涛　　赵玉双（化学）

1. 师徒风格：有缘复得沐春风，拜师受业于凤超，口传心授方圆梦，谈笑师徒逸兴同。2. 合作秘密：精诚团结、各展互长、共同成长。3. 高三目标：可以用最简洁的方式来表达：没有蛀牙！

师傅：王笃年　　徒弟：郑　弢　周逸清（化学）

1. 师徒风格：师傅知识渊博、师德高尚，弟子们勤奋好学，师徒精诚协作。2. 合作秘密：师傅的课堂是让徒弟受益最大的地方，在课堂上师傅真正做到了"作为科学的传播者"。徒弟学到了很多书本上学不到的知识，从而将所学的科学传播给学生。在从教之路上，师傅一直在引领徒弟，受到挫折的时候鼓励我们。当我们为自己教学中的问题而感到困惑时师傅指点徒弟。一路走来，师傅让徒弟受益颇多。3. 高三目标：进一步夯实基础，提高自身修养，掌握更多的科学知识，与孩子们共同成长。

师傅：于振丽　　徒弟：李博华　（物理）

1. 师徒风格：师傅教学严谨规范，徒弟学术水平高。2. 合作秘密：相互学习，相得益彰。3. 高三目标：在引领、陪伴学生中，与学生共同成长，共同成就精彩的教育人生。

祝福，我们一起上高三！

数读时代，用数字读懂学生

余彩芳

拿到学生考试成绩，
你还在面对一个个数字发愁吗？

数据可视化

只有一次考试成绩？

通过柱状图，可以看到单次诊断中各科水平的差异。从图1可以读出，该生数学、物理成绩优异，而化学处于弱势。

想知道优势、弱势学科？

掌握多次诊断数据后，还可以把多次成绩进行不同的比较，多次数据更能说明问题。图2就可以很明确地告诉我们，该生英语长期处于弱势，数学则长期保持优势。

想知道考试是否正常发挥？

通过折线图，可以看到学生各次诊断的变化过程。从图3我们可以轻松读出，这是个语文成绩波动非常明显的学生，总成绩则相对保持稳定。

想知道各科对总分的贡献？

通过饼状图，可以知道学生各个学科对总分的贡献。换言之，我们说某个学科是某生的弱势学科，那到底多弱，饼状图就能直观地说明问题。图4是三个化学均为弱势学科学生的情况，通过饼状图，我们可以清楚看到三者"弱"的程度是不一样的。

想知道最近的学习状态？

单一形式的图反映的问题比较有针对性，当我们需要看到更多数据关联时，就可以使用不同类型的组合图。图5通过柱形图和折线图的组合，既能看到学生两次成绩各科对应的名次变化，也能看到同一次诊断中各科的名次对比。一张图，蕴含了丰富的数字信息。

图1

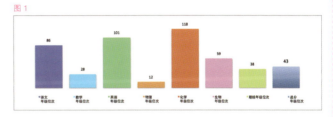

图2

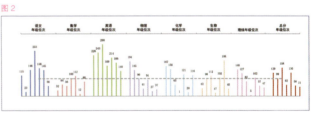

图3

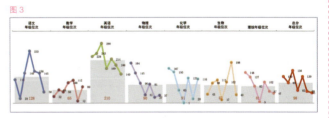

图4

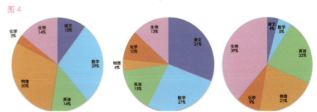

图5

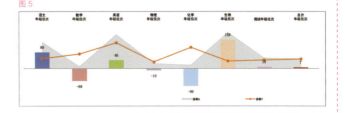

我们处在数据可视化的时代，在以云计算为代表的技术创新大幕的衬托下，面对浩瀚的数据海洋，我们如何才能从中提炼出有价值的信息？如何才能绘制出一张有"灵魂"的成绩单？

How to Understand the Data?

如何实现数据分析的可视化？

THINK
明确想要关注的具体问题
（从数据到信息）

SEARCH
明确相对关系
（从信息到相对关系）

DETERMINE
选择图表形式
（从相对关系到图表）

数读，提供轻量化的阅读体验

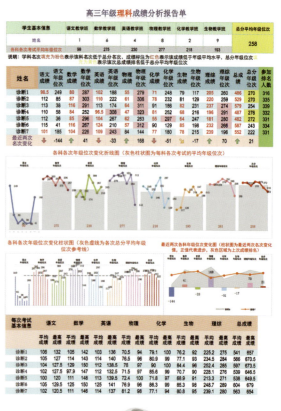

这两份学生成绩单，你读懂了吗？

把数字变成直观的视觉图片，你会发现更真实的学生。

改变课堂结构，提升学习效率

王笃年

高中生学习的本质

1. 独立探究——学习的本质是建立个人的认识，人云亦云不叫科学。
2. 深入思考——学习的结果根本上是改变大脑的认知结构，无思考不改变。
3. 广泛涉猎（非拘泥于课本）——形成诸多"触角"，它们与课本内容连接，育成学科情感。

"大单元五环节"流程

自学自研与提问 ➡ 自学检测 ➡ 问题讨论与实验 ➡ 知识应用 ➡ 单元检测与讲评

教师工作

| 编写读本，指导策略，收集问题 | ➡ | 批阅和梳理学生问题，编制题目引导方向 | ➡ | 展示问题组，设计实验，组织讨论与实验 | ➡ | 编选练习题，个别指导与答疑 | ➡ | 命制试题，批阅试卷，组织讲评与讨论 |

学生工作

| 阅读钻研解决基础提出问题 | ➡ | 参与检测积极纠错反思落实 | ➡ | 调动思维参与讨论积极实验加深认识 | ➡ | 运用知识巩固认识提升能力 | ➡ | 参加检测积极纠错反思修正学习策略 |

一花一世界
以个别化评价促进高三学生发展初探

张美华

一、我们的"痛"（10级疼痛）

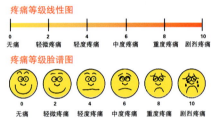

疼痛等级线性图

0 无痛　2 轻微疼痛　4 轻度疼痛　6 中度疼痛　8 重度疼痛　10 剧烈疼痛

疼痛等级脸谱图

0 无痛　2 轻微疼痛　4 轻度疼痛　6 中度疼痛　8 重度疼痛　10 剧烈疼痛

高三起点文科4班学生总数不多，但个体差异很大。既有品学兼优的学优生，又有学习成绩十分堪忧的超越生；既有能掌握良好学习方法的学生，也有不知道如何努力的学生；既有善于接受别人建议的学生，又有比较固执己见的学生；既有经过努力学习有所进步的学生，又有因努力后成绩仍然不理想而感到痛苦失望的学生。如何在高三教学中，帮助不同水平层次、不同特质的学生获得个性发展，获得自己理想的成绩？

二、解决方案

在高三教学中，实施个别化评价不仅有助于"改变课程评价过分强调甄别的功能，发挥评价促进学生发展、教师提高和改进教学实践的功能"，也有助于尊重个体、珍惜差异、发现学生。

三、个别化评价操作流程

第一个环节
教师观察、记录所教学生的真实学习背景

→

第二个环节
根据不同类型的学生采取不同的评价方式

1. 针对性格内向、自信心不足、学习态度差的学生，采用"零距离"面谈评价法。

2. 对天资聪颖但学习没有计划性、主动性、自主性的"懒散"学生，采用契约式评价方法。

3. 对理解能力迟缓的学生、性格孤僻的学生，采用合作作业评价方法。

4. 针对学习自律性强、自主性高、学习基础扎实的学生，采用自我发展评价法。

第三个环节
教师观察、记录学生的变化，调整改进评价方式

四、案例分析

案例1："零距离"面谈评价法

现象：学习成绩不好，失去自信。

措施：以教师对学生真挚的爱为基础，师生间通过"零距离"交流谈话，最大限度地激发学生的潜能。

案例2：契约式评价方法

现象：头脑灵活但自我约束能力较弱，成绩不错但不稳定。

措施：在老师的指导下，把学习内容目标化后，评价主客体以合同形式达成协议，通过对合同履行情况的全面评价来实现预定评价目标。

五、实践中的困难

1. 教师的工作量大。

2. 教学班额限制。

3. 难以实现对人文课程隐性目标的评价。

高考毕业班学困生个别化辅导

江媛媛　孙京　章异群　余彩芳　廖琳　梁淑惠

不一样的孩子们

慢热型　接受知识慢，上课易走神，学习效率低，但愿意努力。

懒散型　不记笔记，不做作业，极少答疑，没有学习动力。

基础薄弱型　基础非常薄弱，跟不上正常进度，作业无法独立完成。

方法上的指导

帮助他们养成良好的学习习惯，一起规划作息时间。

指导他们积累解题的方法和技巧。

援助课程帮助巩固基础。

一对一答疑辅导。

学生课程表（高三年级）

上课时间	星期一	星期二	星期三	星期四	星期五	星期六
第1节	高中语文(B)-11/黄娟/S405A	高中语文(B)-11/黄娟/S405A	化学Ⅱ(B)-6/江媛媛/S513A	高中语文(B)-12/齐莉/S408A	自习-2//S501A	自习-8//S513A 做物理作业
第2节	化学Ⅱ(B)-6/江媛媛/S513A	生物Ⅱ(B)-5/付鑫/S417A	物理Ⅱ(B)-6/方习鹏/S319A	化学Ⅱ(B)-6/江媛媛/S513A	化学Ⅱ(B)-6/江媛媛/S513A	
第3节	数学Ⅱ-1/朱燕/S603A	数学Ⅱ-1/朱燕/S603A	数学Ⅱ-1/朱燕/S603A	生物Ⅱ(B)-5/付鑫/S417A	数学Ⅱ-1/朱燕/S603A	
第4节	高中英语(B)-12/齐莉/S408A	高中英语(B)-12/齐莉/S408A	高中英语(B)-12/齐莉/S408A	数学Ⅱ-1/朱燕/S603A	高中语文(B)-11/黄娟/S405A	
第5节	自习-8//S408A 主攻英语	物理Ⅱ(B)-6/方习鹏/S319A	午餐-22//	高中英语(B)-12/齐莉/S408A	生物Ⅱ(B)-5/付鑫/S417A	
第6节	午餐-17//	午餐-20//	午餐-23//	午餐-26//	午餐-29//	
第7节	午餐-18//	午餐-21//	生物Ⅱ(B)-5/付鑫/S417A	物理Ⅱ(B)-6/方习鹏/S319A	午餐-30//	
第8节	物理Ⅱ(B)-6/方习鹏/S319A	攀岩-1/吴景龙/攀岩场地	攀岩-1/吴景龙/攀岩场地	攀岩-1/吴景龙/攀岩场地	攀岩-1/吴景龙/攀岩场地	
第9节	自习-5//S408A 做作业	自习-0//S513A 做作业	自习-9//S603A 主攻数学	自习-7//S513A 主攻化学	自习-2//S603A 做作业	
第10节						
第11节						
第12节	晚自习//S405A	晚自习//S513A 做作业	晚自习//S405A	晚自习//S405A 找生物老师	晚自习//S405A	

心灵上的关怀

继续加油！

太赞了！

上课犯困了，要注意休息呀！

做一个安静的倾听者。

舒缓他们焦虑的情绪，鼓励他们不要放弃，继续努力。

在他们的改错本、作业本上留下小贴士，用上可爱的表情符号。

有时候，孩子们会在我的留言后面也画个表情作为回应。

行动上的督促

不同的孩子不同的辅导方式：有的约定每周固定答疑时间，有的布置特定作业、带写作业。

重点在督促他们落实作业和改错：巧用小贴士。

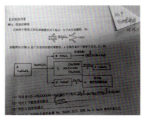

陪伴是最好的教育

齐　莉

研究背景

在"十一"，高三课堂不仅仅是知识传承的平台，更是"师生心灵交汇的圣地"，是教师用爱、用细节推动个体成长的舞台。

初识：开启梦想的"第一"

第一句告白：人生最重要的一年有我陪你们走过！

教师的第 N 个高三，却是学生一生的唯一。

第一份礼物：英文四线格本子背后的玄机

见面礼表达"很高兴认识你"，也悄悄提醒："从今天开始要好好练习英文书写哦！"

第一份信念：142 分的传奇

学长的传奇故事传递信念：只要足够努力，自己就是下一个创造奇迹的人。

第一把扶梯：词汇斩

将高考词汇分解为"核心词汇"和"高级词汇"，22 张小条滚动学习换来"小条女王"的美誉。

相知：引领习惯的"两个细节"

作业习惯

雷打不动的"1+2"的完形阅读作业、"星期五法定查作业日"让作业成为进入课堂的通行证。

学法引领

"十一遍学习理论"论证"复现"是成功的秘诀；为学生准备的"爱心小凳"暗示："每日找老师答疑是

进步的捷径。"

相伴："个别化指导"助力成长

专属领地的"小钩子"

有的学生将每周自主默写的作文范文挂在"425 魔法教室"的"专属领地"，英文功底急速提升。

英文书法"六人组"

教师自制"英文临摹字帖"，让六个组团练字的小伙子自信满满。

我们的"涨分神器"

从"场景描写"到"故事续写"，师生协作，打造高考英语作文的神器系列。

收获和感悟

中午一觉惊醒，想起您教我英语的日子，实在怀念，难忘师恩，我今生将永远铭记！（2015 届学生尹智达）

教师心语

作为一名平凡的教师，能陪伴他们走过高三是何等幸福！爱不断创新的"十一"，爱充满活力、积极进取的学生，也爱认真工作、单纯生活的自己！

■ 后记并致谢

本书及背后年会模式的创意灵感借鉴了美国教育研究协会办年会的思路：如何让 1.5 万人共同参加教育思想盛会？美国创造了用平台思维创造低结构、按需求、高选择的办会模式，这对我们促成十一学校教育年会转型、创造"一人一课表"的参会模式，以及基于"最小单位"实践的教育海报展示等都带来极好的启发。

其次，这本书是北京十一学校 400 多位教师共同创造的智慧结晶。它记录了每一位十一教师在学校转型中的自我反思与成长蜕变，它呈现了每一位十一教师对"以学生为中心"的深化理解与改进轨迹，它也传递了在每一个智慧结晶背后的教训、曲折与创新。因此，我们借此书向每一位十一教师致敬。

同时，我们也要特别感谢从年会到海报汇编过程中给予大力支持的十一盟校成员，给予技术支持的杨晓哲、杨雪、蒋佳龙、甄洪涛等第三方团队。

我们还要满怀感激地向源创图书编辑团队表示深深的敬意。此书能在最短的时间里付梓，得益于张万珠老师的辛勤劳作。他为我们付出了额外的工作，对每一页海报做了细致的审核与把关，他的专业水平和执着精神令我们敬佩。